国家社会科学基金青年项目"情报分析中的个体认知偏差及其干预策略研究"（编号：11CTQ013）研究成果

情报分析中的个体认知偏差及其干预策略研究

严贝妮◎著

中国社会科学出版社

图书在版编目（CIP）数据

情报分析中的个体认知偏差及其干预策略研究／严贝妮著 . —北京：中国
社会科学出版社，2016. 10
ISBN 978-7-5161-9020-3

Ⅰ . ①情… Ⅱ . ①严… Ⅲ . ①情报分析—认知过程—研究 Ⅳ . ①G353.1

中国版本图书馆 CIP 数据核字（2016）第 237630 号

出 版 人	赵剑英
责任编辑	孙　萍
责任校对	胡新芳
责任印制	王　超

出　　版	中国社会科学出版社
社　　址	北京鼓楼西大街甲 158 号
邮　　编	100720
网　　址	http://www.csspw.cn
发 行 部	010-84083685
门 市 部	010-84029450
经　　销	新华书店及其他书店

印刷装订	三河市君旺印务有限公司
版　　次	2016 年 10 月第 1 版
印　　次	2016 年 10 月第 1 次印刷

开　　本	710×1000　1/16
印　　张	15.75
插　　页	2
字　　数	226 千字
定　　价	59.00 元

前　言

　　情报分析一直是情报学的核心研究领域，在实践中更是渗透在社会各个层面。面对着当前的大数据环境，海量与多变的数据、信息、情报给情报分析工作带来了新的挑战，情报分析的手段与工具也因应环境的变化而日益多元化，但情报分析中起到主导作用与决定性作用的因素还是人，分析主体的个体认知偏差为情报分析带来的障碍与阻滞时时发生，屡见不鲜。

　　现有对情报分析的个体认知偏差相关研究，从研究对象上来说涉及情报分析员、分析对象、分析工具、专事情报分析的机构，但仅对某一对象研究，罕见同时考量人、分析对象、分析工具、组织的多维度研究。现有研究从研究方法上多为归纳与推理方法，较少利用定量研究方法对情报分析中个体认知偏差做出量化的观察与测量。本书旨在弥补现有研究不足之处，将情报分析理论与认知心理学理论紧密联系，考察情报分析的认知流程与认知心理，对情报分析不同阶段的个体认知偏差表征进行探讨，量化揭示情报分析与个体认知偏差之间的路径关系，着力构建认知心理学视角下的情报分析规范化的模型，并有针对性地提出个体认知偏差的干预策略。

　　本书采用文献调查法、案例分析法、问卷调查法、专家访谈法、结构方程模型法、因子分析法等方法展开研究，全书共分七章。第一章为绪论，主要阐述研究背景、研究目的与研究意义、研究思路与技术路线、研究内容与结构、研究方法与创新点。第二章为相关理论回顾与述评，对情报分析理论、认知偏差理论以及两者交融的情报分析中个体认知偏差理论进行梳理、回顾与评述，发现现有研究不足，为本书奠定理论与方法论基础。第三章探讨情报分析中的个体认知偏差表征及诱因。从情报分析的认知基础入手，使用案例分析法对个体认知偏差导致的情报失察案例进行阐释，分别为宏观层面的失察案例与微观层面的失察案例，由案例总结情报分析的采集、选择、整合、评估四阶段不同的个体认知偏差表现，进而分析致偏原因。第四章通过个体认知偏差、行为偏差以及情报交互情况，结合外部性约束来考量情报分析和个体认知偏差及相关变量的影响关系，从而对情报分析与个体认知偏差二者的关系进行量化揭示。第五章指出现有情报分析模型的不足，以小范围的专家访谈结合大范围的问卷调查获取情报分析影响因素的指标体系，以因子分析对关键指标进行提取，在此基础上构建情报分析的流程模型，并对整体模型与子模型进行解析。第六章探讨情报分析过程中对个体认知偏差进行干预与纠正的重要意义，体现在满足情报分析用户的需求、提升分析员的技能、全面提高情报产品价值三个方面，并指出纠偏手段与方式需具备时效性、针对性与可控性三大特性，进而从主体心理层面、组织文化层面、方法工具层面提出干预策略体系。第七章为研究结论与展望，对全书进行了总结，归纳了主要研究结论，分析了研究的局限性，并进行了研究展望，提出后续研究方向。

与以往同类成果相比，本书的创新点有以下方面：（1）具有跨学科的研究视角并应用跨学科的研究方法。情报分析是情报学的核心研究领域，但多年来对于情报分析的研究仅仅从学科内部考量，长期的"箱内思考方式"严重地束缚了情报学研究的活力。本书从认知心理角度对情报分析工作的流程进行了全面的剖析，同时应用情报学与心理学的研究方法对情报分析的流程优化提出科学而合理的解决方案。（2）归纳与提炼情报分析不同阶段的个体认知偏差表征。个体认知偏差的表征繁多，本书在案例分析的基础上，以情报分析的四个阶段为划分点，对情报分析的个体认知偏差进行归纳与提炼，得到情报采集阶段以启发式偏差为主，情报选择阶段以证据评估偏差为主，情报整合阶段以估计概率偏差为主，情报评估阶段以事后偏差为主。同时，探讨了引发情报分析个体认知偏差的诱因，主要有认知主体因素、认知客体因素与认知环境因素三大类。（3）对情报分析与个体认知偏差的关系进行了定量化实证分析。本书借鉴个体认知偏差在行为金融学上的研究成果，选取个体认知偏差和行为偏差、外部性约束、情报交互、情报分析效能五个潜变量进行指标设计，建立结构方程模型，通过 AMOS 17.0 软件对数据进行分析，揭示路径系数，得出个体认知偏差和情报分析的关系图，对情报分析中个体认知偏差进行量化实证分析。（4）提取情报分析关键影响因素，构建认知心理学视角下的情报分析模型。本书采用专家访谈结合问卷调查与因子分析得到情报分析的关键影响因素为：情报分析主体、信息结构、技术与工具、流程周期、组织文化、用户交互六大要素，并在六大影响因素的基础上构建了认知心理学视角下的情报分析总体流程模型，进而对情报分析的模型进行详细阐释与解析。（5）提出情报分析中个体认知偏差的纠偏与干预策略体系。本书指出情报分析中个体认知偏差干预的意义与特性，提出从主体心理、组织文化、技术工具三个层面对个体认知偏差进行全面的纠偏与干预，并针对每个层面的干预手段进行详细的介绍，以期在情报分析实践中更好地满足用户需求，有针对性地预防或干预个体认知偏差，将其不利影响最小化，将情报产品价值最大化。

本书系 2011 年国家社会科学基金青年项目"情报分析中的个体认知偏差及其干预策略研究"（项目编号：11CTQ013）的最终研究成果，受该项目资助出版。在本书的著述过程中，参考和借鉴了大量中外文书刊与网站资料，在此对这些参考文献的作者表示诚挚的谢意。由于篇幅有限，未能一一列出所有的参考文献，在此对未能列出的参考文献作者表示深深的歉意和谢意。

由于作者的学识、水平和能力，尽管始终坚持严谨、认真、求实的态度，但也仅是对情报分析中的个体认知偏差的问题进行了某个角度的观察与探索，因此书中疏漏和不足之处在所难免，恳请各位专家、学者和读者不吝赐教、批评指正。

严贝妮

2016 年 5 月于安徽大学

目 录

图目录

表目录

第一章

绪　论

　　数据与信息无处不在，世界每天都产生海量的数据。面对纷繁复杂的数据，亟待对大量已知数据进行高效的分析研究，提取情报，生成有价值的情报产品。情报分析正是一种内涵与外延非常广泛的数据深加工活动，是一种智力性的人类科学研究活动。在中国，情报分析、情报理论与管理、情报检索与技术并称为情报学研究的三大领域①，是情报学区别于其他学科的核心竞争力所在。近年来，各类情报分析技术、手段、方法层出不穷，日益精进，但情报分析失误的现象仍然频频发生，可见技术与方法的进步无法从根源上解决情报分析无力的现状，"人"的因素始终是情报分析能否成功最重要的因素，因此从人的认知角度审视情报分析成为当前研究的热点与重点。本书着重探讨在情报分析中的个体认知偏差的相关问题，并提出干预策略。

第一节　研究背景

一　现实背景

（一）大数据时代情报尤为可贵

　　21世纪信息社会昂首步入大数据时代，信息不再匮乏而是过于丰裕。周围到底有多少信息？很多学者尝试对不同测量对象使用不同的测量方法，去测算出一个数字。其中，南加利福尼亚大学学者

---

① 叶鹰：《试论情报学的三大重点研究领域》，《图书情报知识》2003年第6期。

马丁·希尔伯特（Martin Hilbert）估算出截至 2007 年人类大约存贮了 300 艾字节的数据，一个艾字节等于 2^{60} 字节。[①]

大量的信息，对人们的生活、工作、思维产生了重大的变革。零售业巨头沃尔玛的首席信息官洛林·福特（Rollin Ford）于 2006 年开始负责沃尔玛全球信息系统部门的工作，指导其 IT 和应用战略及执行，他指出作为企业的情报人员，最常思考的问题就是怎么才能更好地管理数据、处理数据与分析数据。[②] 在大数据时代下，人们可以轻松地获取比以前更多的信息并进行分析，认识世界、诠释世界时，数据也不再是影响人类的限制因素，人类理应可以更好地预测经济发展趋势、防止疾病、打击犯罪、治理社会，然而事实上，如潮水般涌来的数据，导致人们往往被湮没于浩瀚的数据海洋，获取信息、有效利用信息并不轻松。情报是可获取的、有价值的信息，情报的价值是客观的，对情报获得者接收情报后所达到的具体目标是有益的。[③] 在大数据时代，人们真正需要的是数据背后的"情报"，情报的可贵性日益凸显。

（二）情报分析将数据提炼成金

数据如矿山，首要价值被发掘后才能不断显现，数据真正被发现的价值仅如冰山一角，而未被发掘的绝大部分价值都隐藏在海平面之下。要让数据"发声"，把大量数据背后的含义呈现在所有需要做出决策和行动的人面前，这就依赖于——情报分析。2013 年 2 月，美国总统奥巴马宣布启动"大数据研究与开发计划"，旨在提高从大数据中提取情报的能力。美国国防部也宣布投资 2.5 亿美元启动"大数据"研发计划，媒体称该举措为"重新定义军事情报与赢得战争而进行的一场豪赌"。在该计划中提出了"从数据到决策"的理念，核心思想是对情报分析工作流程进行革新，使情报的前后端有机合为一个整体。[④] 简而言之，情报分析通过对大量已知数据、信息进行提炼与

---

① ［英］麦克托·迈克·舍恩伯格、肯尼斯·库克耶：《大数据时代：生活、工作、思维的大变革》，盛杨燕、周涛译，浙江人民出版社 2013 年版。

② 郑静：《破坏性创造：医疗服务业的大数据革命》，北京译言协力传媒科技有限公司 2013 年版。

③ 马国泉、张品兴、高聚成：《新时期新名词大辞典》，中国广播电视出版社 1992 年版。

④ 《情报生产如何应对"大数据"挑战》，2013 年 5 月 1 日，《解放军报》（http://www.qstheory.cn/gf/jsll/201310/t20131015_ 278933.htm）。

分析研究，获取新的有价值情报。当然，人类从数千年前就有情报分析。古代美索不达米亚平原记账者为了有效跟踪记录信息发明了书写，各国政府通过人口普查建立国民数据库，经济师们也通过收集大量的数据来规避金融风险①，这些都是久而有之且常规的情报分析工作。在大数据时代，情报分析被赋予了更为丰富的内涵与外延。将数据提炼成金，是人们与社会对情报分析工作最为直接的需求。

二 理论背景

目前，国内外专门针对情报分析中的个体认知偏差的相关研究成果数量较少。本书属于融入情报学与心理学的跨学科研究，情报分析理论与认知偏差理论是本书的两大理论来源，两个领域的相关研究为本书的理论探索奠定了基础。

（一）情报分析理论

情报分析，英文称为 Intelligence Analysis。在不同的研究领域其称谓有所差别，在经济界被称为经济分析、经济预测、市场分析等，在科技信息界被称为情报研究、情报分析、情报调研等，其目的在于通过分析研究已知信息，获得对事物深层次的认识与把握，为科学决策、科学研究、市场开拓等服务，它是一种内容广泛的信息深加工活动，是一种智力性的科学研究活动。

情报分析活动在二战后得到重视与发展，随着科技与生产力的飞速发展与进步，人类知识信息开始爆炸性增长，网络的出现使得信息的传递交流跨越时空界限得以实现，伴随而来的遍及世界各个领域的竞争空前激烈，信息情报成为国家、组织、企业、个人竞争中不可或缺的战略资源。情报分析活动广泛分布并渗透于各个领域，主要有科技情报领域、经济领域、政治军事领域、安全领域等。正因如此，各领域对情报分析活动也有系统化、体系化的研究。研究机构众多，各类软科学研究机构与信息咨询机构不断涌现并得到飞速发展。情报分析相应成为学术界的研究热点，我国情报

---

① ［英］麦克托·迈克·舍恩伯格、肯尼斯·库克耶：《大数据时代：生活、工作、思维的大变革》，盛杨燕、周涛译，浙江人民出版社2013年版。

学界非常重视情报分析的相关理论总结与研究。

（二）认知偏差理论

认知心理学是以人类为认知对象的一门学科，诞生于20世纪五六十年代。认知心理学的主要特点是用信息加工的观点来解释人类的认知与行为。① 在心理学中，认知主体对特定认知对象的认识所产生的规律性误差被称为认知偏差。② 认知偏差可以分为群体认知偏差与个体认知偏差。认知偏差（Cognitive Bias）属于认知心理学的重要研究范畴，由于人类的认知偏差是一种客观存在的现象，因此，在很多学科领域视角下都有对认知偏差的研究，情报分析也是认知偏差客观存在的一个活动领域。由于情报分析包含了诸多环节，分析员稍有不慎，就会对分析对象产生错误判断。认知偏差的表现，认知偏差类型、特征、产生机制、作用机理等都对本书起到借鉴与参考作用。结合认知偏差的理论，本书对情报分析中的个体认知偏差做出如下界定：情报分析员产生的认知偏差并不是由情感或者智力倾向造成的，而是从潜意识心理出发来处理信息所造成的一种误差，是其简化信息处理策略而造成的偏误，这种认知偏差有别于文化偏差、组织偏差，被称为情报分析员的个体认知偏差。③

第二节 研究目的与研究意义

一 研究目的

当前，对于情报分析的研究多关注于工具、情报分析方法与情报分析系统等硬件的研究，然而情报分析的主体是情报分析员，其在情报分析中的心理过程与认知偏差将直接影响情报分析是否成功。因此，本书的研究目的在于：从情报分析失误的案例入手，归

---

① 彭聃龄、张必隐：《认知心理学》，浙江教育出版社2004年版。
② 陈相光、李辉：《政治信息认知偏差分析》，《河南师范大学学报》2011年第38卷第1期。
③ 严贝妮、陈希萍：《国外情报分析中的个体认知偏差研究述评》，《图书情报工作》2013年第57卷第5期。

纳与提炼在情报分析不同阶段中的个体认知偏差表征与特点，定量化获取个体认知偏差对情报分析的影响路径，结合情报分析的几大关键成功要素，构建规范化的情报分析流程，并有针对性地提出情报分析过程中个体认知偏差的干预与规避策略，以提高情报分析效率与效果，提升情报产品价值，满足情报用户需求。

本书的具体目标有：第一，结合情报学与认知心理学理论基础，对情报分析中的个体认知偏差研究现状与不足予以揭示；第二，通过对情报失察典型案例的阐释和分析，归纳不同的情报分析阶段中个体认知偏差表现；第三，对情报分析与个体认知偏差二者关系进行定量化揭示；第四，在专家访谈与问卷调查基础上，提出认知心理学视角下的情报分析模型，并对其子模型进行详细设计；第五，结合情报分析流程模型，针对引发个体认知偏差的关键要素，从主体、方法、技术工具三大层面提出干预策略。

二 研究意义

（一）扩展情报学研究口径

1945 年，美国麻省理工学院院长、时任美国科学研究与发展局局长的维纳·布什（Vannerar Bush）在《大西洋》杂志上发表了《诚若所思》（"As We May Think"）一文，首次提出了机械化检索的设想，这一极具影响力的文献被视为情报学的开端。[①] 我国的情报学研究起步可追溯至 1956 年，标志性事件是我国正式组建科技情报机构开展科技情报工作。时至今日情报学在我国已有逾半个世纪的发展历程。对情报学学科的认识与研究，走过坎坷与曲折，也曾历经辉煌与风光。情报学对我国社会、经济、科学技术、文化教育等各领域的贡献毋庸置疑。进入 21 世纪后，情报学的未来何去何从，如何更扎实地拓展学科发展根脉，最大限度发挥学科价值，成为摆在研究者面前的一个课题。毫无疑问，仅囿于单学科的发展轨迹会束缚情报学的发展动力，与其他学科的交叉与融合更符合学科自身与外在发展需要。[②]

---

① 吴慰慈、董焱：《图书馆学概论》，国家图书馆出版社 2008 年版。
② 严贝妮、陈秀娟：《情报学与认知科学的碰撞和交融》，《情报理论与实践》2013 年第 36 卷第 12 期。

本书的理论价值是将情报分析与认知心理学进行交叉、融合研究，这样既可扩展情报学学科理论研究的内涵与外延，也是跨学科研究的大势所趋，同时赋予情报分析与认知心理学两个范畴更多的创新思维与研究活力。

（二）为情报分析实践提供指导

长期以来，情报分析理论与情报分析实践相辅相成并重发展。情报分析实践渗透于政治、经济、军事、社会各个层面与领域之后，其分析主体也具有多元化的特点，对于情报分析具有直接影响的就是分析主体的心理。本书的实践价值在于：从情报分析的认知基础出发，收集并分析近年来政治、经济、军事等领域的情报失察案例，基于此揭示情报分析的不同阶段，如情报采集阶段、情报选择阶段、情报整合阶段、情报评估阶段中的主要认知偏差的表征，从认知主体因素、认知客体因素、认知环境因素剖析其形成诱因，采用定量研究方法来调查情报分析与个体认知偏差的关系，得到了个体认知偏差对行为偏差具有正相关关系、个体认知偏差对情报交互具有负相关关系、行为偏差对情报交互具有负相关关系、行为偏差对情报分析效能具有负相关关系、外部约束性对行为偏差具有正相关关系、外部约束性对情报分析效能具有负相关关系、情报交互对情报分析效能具有正相关关系等七个研究结论，并确定了七种关系各自的影响系数，以此提示情报分析人员注意各种认知偏差，提高情报分析效率。此外，本书从认知心理学视角构建了情报分析过程模型，并对情报分析中个体认知偏差的纠偏提出了切实可行的干预策略，从而为情报分析实践提供规范化、流程化的指导，提高情报分析过程的效率和情报分析产品的质量。

第三节　研究思路与技术路线

一　研究思路

科学、清晰、严谨、完备的研究思路应该可以回答是什么、为什么、如何做等问题，即研究的总体内容是什么、如何实现研究的路线、如何对现有资料进行收集与分析、采用何种科学而恰当的研究方法来开展研究。研究思路关系到研究的成败。本书遵循了理论—实践—理论—实践的总体逻辑思路，具体如下：

第一，采用文献调查与网络调查方法对情报分析理论和认知偏差理论进行回顾，对情报分析中的个体认知偏差中外研究现状进行梳理与评述，以加深对本书主题中理论与实践两个方面的研究现状和进展的理解，揭示现有研究的不足。

第二，从情报分析具有认知基础这一特性出发，从宏观层面与微观层面收集并分析由于认知偏差导致情报失察的典型案例，对案例进行评述与分析，从而提炼出情报分析四个核心步骤采集、选择、整合、评估中的个体认知偏差表征并探讨其诱因。

第三，在第二步定性讨论的基础上，采用问卷调查法与结构方程法，通过个体认知偏差、行为偏差以及情报交互情况，结合外部性约束来定量研究情报分析和个体认知偏差及相关变量的影响关系，从而获取了个体认知偏差最终会影响情报分析的效能，一方面通过行为偏差影响情报分析，另一方面通过情报交互情况对情报分析产生影响的主要路径。

第四，在专家访谈基础上进行大范围的问卷调查，采用因子分析中的主成分分析法确立情报分析的影响因素指标体系，该体系包含24项因素，是情报分析的关键影响因素；因子分析后得到的公共因子分类则显示这24项关键影响因素体现在情报分析主体、信息结构、技术与工具、流程周期、组织文化和用户交互六个维度。基于上述影响因素，构建了认知心理学视角下的情报分析模型。

第五，探讨了对情报分析中个体认知偏差进行干预的意义，提出干预应具备时效性、针对性和可控性的特性。最后，结合情报分析中的关键影响因素与认知心理学视角下的情报分析模型提出对个体认知偏差进行纠偏的方法干预、主体心理干预、技术工具干预三大干预策略。

二　技术路线

技术路线是本书得以展开与遵循的逻辑路径，是本书最提纲挈领的思维脉络。遵循技术路线的研究才能逻辑清晰，使得研究具有深入、全面、系统的特征，同时让研究的理论逻辑更完整地展示，明确研究主题与分主题之间的关系，揭示研究的主要矛盾与解决方案。本书的技术路线如图1—1所示。

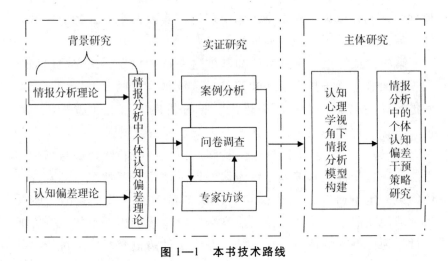

图1—1　本书技术路线

资料来源：笔者整理。

第四节　研究内容与结构

一　研究内容

本书的主要内容有以下几点。

（一）界定情报分析中个体认知偏差缘起与概念

对情报分析、认知偏差的理论体系进行梳理，明确地界定易混淆的概念，全面搜集并评述情报分析中个体认知偏差相关研究，明确其起源与概念。对现有研究中关于成因、影响、对策等主题的研究进行深入分析，找出研究不足之处。

（二）剖析情报分析中因个体认知偏差而导致的情报失察典型案例

情报失察存在于政治、经济、军事等领域，以往对情报失察案

例的分析集中于某单个领域讨论，本书从宏观与微观层面对由于个
体认知偏差而致的情报失察案例进行剖析，由点及面，利用归纳推
理，从案例推出一般性结论，为其后对情报分析中个体认知偏差表
征与诱因的探讨打下深厚的实践基础。

（三）定量研究了情报分析与个体认知偏差之间的相关关系

现有对情报分析与个体认知偏差关系的研究中罕见运用定量研
究方法来确定影响路径与影响系数。本书采用定量研究方法对情报
分析内在构成要素进行梳理和细化，以个体认知偏差为外源潜变
量，以情报分析效能为内生潜变量，设立假设，采用统计软件对研
究假设进行检验，得到情报分析与个体认知偏差及其相关变量的影
响关系。

（四）提取了影响情报分析的关键因素

情报分析模型是由用户需求驱动的，具体表现在情报分析的过
程中。要构建一个好的情报分析模型，需要对情报分析的影响因素
进行全面调查与分析。本书采用专家访谈法与问卷调查法确定情报
分析的影响因素体系，为情报分析模型的构建打下实证基础。

（五）构建了认知心理学视角下的情报分析模型

基于实证研究得到情报分析影响因素指标体系，可归并为情报
分析主体、信息结构、技术与工具、流程周期、组织文化和用户交
互六大要素。本书融合了情报分析成功的关键影响要素，构建了认
知心理学视角下的情报分析理论模型，并对模型的运行与控制问题
进行了深入探讨。

（六）提出了对情报分析中个体认知偏差进行纠偏与干预的可
行性建议

本书最终致力于提出具有可行性、可操作性的情报分析工作中的
个体认知偏差的干预策略。本书提出了对情报分析中个体认知偏差进
行纠偏具有时效性、针对性、可控性等特性，并指出具有满足情报分
析用户需求、提升情报分析技能、全面提高情报产品价值等意义。最
终，基于全书的研究，提出了主体心理干预、组织文化干预、方法工
具干预的三大干预策略体系以及具体的可操作的八大干预策略。

本书内容框架如图1—2所示。

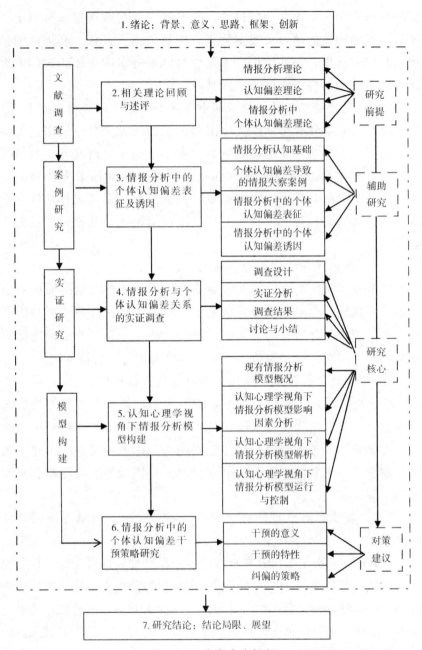

图1—2　本书内容框架

资料来源：笔者整理。

二 结构

本书共分七章，基本结构如表1—1所示。

表1—1   本书结构

第一章	绪论：研究背景、研究目的与研究意义、研究思路与技术路线、研究内容与本书结构、研究方法与创新点
第二章	从情报分析理论、认知偏差理论方面进行文献回顾与梳理，进而对情报分析中的个体认知偏差的中外研究进行评述
第三章	从情报分析的认知批判属性出发，运用案例分析法，从宏观政府、微观企业的层面对情报失察案例进行深入剖析，对情报分析的四个关键性环节——情报采集、选择、整合、评估中的个体认知偏差表征进行归纳，并探讨其形成原因
第四章	采用问卷调查法结合结构方程模型法，通过个体认知偏差、行为偏差以及情报交互情况，充分考虑外部性约束以确定情报分析和个体认知偏差及相关变量的影响关系
第五章	在国内外现有情报分析模型的基础上，使用专家访谈法与因子分析法，提取情报分析中的关键影响因素，在此基础上构建认知心理学视角下的情报分析模型并对模型进行解析
第六章	在认知心理学的情报分析模型之下，探讨纠正与干预情报分析个体认知偏差的策略，从主体心理干预、组织文化干预、方法工具干预三个层面对个体认知偏差全面纠偏
第七章	研究结论与展望

资料来源：笔者整理。

第五节 研究方法与创新点

一 研究方法

（一）文献调查法

科研的第一步源于对现有研究的掌握，文献调查法旨在广泛收

集与现有研究主题相关或相近的研究，发现研究现状与不足，以此
作为研究的起点。本书采用文献调查法收集了国内外与本书主题相
关的情报分析、认知偏差、行为偏差等文献资料，国内的资料主要
通过中国知网期刊全文数据库、维普期刊资源整合服务平台中的期
刊文献检索、万方知识服务平台、超星数字图书馆等期刊全文与中
外电子书全文数据库；国外的资料主要通过 EBSCOhost、Web of Sci-
ence、Emerald、Elsevier、Springer、IEEE、Wiley Interscience、Ebrary
等英文数据库。在充分获取中英文文献的基础上，结合文献计量分
析等方法梳理现有研究进展。

（二）问卷调查法

问卷调查法是国内外社会调查中广泛使用的一种方法。本书两
次使用问卷调查，其后对回收的问卷进行统计分析，以保证研究的
科学与有效。第一次调查问卷针对情报分析与个体认知偏差的关系
展开调研，调查对象分为两类：一类是情报分析工作者和应用者，
一类是高校从事情报分析的教师、研究生与信息研究机构的研究人
员。第二次调查问卷针对情报分析的影响因素进行调研，调查对象
为国内高校中研究情报分析的学者、情报科研机构工作者、企业情
报分析工作人员。

（三）专家访谈法

"访谈法"（Interview），顾名思义是指通过访问人与受访人面
对面的交谈来采集相关的学术资讯的一种研究方法。本书在前文广
泛文献调查与情报分析模型实施案例的调查基础之上，对情报分析
影响要素实证研究过程进行了两个阶段。第一个阶段是设立专家访
谈，通过统计专家对于情报分析工作与过程的感受以及基于专家的
经验和实践的要素分析，从而获得情报分析关键要素评价指标。通
过专家访谈的方法获得的指标具有一定的权威性，但是由于样本量
较少且理论性较强，故第二阶段在第一阶段的基础上采用问卷法，
对前一阶段的研究成果进行实践上的补充，通过李克特量表形式获
取数据并进行分析。因此，专家访谈法在本书中主要体现在为大规
模发放情报分析的影响因素调查问卷做前期理论准备。

（四）案例研究法

案例研究一般是通过选择一个或几个案例来说明问题。根据实际研究中运用案例数量的不同，案例研究可以分为单一案例（Single Case）研究和多案例（Multiple Cases）研究。本书采用多案例研究方法，收集并整理在情报分析中由于个体认知偏差而导致的情报失察相关案例，涉及政治、军事、经济等领域的典型案例。宏观层面的情报失察案例主要有：2009 年美国圣诞节炸机事件、珠海机场建设、河南灵宝市豫灵镇开发区。微观层面的情报失察案例有欧洲迪士尼乐园失误、佳能挑战施乐垄断地位、柯达破产与三株集团等四个案例。本书对上述多案例进行解析，归纳、总结并提出情报分析中的个体认知偏差的表现，并深入探讨其诱因。

（五）结构方程模型法

结构方程模型是 20 世纪六七十年代出现的新兴的统计分析手段，它在社会科学等领域得到了广泛的应用，并被称为统计学的三大发展之一。[①] 社会科学研究的根本目的是通过探讨变量之间的因果关系来揭示客观事物发展、变化的规律及特点。[②] 情报属于社会科学的研究范畴，也正是因为情报分析和认知偏差之间的关系不是简单的单一变量关系，而是多个变量间相互影响的复杂的因果关系，且这些变量无法直接从现实生活中测量得到，需利用对相关可测量变量进行间接测量得到。传统的统计方法不能很好地解决问题，而结构方程模型可以弥补传统统计方法的不足，并能描述复杂的因果关系。基于此，本书采用结构方程模型方法，进行实证研究，从定量角度揭示情报分析与个体认知偏差以及相关变量之间的影响关系。

（六）因子分析法

在专家访谈基础上进行大范围的问卷调查，采用因子分析法中的主成分分析法确立情报分析的影响因素指标体系，该体系包含 24 项因素，是情报分析的关键影响因素；因子分析后得到的公共因子

---

① 李顺会、白新荣：《结构方程模型概述》，《沿海企业与科技》2009 年第 12 期。

② 林嵩、姜彦福：《结构方程模型理论及其在管理研究中的应用》，《科技政策与管理》2006 年第 2 期。

分类则显示这 24 项关键影响因素体现在情报分析主体、信息结构、技术与工具、流程周期、组织文化和用户交互六个维度。基于上述影响因素，构建了认知心理学视角下的情报分析模型。

二　创新点

本书的特色和创新之处在于，充分利用专家访谈法、问卷调查法、案例分析法等多元化、科学的研究方法来设计并开展研究，利用结构方程模型法与因子分析法对数据进行规范化的统计分析。基于情报学与认知心理学两个学科的基础理论，对情报分析中的个体认知偏差进行深入研究，收集典型案例，发现情报分析中个体认知偏差的表征与特点，对情报分析与个体认知偏差的关系与路径进行实证研究，并提出干预策略，从而提高情报分析员的工作效率，提升情报产品的价值。具体来说，本书的创新点主要体现在以下五个方面。

（一）具有跨学科的研究视角并应用跨学科的研究方法

情报分析是情报学的核心研究领域，但多年来对于情报分析的研究仅仅从学科内部考量，长期的"箱内思考方式"严重地束缚了情报学研究的活力。本书从认知心理角度对情报分析工作的流程进行全面的剖析，同时应用情报学与心理学的研究方法对情报分析的流程优化提出科学而合理的解决方案。

（二）归纳与提炼情报分析不同阶段的个体认知偏差表征

个体认知偏差的表征繁多，本书在案例分析的基础上，以情报分析的四个阶段为划分点，对情报分析的个体认知偏差进行归纳与提炼，得到情报采集阶段以启发式偏差为主，情报选择阶段以证据评估偏差为主，情报整合阶段以估计概率偏差为主，情报评估阶段以事后偏差为主。同时，探讨了引发情报分析个体认知偏差的诱因，主要有认知主体因素、认知客体因素与认知环境因素三大类。

（三）对情报分析与个体认知偏差关系进行定量化实证分析

本书借鉴个体认知偏差在行为金融学上的研究成果，选取个体认知偏差和行为偏差、外部性约束、情报交互、情报分析效能五个潜变量进行指标设计，建立结构方程模型，通过 AMOS 17.0 软件对数据进行分析从而得出路径分析图。为应对动态复杂环境和不确定性，把情报分析和个体认知偏差、行为偏差、情报交互、外部性约束结合起来，通过路径系数的揭示，得出个体认知偏差和情报分析的关系图，对情报分析中的个体认知偏差进行定量化与实证分析。

（四）提取情报分析关键影响因素，以此构建认知心理学视角下的情报分析模型

对现有的关于情报分析流程模型的研究进行梳理，发现大多为理论阐述，本书定量采用专家访谈与因子分析得到情报分析的关键影响因素为情报分析主体、信息结构、技术与工具、流程周期、组织文化与用户交互六大要素，并在六大影响因素的基础上构建了认知心理学视角下的情报分析总体流程模型，进而对情报分析的模型进行详细阐释与解析。

（五）提出情报分析中个体认知偏差的纠偏与干预策略

本书指出情报分析中个体认知偏差干预的意义与特性，提出从主体心理、组织文化、方法工具三个层面对个体认知偏差进行全面的纠偏与干预。具体来说，在主体心理层面纠偏策略有：正确的自我评价与自我归因，培养批判性与逆向思维模式，关注把握分析环境的变化。在组织文化层面提出了要完善组织文化建设，引入群体决策的分析机制，出台切实的动机激励措施。在方法工具层面纠偏策略有：采用针对个体认知偏差的分析框架，并辅之以智能化的纠偏分析工具。

第二章

相关理论回顾与述评

本书在情报分析领域下，探讨个体认知偏差相关问题，以对影响情报分析效用的认知偏差进行有效的纠正和干预，提升情报分析的效率。因此，情报分析理论、认知偏差理论是本书的理论基础。而情报分析理论是情报学研究领域中的一个重要分支，认知偏差是心理学研究的专门领域，本章在分别回顾两大理论的基础上，对二者的交集——情报分析中个体认知偏差现有的研究进行述评，如图2—1所示，以期探讨现有研究的贡献与不足之处，为本书打下理论根基。

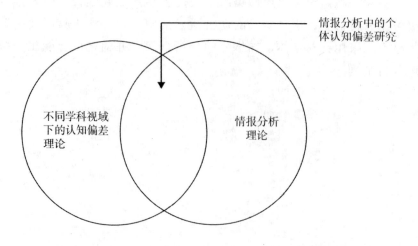

图2—1　情报分析与个体认知偏差研究交集

资料来源：笔者整理。

第一节 情报分析理论

一 概念界定

（一）情报的定义

多年来，对于情报的概念在学术界很难形成一个精确的界定。目前，在人们社会生活的各个领域随处可见情报的身影。1985 年，美国历史学家沃尔特·拉克尔（Walter Laqueur）研究发现"尝试对情报提出理论的努力都以失败告终"①。此后，对于情报、信息、数据的区别引发了持续的讨论。不同的国家不同的文化对情报的概念界定方式不一，有的国家甚至不做区分。学者安德鲁（Andrew）等人指出，法语中情报与研究的含义一致，而汉语认为情报等同于信息。② 在德语中，消息或信息是同义词。其实，不同国家或地区的情报机构从事的活动范围也各有不同，正如沃尔特·拉克尔所说，情报通常指的是"组织正在搜集的信息与已经搜集到的信息"③。2005 年在美国国家情报局局长办公室与兰德公司联合召开的会议上，学者特雷弗顿（Treverton）将"构建情报理论"作为一个主要议题进行讨论。④

时至今日，很多专家学者仍致力于提出情报相关理论，情报是一种有实际效果的现实活动。除了情报搜集、加工到情报评估方面复杂的理论，情报的理论也包含了现实世界如何实现情报功能与效用最大化的组织、资源与政策等诸多问题。

---

① Laqueur W., *A World of Secrets: The Uses and Limits of Intelligence*, New York: Basic Books, 1985, p. 8.

② Andrew R. J., Aldrich, Wark W. K., *Secret Intelligence: A Reader*, Oxford: Routledge, 2009, p. 1.

③ Laqueur W., *A World of Secrets: The Uses and Limits of Intelligence*, New York: Basic Books, 1985, p. 12.

④ Treverton G. F., Jones S. G., Boraz B., Lipscy P., *Toward a Theory of Intelligence: Workshop Report*, Santa Monica: Rand National Security research division, 2006.

（二）情报分析的定义

情报分析，英文称为 intelligence analysis。维基百科指出，情报分析是利用当前环境和组织的已知信息，以适当的概率形式对组织未来的各种行动做出描述。[①] 美国《国防部军事与相关术语字典》认为：情报分析是通过对全源数据进行综合、评估、分析和解读，将处理过的信息转化为情报以满足已知或预期用户需求的过程。[②]

中国《社会科学新辞典》中指出，情报分析又称情报分析研究或情报研究，由情报分析员围绕特定的课题，根据用户的需要，在广泛收集和积累有关文献资料的基础上，通过分析、对比、推理、判断、综合等逻辑思维过程和必要的数字处理，以压缩的形式提供有现实意义并可供直接利用的信息的工作。[③]

《新时期新名词大辞典》中提出，情报分析是围绕某一课题对大量情报信息进行综合分析，了解现状、预测未来的情报服务工作。它的社会功能主要是为决策提供依据和论证。[④]

包昌火等认为，情报分析就是情报研究，是根据社会用户的特定需求，以现代的信息技术和软科学研究方法论为主要手段，以社会信息的采集、选择、评价、分析和综合等系列化加工为基本过程，以形成新的、增值的情报产品，以为不同层次的科学决策服务为主要目的的一类社会化的智能活动。[⑤]

秦铁辉等指出，情报分析是对情报进行定向浓集和科学抽象的一种科学劳动，在这类劳动中，情报分析人员根据一定的课题，广泛系统地搜集文献、实物等情报，对内容进行去伪存真的鉴定，由表及里、由此及彼的推理，以及对数据进行统计和计算等工作，然后，按照实际需要和工作深度，编写出不同形式的文字材料。他们

① Intelligence Analysis. Wikipedia, http：//en. wikipedia. org/wiki/Intelligence _ analysis.

② 百度百科：《情报分析》（http：//baike. baidu. com/view/4221344. htm）。

③ 汝信主编：《社会科学新辞典》，重庆出版社 1988 年版。

④ 马国泉、张品兴、高聚成：《新时期新名词大辞典》，中国广播电视出版社 1992年版。

⑤ 包昌火等：《对我国情报研究工作的认识和对策研究》，《情报理论与实践》1997 年第 20 卷第 3 期。

进一步指出，情报分析遍及科学、技术、生产、军事、经济、文化、教育等各领域。① 此外，在我国，有多位学者提出情报分析与情报研究、信息分析、情报调研等是同义语，只是字面表述与称谓上的不同，含义基本一致。②③

纵观国内外对于情报分析的界定，表述略有区别，但可归纳为以下主要观点：（1）认为情报分析是一种过程，是对情报或信息的收集、选择、处理、分析、提供使用的过程；（2）情报分析的功能主要是为决策提供相关支持与辅助作用；（3）情报分析面向对象、面向用户，为满足用户需求的一种智能活动。

二　起源发展

（一）起源

情报分析起源于20世纪中期的美国，伴随着美国国家安全概念的产生而发端。二战之后美国为了应对其国家安全方面的问题，尤其是苏联的崛起威胁到了美国的地位。二战中珍珠港事件给美国敲响了警钟，此后冷战的开始让美国意识到了情报、国家安全、外交、军事力量需整合一体，方可在国际事务中起到核心作用。来自全球的威胁需要掌握全球信息，而此前仅关注战争中的战时信息远远不够了，需要的信息不仅包括敌人军事力量的，还要包括全球政治与经济发展的信息。

在情报分析发展历程中，尤为值得一提的是美国人谢尔曼·肯特（Sherman Kent），他被称为"情报分析之父"。他于1933年美国耶鲁大学毕业后从事教学工作，二战开始不久的1941年他加入美国中央情报局的前身——中央战略服务办公室，在研究与分析部门从事具体工作，并展现了在情报分析领域特殊的才能。二战之后，继续从事教学工作并完成了他最知名的著作《战略情报：为美国世界政策服务》。肯特对于情报界最突出的贡献是提出了书

---

① 秦铁辉、王延飞：《信息分析与决策》，北京大学出版社2001年版。
② 田丽丽：《2000—2004年我国情报分析研究述评》，《图书馆学研究》2005年第9期。
③ 韩志英、孙忠斌：《情报分析人员的元认知分析》，《现代情报》2008年第5期。

面的情报分析技术与方法,① 他强调情报分析必须是中肯的、严密的、有洞察力的,② 1953 年他提倡建立培养情报分析员的学校,1955 年一手创办了期刊《情报学》。2000 年美国中央情报局以谢尔曼·肯特为名建立了专门的情报分析学校。③

在美国着眼于政治情报分析的同时,日本与联邦德国同样重视情报分析工作,只不过二者将情报分析着重置于科学技术领域。日本依靠情报研究与预测,看到了石油化工、电子产业的前途,大力发展上述产业,只用 10 年时间,就接近美国。进入 70 年代,国际竞争激烈,日本再次通过情报研究做出预测,向集约工业转向,多次成功转向都有赖于其情报分析工作,使得经济与政治上获得利益。④

我国科技情报分析工作早在 20 世纪 50 年代末就开始了,但较为普遍开展,还是在 1975 年第四届人大一次会议提出实现四个现代化宏伟目标之后,各单位为未来制订规划和计划,纷纷求助于情报单位要求其提供动态情报,各级管理者在科研与生产工作中也逐渐认识到情报分析的作用,鼓励并支持情报人员开展情报分析。这直接反映在该时期的相关研究中。我国关于情报分析最早可查找到的文献是发表在期刊上的有关于情报分析的会议信息,如 1978 年在四川召开了数字电压表情报分析与技术交流会,在苏州、上海召开了国外自动测试仪器发展趋势的情报分析会议,在西安召开了兵器工业光学塑料情报分析会。

我国对情报分析的研究最早开始于 1979 年,学者王瑞丰根据化工部科技情报所下达的化肥工业情报研究课题任务,对我国碳铵品种改造进行了初步调研,提出了发展建议。⑤ 1981 年,欧阳棉探

---

① A Look Back Sherman Kent: The Father of Intelligence, https: //www. cia. gov/news-information/featured-story-archive/2010-featured-story-archive/sherman-kent-the-father-of-intelligence. html.

② Kent S., *Strategic Intelligence for American World Policy*, Princeton: Princeton University Press, 1949, p. 56.

③ Davis J., *Sherman Kent and the Profession of Intelligence Analysis*, Virginia: Sherman Kent School for Intelligence Analysis, 2002, p. 16.

④ 王昌亚:《谈科技情报分析研究工作》,《情报科学》1980 年第 3 期。

⑤ 王瑞丰:《我国碳铵品种改造的情报分析与建议》,《辽宁化工》1979 年第 2 期。

讨了如何开展数学科学情报分析,[①] 邢树源讨论了情报分析与科学研究二者的关系,[②] 夏国梁研究了情报分析与经济评价的关系。[③] 上述一系列研究印证了我国情报分析源自于科技情报分析工作,同时也反映了我国从情报分析开始之初,就非常重视情报分析在经济、科技、产业等各领域中具体的应用。

(二) 发展

迄今为止,我国有关情报分析的研究论文数量颇丰,然而有关情报分析的综述却寥寥无几,且已有综述年份跨度小、样本数据有限,不利于从宏观上把握情报分析领域的总体研究进展。基于此,本书全面搜集过去 35 年（1978—2012）间情报分析领域的研究论文并进行计量统计分析,旨在总结该领域的研究现状,判断情报分析的主要应用领域与研究主题。

本次样本文献主要检自国内两个权威的大型期刊数据库:中文科技期刊全文数据库（1989—2012）和中国期刊全文数据库（1978—2012）。由于在我国情报分析又称信息分析[④],因此分别以"情报分析"和"信息分析"作为检索词,以题名为检索入口对两个数据库中的中文期刊论文进行搜集,在中文科技期刊全文数据库中共检索到 1383 篇相关文献,在中国期刊全文数据库中共检索到 1654 篇相关文献。通过对两个数据库中的论文汇总后进行剔重,最后得到有关情报分析的研究论文共 1797 篇,这些论文构成了核心样本,为其后统计提供直接的数据佐证。

1. 领域分布

情报是由社会、经济等领域情报汇合构成的复合体,情报学不是研究某一部门、某一领域的情报,而是研究作为一种特有的社会现象及其一般规律的科学。作为社会分工的一部分,研究者应重点从社会角度理解用户的情报需求,以及不同的学科和知识领域的情

---

① 欧阳棉:《怎样开展数学科学情报分析》,《情报学刊》1981 年第 1 期。
② 邢树源:《情报分析与科学研究》,《图书情报工作》1981 年第 25 卷第 5 期。
③ 夏国梁:《情报分析和经济评价》,《情报科学》1981 年第 3 期。
④ 查先进:《信息分析》,武汉大学出版社 2011 年版。

报系统的功能及差异。[①] 对情报分析研究进行领域划分，不仅有利于了解情报分析在社会各行各业的研究利用情况，而且有利于促进情报分析体系的构建。

　　情报分析几乎涉及社会各个层面，对情报分析的领域进行精确的划分显然是不现实的，因此依据样本内容，本书将情报分析的领域大致划分为政治领域、经济领域、军事领域、社会领域、科学技术领域和文化教育领域六大宏观领域，并据此对不同领域有关情报分析的研究论文进行了统计划分，整理出各领域有关情报分析研究的发文情况，如表 2—1 所示。

表 2—1　　　　　　　　　国内情报分析研究的领域分布

研究领域　　　　发文年份	政治领域（篇）	经济领域（篇）	军事领域（篇）	社会生活领域（篇）	科学技术领域（篇）	文化教育领域（篇）	小计（篇）
1978—1982	0	1	0	1	10	1	13
1983—1987	3	1	0	4	31	2	41
1988—1992	3	11	1	16	32	7	70
1993—1997	0	17	5	28	49	14	113
1998—2002	6	68	7	45	88	18	232
2003—2007	30	136	12	74	167	62	481
2008—2012	25	197	39	191	300	95	847
总计（篇）	67	431	64	359	677	199	1797
占总发文量百分比（%）	3.73	23.98	3.56	19.98	37.67	11.07	100

　　注：政治领域含外交，经济领域含产业类，社会领域含交通通信、医疗卫生、公共事件。

　　资料来源：笔者整理。

---

　　① 甄桂英：《"领域分析"的方法与情报学研究》，《情报杂志》2004 年第 23 卷第 10 期。

　　表 2—1 显示，我国有关科学技术领域的情报分析研究从 1978
年以来一直居于首位，这也与情报分析起步于科技领域的事实相符
合，而政治领域和军事领域的情报分析研究成果相对较少。究其原
因，一方面，由于其特殊性和保密的需要；另一方面，自 1978 年
以来，我国国内外政治环境相对比较稳定，工作重心发生转变，故
有关政治军事领域的情报分析研究成果并不多，但这并不影响对
1978 年以来的情报分析研究的重点领域进行分析。因为 1978 年以
后，整个国内社会共同面临着改革开放的大环境，自十一届三中全
会以来，我国各项工作的重心已全部转移到"以经济建设为中心"
这个任务上来，而科学技术作为第一生产力，其领域内大量的情报
分析的研究成果必将服务于我国的各项经济建设。这也意味着，无
论是经济领域还是科学技术领域，对于情报分析的研究工作势必会
随之增加。

　　当然，从表 2—1 中的数据可见，有关情报分析的研究，发文量
最多的两大领域正是经济领域和科技领域，占了总发文量的近 2/3；
其次是社会生活和文化教育领域，这是与日常生活关系最密切的两
大领域。随着现代社会的发展和生存方式的变革，一方面人们在享
受现代社会带来的便捷，另一方面各种社会问题层出不穷，医疗纠
纷、社会犯罪、群体事件等不断增多，引起了研究者对社会领域有
关情报进行分析的兴趣，伴随着社会学研究的迅速兴起，这种热度
只增不减；文化教育领域肩负着提高国民素质、培养人才的重任，
我国政府正不断加强对文化教育的重视程度和支持力度，教育工作
者也在深化对文化教育领域的情报分析工作，尤其是有关高等教育
的情报分析工作。

　　另外，通过对表 2—1 进行纵向对比发现，各领域的研究人员对
于情报分析的重视程度总体来说均是不断上升的。2000 年以后，各
领域每年有关情报分析研究的论文的增幅基本上均大于 1978—1999
年的增幅，可以说，计算机技术的发展和互联网的普及在这一现象
中扮演着十分重要的角色。

　　确切地说，我国虽从 20 世纪 70 年代末 80 年代初开始了计算机
普及教育工作，但计算机真正普及到各个文化阶层，并被广泛应用

到各工作岗位是在 2000 年左右，计算机强大的软件辅助分析功能为情报分析带来了巨大便捷。样本研究文献中，基于各种计算机软件的情报分析研究并不在少数，也充分证明了计算机辅助软件对现代情报分析发挥着至关重要的作用，促进了情报分析工作的有效开展。

2. 主题分布

本书将 1978—2012 年有关情报分析的研究主题归纳为以下八个方面：基础理论、技术与方法、情报分析人员、实践与应用（含实证研究）、政策法规、教育培训、发展与现状（含综述）和相关会议，并据此对样本研究文献进行划分与整理，如表 2—2 所示。

表 2—2　　　　　　　国内情报分析研究的主题分类

研究领域 \ 发文年份	基础理论（篇）	技术与方法（篇）	情报分析人员（篇）	实践与应用（篇）	政策法规（篇）	教育培训（篇）	发展与现状（篇）	相关会议（篇）	小计（篇）
1978—1982	3	0	0	6	1	0	0	3	13
1983—1987	3	4	1	29	0	0	1	3	41
1988—1992	2	9	0	57	1	0	1	0	70
1993—1997	13	9	0	87	1	1	2	0	113
1998—2002	18	16	2	185	1	2	8	0	232
2003—2007	28	51	8	361	1	21	11	0	481
2008—2012	39	104	14	647	7	20	11	5	847
总计（篇）	106	193	25	1372	12	44	34	11	1797
占总发文量百分比（%）	5.90	10.74	1.39	76.35	0.67	2.45	1.89	0.61	100

资料来源：笔者整理。

通过对比各研究主题的发文量占总发文量的百分比之后，可将情报分析的研究主题划分为三档：热点研究、常规研究、冷门研究。

（1）热点研究主题。占总发文量的50%以上，主要涉及情报分析在各个领域的实践应用。首先，情报分析始终贯穿于社会各个领域的实践活动之中，强调决策支持的功能，因此，有关情报分析的实践应用的研究主题所占百分比高达76.35%，远远地超过了其他研究主题所占的比例。其次，在这76.35%的文章中，一方面，情报分析作为一种研究方法在使用方面具有普遍性，有关情报分析的实践应用的研究涉及了社会的各个层面；另一方面，由于各个领域工作性质的不同，不同领域在利用情报分析辅助决策时又有明显的特殊性。比如，在资源与环境应用领域中，研究者更偏爱利用GIS技术进行相关的情报分析；在各种网络信息分析研究中更侧重利用数据挖掘技术进行情报分析等。

（2）常规研究主题。占总发文量的5%—10%，主要涉及情报分析的基础理论和技术方法。表2—2显示，随着社会的发展和科技的进步，人们越来越意识到情报分析在现代社会的重要性，有关情报分析的基础理论和方法的研究也在不断增加。从哲学的角度来说，完善的理论和方法可以更好地指导实践，而表2—2数据比重则显示，虽然有关情报分析的基础理论和方法与技术的研究正逐年上升，但情报分析的实践活动却远远地超越了基础理论和方法的支撑与指导。之所以造成这种局面，主要是由情报分析存在的特殊性与应用领域的广泛性决定的，当然，科技的迅速发展与快速传播也在其中发挥了重要作用。

（3）冷门研究主题。占总发文量的5%以下，主要涉及分析人员、政策法规、教育培训、发展与现状等层面。首先，情报分析人员作为情报分析工作中的关键主体，其个体和团队的认知心理、思维状况以及推理能力等直接影响情报分析的质量，因此，有关情报分析人员的研究以及相关的教育培训的研究均不应被忽视。虽然2005年以后，二者均有研究人员涉及，但其发文比例显示有关对情报分析人员以及相关的教育培训的研究仍远远不够。其次，情报分析领域随着发展的深入，将来必然会产生一套完整的技术与方法体系，以支持我国各行各业的情报分析工作，牵涉一个资源整合问题，对于这样一个庞大体系的构建，不同领域的情报分析研究人员之间的交流便成为一种必需。同时，须考虑由相关的机构或群体进行牵头组织，共同构建。

另外，对表2—2中数据进一步进行分析不难发现，从 2000 年以后，基础理论、技术与方法、实践应用这三个层面的研究成果的发文量明显大于以前，而这种较大的涨幅与情报分析地位的上升以及近年情报分析成为情报学研究的热点领域有很大关系。当然，与计算机技术和互联网的迅猛发展和快速普及密不可分。[①]

三　分析流程

情报分析流程提供了一个非常有用的概念逻辑框架。为更好地理解情报与情报分析，本书对中外学者提出的分析流程做一概括性描述，以揭示情报分析的起点与终点、情报分析包含的具体环节等问题。

（一）两阶段

国外学者理查德·C. 格林诺德和罗纳德·N. 卡恩（Richard C. Grinold & Ronald N. Kahn）讨论了投资情报的分析流程，首先将各种预测转换成投资组合，然后评价这些组合的效用。[②] 王昌亚将情报分析划分为收集和整理两个步骤：第一步使要尽可能系统地、完整地收集资料，第二步是对资料进行综合整理。收集的渠道可以从现有的文献资料中，也通过实际调查获取。占有资料后，运用逻辑思维和恰当的分析方法进行研究，形成有内容、有比较、有分析、有问题、有对策的综合性情报分析产品——战略情报。[③]

（二）三阶段

缪其浩等在明确情报分析的性质和任务的基础上，指出情报分析的过程是输入情报资料、产生情报资料的过程，包含三大环节：

---

①　严贝妮、胡雪环：《基于文献计量的国内情报分析研究综述（1978—2012）》，《现代情报》2013 年第 33 卷第 10 期。

②　Grinold R. C., Kahn R. N., "Information Analysis", *The Journal of Portfolio Management*, Vol. 18, No. 3, 1992, pp. 14-21.

③　王昌亚：《谈科技情报分析研究工作》，《情报科学》1980 年第 3 期。

情报收集、分析研究和表达传播。他们根据这三个环节，构建了情报分析方法的体系。他们指出，情报收集阶段可重点使用联机检索方法、专用数据库方法和调查表及专家征询方法；在情报分析阶段重点使用多元统计方法、文献计量方法和内容分析方法；在情报表达阶段多使用图像化方法。①

（三）四阶段

竞争情报的创始人之一简·P. 赫灵（Jan P. Herring）结合军事情报和国家安全情报工作的特点，按照情报生命周期的观点，探讨了企业情报分析的过程，将其分为情报课题的规划、情报收集、情报分析到情报扩散，形成一个首尾相接的闭环。② 该模型被称为赫灵竞争情报循环模型（Herring intelligence cycle，或者 competitive intelligence cycle），并成为美国中央情报局（CIA）和美国竞争情报从业者协会（SCIP）乃至全球竞争情报专业人员从事竞争情报研究的基本程序。③

（四）五阶段

美国学者罗勃特·克拉克（Robert Clark）在其专著《情报分析：目标导向的方法》中将情报流程分为五个阶段：需求、信息/数据采集、分析、传播、制定政策/行动，如图2—2所示。④ 情报分析始于个人或者组织的需求，情报分析人员根据客户需求有针对性地采集信息或者数据，进行分析。分析是情报分析整个流程中的核心环节，在此环节将形成关于分析问题的假设或者可能发生事件的预判。之后对分析得到的假设在客户或相关人员中传播。最后一步是制定政策或行动，此时情报承载了现实世界的结果，是真正的情报而非初时的信息或者数据，实现了信息到情报的转化。

① 缪其浩、徐刚：《论科技情报分析研究工作的方法体系》，《情报理论与实践》1988年第2期。
② Herring J. P., "Key Intelligence Topics: A Process to Identify and Define Intelligence Needs", *Competitive Intelligence Review*, Vol. 10, No. 2, 1999, pp. 4-14.
③ 陈维军：《企业竞争情报作战室设计研究》，博士学位论文，南开大学，2008年。
④ Clark R. M., *Intelligence Analysis: A Target-centric Approach*, Washington, DC: CQ Press, 2006, pp. 9-10.

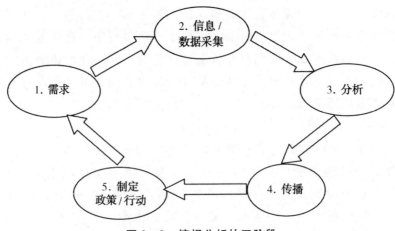

图 2—2　情报分析的五阶段

资料来源：Robert M. Clark, *Intelligence Analysis*：*A Target - centric Approach*，Washington, DC：CQ Press, 2006, p. 10.

（五）六阶段

英国维克菲尔德的情报分析训练与咨询公司讲师史蒂夫·贝里（Steve Berry）和安东尼·吉尔（Anthony Gill）在其开设的情报分析实训课上指出情报分析由六个阶段构成，分别是：定向阶段、采集阶段、评估阶段、整理阶段、分析阶段与传播阶段，它是一个循环的流程，如图 2—3 所示。[1]

美国 FBI 的情报项目对于 FBI 从事的情报分析流程做了明确界定，也分为六个阶段，分别是：第一阶段——需求（Requirements）：情报分析首先要识别信息需求；第二步——规划与定向（Planning and Direction）：这个步骤把控整个流程，从信息需求的识别到传递给用户情报产品，这个步骤起到关键性作用；第三步——收集（Collection）：依据需求收集原始信息；第四步——处理与开发（Processing and Exploitation）：将采集到的大量的原始信息转换成分析师可用的形式，这个步骤用到解密、语言翻译、数据还原等多种方法；第五步——分析与生产（Analysis and Production）：将原

---

[1]　Berry S., Crime and Intelligence Analysis, http：//intelligenceanalysistraining. com/catalog/product_ reviews_ info. php? products_ id＝29&reviews_ id＝2&osCsid＝imu6gibv0aeutll4cv8n7t3526.

始信息转换成情报；第六步——传播（Dissemination）：将情报传递给最初提出需求的用户，FBI 的情报扩散有情报报告、FBI 情报公告、FBI 情报评估三种基本形式。①

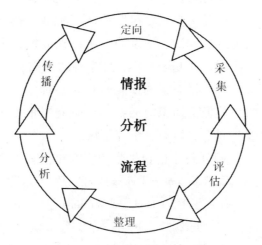

图 2—3　情报分析的六阶段

资料来源：Steve Berry，Crime and Intelligence Analysis，http：//intelligenceanalysistraining. com/catalog/product_ reviews _ info. php? products_ id = 29&reviews _ id = 2&osCsid = imu6gibv0aeutll4cv8n7t3526.

　　通过梳理中外学者对情报分析流程与步骤的观点可以看出，对于情报分析的流程并没有统一的说法，从二阶段说到六阶段说均有人主张。综上，可将其归并为两大类的观点：第一类，广义或概括的情报分析流程，简单的若干步骤，情报分析完成信息收集与信息整理工作即可；第二类，狭义或细化的情报分析流程，从用户提出需求到最终形成情报产品，中间涵盖采集、选择、整合、分析等环节，将情报分析工作细化。不论是广义还是狭义的情报分析流程均认为，情报分析是一种包含多个步骤的、流程化的、结构化的分析工作。正是由于情报分析本身的流程化特性，导致在各个环节均有出现认知偏差的可能性。

———————————

① Intelligence Cycle，http：//www. fbi. gov/about-us/intelligence/intelligence-cycle.

四 情报失察

"情报失察"英文为"intelligence failure",其研究源于西方国家的军事领域。二战时期,重大军事情报失误屡屡出现,这引起了情报人员的关注,这是情报失察研究的萌芽时期。初期的研究重点是对二战中以及战后的政治、军事冲突中出现的情报失察现象进行事件还原与过程解析,即基于失察事件本身的研究。[①] 从 20 世纪 90 年代中后期开始,对情报失察的研究与认知心理学、经济学、组织行为学等学科的相关理论知识交叉融合,研究视角相应延展到政府与企业层面的战略制定、情报分析等领域。

2000 年之后,国外对于情报失察的研究热潮依然高涨,研究主要有:弗里曼·戴森(Freeman Dyson)对二战时英国空军情报失察的分析;[②] 道格拉斯·沃勒(Douglas Waller)对美国"9·11"事件中的情报失察研究;[③] 马娅·B.库克等人(Maia B. Cook et al.)针对情报分析失误中的确认偏差深入探讨了主体的因素;[④] 克里斯托弗·D.威肯斯等(Christopher D. Wickens et al.)研究了情报整合中出现的锚定启发式偏差;[⑤] 阿鲁纳·D.巴拉科瑞斯南等人(Aruna D. Balakrishnan et al.)探讨了多领域协作进行情报分析中如何使用可视化工具纠正偏差,以避免情报失察的发生。[⑥]

---

① 江洁、徐志峰:《国内外情报失察研究述评》,《图书情报工作》2011 年第 55 卷第 6 期。

② Dyson F., "A failure of intelligence", *Technology Review*, Vol. 109, No. 5, 2006, pp. 62-71.

③ Waller D., "Failures of intelligence", *Time Canada*, Vol. 160, No. 14, 2002, p. 12.

④ Cook M. B., Smallman H. S., "Human factors of the confirmation bias in intelligence analysis: decision support from graphical evidence landscapes", *The Journal of the Human Factors and Ergonomics Society*, Vol. 50, No. 5, 2008, pp. 745-754.

⑤ Wickens C. D., Ketel S. L., Buck-Gengler C. J., Bourne L. E., *The Anchoring Heuristic in Intelligence Integration: A Bias in Need of De-Biasing*, California: Human Facotors and Ergonomics Society 54th Annual Meeting, 2010, p. 37.

⑥ Balakrishnan A. D., Kiesler S., Kittur A., Fussell S. R., "Pitfalls of Information Access with Visualizations in Romote Collaborative Analysis", in John Tang. *CSCW '10 Proceedings of the 2010 ACM Conference on Computer Supported Cooperative Work*, NY: ACM, 2010, pp. 411-420.

国内方面的研究起步较晚，最初的研究是对国外失察研究成果的引介与评论，目前相关的研究主题集中在以下方面。

（一）情报失察基础理论的研究

沈固朝提出情报失察是西方情报研究的重要课题之一，他介绍了情报失察是如何在美国、英国及一些西方系统中产生，并从信号分析、认知理论和情报文化的角度进一步分析了情报失察的原因。[①]他认为，由于人的错误而非信息系统是造成情报失察的主因。探索情报分析人员和决策者的关系，分析预警障碍、认知失调、情报政治化、群组思考等问题，认为应从认知学理论和情报文化的角度进行研究，以使情报分析更具洞察性。[②]

赵小康与董悦指出情报失察正成为情报学领域的研究热点，介绍了媒介情境论、影响传播效果的因素、场依存—场独立理论、认知偏差理论、认知负荷理论、企业经营失败路径理论、企业经营失败模式理论对情报失察的指导意义。[③]

王知津与王树义借鉴误判心理学的理论和方法，考察情报分析中容易导致情报失察的心理倾向。通过文献调查法，将经典情报误判案例中的误判心理因素分为：回避疑虑的倾向、回避不一致性的倾向、从简单的联系中受到影响的倾向、过度乐观的倾向、过度自我关注的倾向、对损失过度反应的倾向、受权威错误影响的倾向。[④]剔除了对情报分析工作不适用的误判心理条目，形成了情报分析心理学分析框架，如图2—4所示。

江洁与徐志峰对国内外情报失察的研究进行了系统的梳理，发现目前相关研究集中在对情报失察的原因剖析以及重大情报失察案例的比较研究两大块内容。并认为现在国内外对情报失察问题的研

① 沈固朝：《情报失察研究对竞争情报的启发》（http://www.scic.org.cn/huixun/200901/20090109.asp）。

② 沈固朝：《情报失察——西方情报研究的重要课题及其对我们的启示》，《图书情报工作》2009年第53卷第2期。

③ 赵小康、董悦：《情报失察的理论基础研究》，《情报科学》2009年第27卷第8期。

④ 王知津、王树义：《情报分析中的误判心理及其对情报失察的影响》，《图书情报工作》2011年第55卷第16期。

究主要表现在重政治军事轻其他领域、重意外打击轻其他形式、重原因剖析轻解决方案、重纵向分析轻横向整合等方面。①

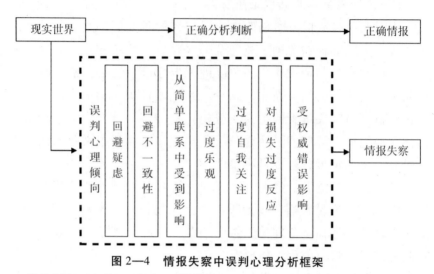

图 2—4　情报失察中误判心理分析框架

资料来源：王知津、王树义：《情报分析中的误判心理及其对情报失察的影响》，《图书情报工作》2011 年第 55 卷第 16 期。

（二）情报失察的案例研究

彭靖里等学者针对当前我国企业开展技术创新工作的实际及其存在的问题，应用技术竞争情报理论和历史追溯描述性案例分析方法，以云南锡业集团公司（YTG）研发无铅锡焊料新产品的历史为例，对其决策过程中出现的三次重要情报失察及其原因进行剖析。②

纵观中外对情报失察的研究可见，我国情报界在 20 世纪 90 年代末才刚刚开始关注情报失察问题，研究成果集中在 2005 年以后。研究处在起步阶段，对情报失察问题的研究多为一般性引介或原因分析，对该领域既没有构建完整的理论框架，也欠缺深入而系统的论述。

---

① 江洁、徐志峰：《国内外情报失察研究述评》，《图书情报工作》2011 年第 55 卷第 6 期。

② 彭靖里、张勇、可星：《我国企业技术创新过程中竞争情报失察的案例剖析》，《竞争情报》2010 年第 3 期。

第二节　认知偏差理论

认知偏差无时不在、无处不在，它广泛影响着人们的生产方式、生活方式与思维方式，无论是政治家、军事家、管理者、医务人员，抑或公众都会在不同程度上受认知偏差影响，无法从客观层面准确把握认知对象。

现有认知偏差研究多关注某一领域，而缺乏对其进行整体性的探讨。本书利用中国知网、超星数字图书等中文数据库和 EBSCO、Web of Knowledge、ScienceDirect 等外文数据库以及网络搜索工具 Google Scholar 搜集有关认知偏差研究的相关文献，梳理中外认知偏差研究起源、发展阶段和研究主题。

一　概念界定

不同学科领域对认知偏差的界定与解释不尽相同。在教育学中，指人们在相互接触和交往的过程中，对他人形成印象时所产生的误差。[①] 在精神病学中，认知偏差是指个体在认知过程中偏离现实的现象，具体表现在接收和评价信息、产生应付和处理问题以及预测和估计结果等方面均有不同程度的偏差，其信念和信念体系、思维和想象过程均有不同程度的歪曲，而这些不正确的、不合理的、消极的信念或思想，往往导致各种情绪障碍和非适应行为。[②] 行为金融学中认为个体（行为者）的信息加工能力具有局限性，个体判断和决策都会因此产生偏差。[③] 在管理决策领域，认知偏差被定义为个体在认识和判断事物时，与事实本身、标准规则所产生的

---

① 许树坪：《认知偏差在学校教育中的危害及其纠正》，《教育理论与实践》1989年第 9 卷第 1 期。

② 薛云珍：《认知偏差与抑郁症关系研究》，博士学位论文，天津师范大学，2009 年。

③ Kahneman D., Tversky A., "Subjective probability：A judgment of representativeness", *Cognitive Psychology*, Vol. 3, No. 3, 1972, pp. 430–454.

某种差别和偏离，或偏离的倾向和趋势。[①] 此外还有观点认为：认知偏差是一个表示判断偏差的模式，是指对人或情境做出不合理的判断。[②]

以上定义均是学者基于一定学科范围内对认知偏差做出的界定，因此对认知偏差概念的揭示存在一定的局限性。本书立足现有研究，从认知系统角度出发，对认知偏差概念归结如下：认知偏差是指在特定的认知情境下，认知主体对认知客体产生的误差。认知系统包括三个子系统：认知主体、认知情境和认知客体，这三个子系统缺一不可。其中，认知主体是指具备一定认知能力并从事一定认知活动的人。认知情境是指在认知过程中的各种境况。认知客体是指进入主体的认知活动领域的对象，即进入主体认知活动和实践活动范围的客观事物，它既可以是人，也可以是物。

二　起源与发展

（一）起源

国外认知偏差研究起源于 20 世纪 50 年代，明确提出认知偏差的是密歇根大学的学者扎荣茨（Zajonc）与伯恩斯坦（Burnstein）。二人结合前人相关研究成果并通过实验论证，阐述了认知偏差产生的根源，指出认知偏差来源有三：其一是心理结构失衡，其二是社会性交互，其三是个体心理倾向。[③] 国内关于认知偏差的研究起步晚于国外，1989 年许树坪明确提出认知偏差概念，他阐述了认知偏差在学校教育中的危害及其纠正，认为认知偏差是社会心理学中的一个概念，人类社会行为受其自身的社会认知影响。认知出现偏差，人的行为也会随之出现差错。许树坪指出常见的认知偏差有首因效应、近因效应、晕轮效应、定势效应、投影效应等，同时说明

---

① 郑雨明：《决策判断中认知偏差及其干预策略》，《统计与决策》2007 年第 10 期。

② Buss D. M., *The Handbook of Evolutionary Psychology*, Hoboken, New Jersey: John Wiley & Sons Inc, 2005, pp. 722-746.

③ Zajonc R. B., Burnstein E., "Structural balance, reciprocity, and positivity as sources of cognitive bias", *Journal of Personality*, Vol. 33, No. 4, 1965, pp. 570-583.

这几类偏差对学校教育的影响并提出纠偏策略。[①] 20 世纪 90 年代末国内外关于认知偏差的研究范围逐渐扩大，涉及政治、经济、文化、社会等领域。

（二）发展

现有研究罕见对中外认知偏差研究发展阶段的描述，本书选择 EBSCO 和 CNKI 数据库作为论文样本来源，对国内外关于认知偏差研究的论文进行文献计量统计，进而对中外认知偏差研究阶段进行划分。

进入 EBSCO 学术检索大全（全学科）文献检索页面后，选择高级检索，以"TI Title"作为检索项，以"cognitive bia＊"作为检索词，以 2013 年 1 月 1 日之前为检索时段，共检索到含有"cognitive bia＊"题名的论文 503 篇，删去无关与重复项，剩余 498 篇（检索时间是 2013 年 9 月 1 日）。在对国内认知偏差研究论文进行统计分析时，选取中国知识资源总库——CNKI 系列数据库中的中国学术期刊网络出版总库作为数据来源，进行文献统计。在进入该库文献检索页面后，选择高级检索，以"篇名"作为"检索项"，以"认知偏差"作为检索词通过默认的精确匹配，以 2013 年 1 月 1 日之前为检索时段，共检索到含有"认知偏差"题名的论文 289 篇（检索时间是 2013 年 9 月 1 日）。检索结果显示认知偏差研究论文最早出现在 1965 年。为方便进行数据统计，通过对若干个时间阶段划分进行比较，最终选择以六年作为时间跨度，统计结果如表 2—3 所示。

表 2—3　　　　　　　中外认知偏差研究论文时间分布

年份（年）	1965—1970	1971—1976	1977—1982	1983—1988	1989—1994	1995—2000	2001—2006	2007—2012	总计
国外发文量（篇）	3	5	3	7	28	61	101	290	498
百分比（%）	0.60	1.00	0.60	1.41	5.62	12.25	20.28	58.23	100

---

① 许树坪：《认知偏差在学校教育中的危害及其纠正》，《教育理论与实践》1989 年第 9 卷第 1 期。

续表

年份（年）	1965—1970	1971—1976	1977—1982	1983—1988	1989—1994	1995—2000	2001—2006	2007—2012	总计
国内发文量（篇）	0	0	0	0	9	15	52	213	289
百分比（%）	0	0	0	0	3.11	5.19	17.99	73.70	100

资料来源：笔者整理。

从总体上来看，1965—2012 年中外认知偏差研究论文呈增长趋势，表明中外认知偏差研究不断发展；国外关于认知偏差研究远远早于国内。1989—1994 年和 2001—2006 年两个时间段论文大幅增长，由此以 1989 年和 2001 年为时间点对中外认知偏差发展阶段进行划分。

（1）第一阶段：起步阶段（1965—1988）。1965—1988 年，中外认知偏差研究论文数量较少，并且 1983—1988 年与 1989—1994 年两个阶段论文数量差距明显，由此，以 1965—1988 年作为中外认知偏差的起步阶段。该阶段国外发文总量为 18 篇，国内发文量为 0 篇；该阶段内认知偏差概念应用领域主要集中于个体行为、个体心理，较少涉及管理决策领域。

（2）第二阶段：发展阶段（1989—2000）。1989—2000 年，国内外认知偏差研究论文总量较多，增长速度快，且 1995—2000 年与 2001—2006 年两个时间段研究论文数量相差较大，故以 1989—2000 年作为中外认知偏差的发展阶段。该阶段国外发文总量为 89 篇，国内发文量为 24 篇；该阶段认知偏差概念应用领域主要集中个体行为、个体心理、企业管理决策领域，较起步阶段的这些领域内认知偏差的研究有了进一步发展。

（3）第三阶段：深化阶段（2001 年至今）。2001 年之后，国内外认知偏差研究论文总量庞大且急剧增长，因此，以 2001 年至今作为中外认知偏差研究深化阶段。该阶段内 2001—2012 年国外发文量为 391 篇，国内发文量为 265 篇；该阶段认知偏差概念应用领域不再局限于对心理学中个体心理、个体行为的研究，还扩展到行为经济学、行为金融学、新闻传播学、图书情报学、计算机科学等领域。

三 主题阐释

通过对国内外数据库进行相关文献检索发现：认知偏差研究主题广泛，几乎涉及各类学科。基于此，本书利用分析与归纳的逻辑方法，对认知偏差研究的主题进行阐释。

（一）心理学

认知偏差概念属于心理学范畴，人们可以利用认知偏差概念对人类某些心理现象进行解释，帮助人们摆脱当前不良的心理状态。

国外学者关于心理学主题下对认知偏差的研究成果颇多。生活满意度历来是人们比较关心的一个话题。罗勃特·A. 卡明斯和海伦·尼斯迪克（Robert A. Cummins & Helen Nistico）研究人们生活满意度的成果显示：幸福感的动态平衡是受自身积极的认知偏差影响，这些积极的认知偏差与自尊、自信、支配、乐观有关。安德鲁·马修斯和卡琳·莫格等（Andrew Mathews & Karin Mogg et al.）对有焦虑感的病人在心理治疗前后对凶兆性词语的注意力和内隐记忆程度进行测量，再将其与同一时期不受焦虑支配的人群进行对比分析，表明：认知偏差对焦虑症患者的影响并不是局限于单个因素或某一个时间点，焦虑症患者受到持续的心理状态影响，从而导致神经焦虑。[①] 除此之外，扎荣茨（1965）、伯恩斯坦（1967）等探讨了心理认知结构的平衡性、交互性等因素是认知偏差产生的缘由。沃伦和纳塔莉（Warren & Natalie Terbovic，1976）、海姆和瓦特（Heim A. W. & Watts K. P.，1976）分别阐述了认知偏差与自尊及以往经历之间的内在关系。

近年来，社会心理学视角下的认知偏差现象越来越受到国内研究者的关注。周爱保和赵鑫对社会比较中的认知偏差进行了探析，介绍了"优于常人"效应和"差于常人"效应。并对以往研究进行

---

① Mathews A., Mogg K., Kentish J., Eysenck M., "Effect of psychological treatment on cognitive bias in generalized anxiety disorder", *Behaviour Research and Therapy*, Vol. 33, No. 3, 1995, pp. 293-303.

总结，认为对社会比较偏差心理的研究不应仅限于外在过程和现象的探索，还应该对其心理机制做进一步探究。他们还指出中国人特有的社会心理认知，研究者要将其与国外研究区别对待。①

认知偏差还存在于社会认知心理范畴中，谢继红（2007、2008）多次探讨认知偏差对社会活动中人际交往的影响。侯瑞鹤（2007）、俞国良（2009）、王晓丹（2010）、刘宝侠（2010）、李瑶（2013）等对儿童这一特殊群体的认知偏差进行阐释。随着计算机技术、网络信息技术的发展，人们对互联网的使用愈加频繁。郑素侠（2008）分析了网络环境中的"第三人效果"，对社会距离与认知偏差的内在关系进行阐释。甘硕秋（2011）等对网络成瘾大学生自我效能感对其认知偏差影响进行了实证研究。李娟和陈样平（2011）基于西安城乡小学生网络接触情况的实证调查，对网络认知偏差下的网络行为进行分析。朱鸿健和赵小军等（2012）通过实验研究网络成瘾大学生社会自我概念中的认知偏差。

认知偏差概念产生于现代认知科学，它起源于心理学领域，心理学研究者通过对认知偏差的研究，对人们的心理现象做出合理解释，从而为解决这些问题提供思路。

（二）教育学

保罗·J.赫什伯格（Paul J. Hershberger, 1997）、马丁·V.普西奇（Martin V. Pusic, 2013）把认知偏差应用到医学教育领域，并阐述认知偏差对医学决策、医疗反馈寻求行为的影响。②③ Van Duijvenbode N. et al.（2012）把认知偏差应用到社会教育中，探讨了个人与轻度认知偏差的边缘智力残疾和酒精的使用有关的问题。④

---

① 周爱保、赵鑫：《社会比较中的认知偏差探析："优于常人"效应和"差于常人"效应》，《心理学探新》2008 年第 28 卷第 1 期。

② Hershberger P. J., Markert R. J., Part H. M. et al., "Understanding and addressing cognitive bias in medical education", *Advances in Health Sciences Education*, Vol. 1, No. 3, 1997, pp. 221-226.

③ Pusic M. V., "The influence of cognitive biases on feedback seeking", *Medical Education*, Vol. 47, No. 9, 2013, p. 950.

④ Van D. N., Didden R., Voogd H., et al., "Cognitive biases in individuals with mild to borderline intellectual disability and alcohol use-related problems", *Research in Developmental Disabilities*, Vol. 33, No. 6, 2012, pp. 1928-1936.

国内首先把认知偏差概念应用到教育研究范畴的是许树坪，在此之后，马锦华（1995）、史凤刚（1999）、王守恒（2001）等人陆续探讨了认知偏差在学校教育中的危害及其纠正策略。刘有道（1995）阐述了学校领导工作中的认知偏差。颜丙峰和刘辉（2003）、陈兴林（2004）分别对教学交往、学校管理中的认知偏差进行阐述。

国内学者不仅从宏观层面上对认知偏差在教育研究中的影响做出分析，还集中对教育研究微观层面进行阐释。方建新（1990）、方建升（1992）、李华和李芝（1997）、王守恒（2001）研究了认知偏差对体育教育的影响；张跃（2007）对贫困地区中小学体育教育的认知偏差问题进行阐释。林心明（1991）、高峰（1994）、卢学谦（1997）、夏邵云（2003）、董香兰（2004）等探讨了认知偏差对数学教育的影响，郑美玉（1999）阐述了珠算教师的认知偏差。王建（1992）说明了语文教育中的认知偏差，童世才（1996）介绍了阅读教育中的认知偏差。陈进前（1994）、习传金（1997）、顾成红（2007）、吴文峰（2008）等对化学教师常见认知偏差及其成因进行浅析，并阐述了认知偏差对化学教学的影响。韩先煌（2006）等对物理教师的认知偏差及成因进行了探析。李怡轩（2006）、黄西莹（2008）、齐建辉（2008）、张金凤（2008）等分别探讨了认知偏差对思想政治教育、历史教学、英语教育、医学教育的影响以及干预策略。周毅刚（1997）阐述了女性教育的社会认知偏差。

相比国外，国内学者较为重视教育学中的认知偏差研究。首先，体现在对学校管理、领导、班主任工作、教师工作等宏观层面进行深度剖析，对认知偏差的影响进行揭示并提出相关纠偏策略。其次，体现在对各类学科、各类教育工作者、各类等级教育中的认知偏差均在不同程度上进行揭示。但国内研究也存在不足。第一，普遍采用套用模式，习惯于把几大效应，如首因效应、近因效应、晕轮效应、定势效应、投影效应运用于各教育学科领域，缺乏理论创新。第二，研究只局限于教育理论，缺乏理论联系实际、具体问题具体分析，没有提出较为实用的解决办法。

（三）管理学

国外认知偏差在管理科学领域的研究主要偏向于经济管理（企业管理），对于政府管理、个人管理、信息管理等管理领域较少涉及。格维兹门松和莱希纳（Gudmundsson S. V. & Lechner C.）研究了认知偏差对企业管理的影响，指出管理者的过度自信和乐观态度会使企业长期保持活力，但也可能导致企业失败。[①] 乌拉·乌尔维塔和梅迪纳等人（Urra Urbieta J. A. & Medina L. A. et al.）在元分析的基础上，着重强调在适应企业战略决策过程中产生的启发式偏差和纠正这些偏差的策略，并提出最好的纠偏措施是理解认知偏差，掌握其来源、如何起作用以及作用结果。[②] 巴恩斯和詹姆斯（Barnes Jr. & James H., 1984）探讨了认知偏差对企业战略决策的影响。芒福德·迈克尔等（Mumford Michael D. et al., 2006）阐释了认知偏差对个人决策判断的影响。

国内关于认知偏差在管理科学中的研究，最早是在学校管理领域。近几年，多倾向于研究认知偏差对企业管理决策的影响，对社会管理领域研究也有所涉及。汪宗信（1989）浅析了认知偏差在学校管理中的影响。程雄和高真海（1995）对企业领导者的认知偏差进行研究并提出调节措施。郑雨明（2007）、吴建祖（2011）、童娴（2012）对决策判断中的认知偏差进行阐释，并提出干预策略。王军（2009）、刘尚亮等（2010）分别对管理决策中的认知偏差产生的心理机制、影响因素进行分析。王洪春（2012）等分析了领导干部对社会管理对象的认知偏差。

由上可见，国内外关于认知偏差在管理决策领域中的研究范围较广，涉及企业管理、社会管理、政府管理、个人管理、学校管理等。其中，对于认知偏差在企业管理决策领域的研究较多，较为全面。无论是从理论层面，还是实践层面都对企业管理决策中的认知偏差进行了细致阐述。但是，国内外学者关于认知偏差在其他管理

---

① Gudmundsson S. V., Lechner C., "Cognitive biases, organization, and entrepreneurial firm survival", *European Management Journal*, Vol. 31, No. 3, 2013, pp. 278-294.

② Urbieta J. A. U., Lorza M. et al., "Heuristics and cognitive Biases: A Meta-Analysis", *Revista Venezolana de Gerencia*, Vol. 16, No. 55, 2011, pp. 390-419.

领域中的研究较少，难成体系。

（四）经济金融学

传统的经济学通常假定市场行为是由物质动机驱动的，且人们所作出的经济决策是理性的并且是追求自我利益的必然结果[1]。心理学尤其是认知心理学认为决策是一个复杂的系统，这个系统可以理性地识别并解释一些可得的信息，但同时也存在一些难以被意识察觉的因素系统地影响人类的行为。把认知心理学概念引入经济学，用以解释传统理论所不能解决的问题，这是行为经济学和行为金融学兴起的背景，也是经济金融学视角下对认知偏差展开研究的理论前提。[2]

从 20 世纪 50 年代起，行为金融学的理论研究工作就在美国等西方国家迅速发展起来。埃尔斯伯格（Ellsberg，1961）发现人们有模糊厌恶倾向；塞勒（Thaler，1980）研究了享赋效应和沉没成本；阿克斯和布卢默（Arkes & Blumer，1985）、斯托（Staw，1997）等证实个人决策时受到历史和沉没成本的影响；舍菲和塞勒（Sherfin & Thaler，1988）确认投资者中存在处置效应；卡内曼和特韦尔斯基（Kahneman & Tversky，1979）总结并确证了投资者的诸多非理性的行为。

国内研究主要集中在金融学领域，其中，关于认知偏差在经济投资中的研究数量较多。李富军（2006）等对行为经济学中的认知偏差理论研究的现状进行了分析，并提出未来发展方向。战昱宁（2006）、刘澄（2007）、罗建敏（2011）、张乐（2011）等对我国证券市场投资者的认知偏差进行了研究。叶德珠（2012）对消费文化、认知偏差与消费行为偏差三者之间的关系进行了阐述。朱玲（2008）对基于认知偏差的高校学生理财行为进行了研究。周耀辉（2010）、张洪华（2011）、杨锐（2012）等分别对小麦期货市场、钢铁物流信息化过程、房地产市场中的认知偏差进行了阐述。李静萍和李锁云（2003）、张谊浩和陈柳钦（2004）、吕东辉等（2004）、裴平和张谊浩（2004）、陈璕（2005）、李相栋（2006）、贾伟（2007）、

---

[1]　Akerlof G. A., "The Market for 'Lemons': Quality Uncertainty and the Market Mechanism", *Quarterly Journal of Economics*, Vol. 84, No. 3, 1970, pp. 488-500.

[2]　林欧文：《股票投资者认知偏差与投资行为偏差的关系研究》，硕士学位论文，复旦大学，2009 年。

初如意（2007）等也相继研究了认知偏差对投资者的影响。

国内外关于该领域认知偏差的研究均比较成熟，涉及投资、金融、企业经济、市场研究、贸易经济、宏观经济层面等各个方面。国内外学者把认知偏差概念引用到经济金融学领域，其作用是双向的：其一，促进了认知偏差研究的发展；其二，促进了行为经济学、行为金融学的发展，无论是对国家经济增长，还是对企业经济盈利都有重要意义。

（五）其他

1. 精神病学

国内外关于认知偏差概念在精神病学领域的发展主要集中在关于抑郁症的研究方面。抑郁症是一种以显著而持久的心境低落为主要特征的情感性精神障碍，行为减少和快感缺失是抑郁症的核心特征，由多种生物、心理、社会因素所致，其确切的发病机理目前还不十分清楚。长期以来，人们致力于抑郁症病因及发病机制方面的研究，发现抑郁症患者的认知过程存在一些偏差。[1]

拜克（A. T. Back，1976）提出一个关于评估抑郁人群心理扭曲过程机制——一个用于测量抑郁者产生或持续抑郁的中央心理机制，比如烦躁不安或者其他抑郁症状。克兰茨·苏珊和哈默·康斯坦丝（Krantz Susan & Hammen Constance L.）通过研究证明了拜克关于抑郁者认知偏差假设的正确性，但他们同时认为研究者还需要研究分析认知偏差在维持抑郁状态中所发挥的作用，要弄清楚认知偏差是怎样对抑郁人群中起作用。[2] 詹姆斯·C. 科因和伊恩·H. 戈特利布（James C. Coyne & Ian H. Gotlib）研究提出从五个方面了解认知功能：对表现结果的期望与评估、对周围信息的察觉、回溯信息、认知偏差和归因过程。[3]

---

[1] 郭文斌、姚树桥：《认知偏差与抑郁症》，《中国行为医学科学》2003 年第 12 卷第 1 期。

[2] Krantz S., Hammen C. L., "Assessment of cognitive bias in depression", *Journal of Abnormal Psychology*, Vol. 88, No. 6, 1979, pp. 611-619.

[3] Coyne J. C., Gotlib I. H., "The role of cognition in depression: A critical appraisal", *Psychological Bulletin*, Vol. 94, No. 3, 1983, pp. 472-505.

　　国内关于认知偏差在精神病学领域的研究成果主要有：陈杏丽和邢葆平（1998）、郭文斌和姚树桥（2003）、彭纯子和龚耀先（2003）、徐子燕和李占江（2006，2007）、李雯（2008）、侯筱菲（2012）等对认知偏差与抑郁症、焦虑症、恐惧症等心理症状关系的研究。

　　2. 新闻传播学

　　在新闻传播的过程中，传者与受众均可能产生认知偏差，从而影响传播的效果，认知偏差对新闻传播的影响不容小觑。斯朵中·S. 霍莉和格罗斯·佩吉特（Stocking S. Holly & Gross Paget H.，1989）两人从认知心理学和社会心理学角度出发，介绍了认知偏差是怎样影响新闻工作者的知觉的，并讨论了使偏差加重或使偏差缓和的一些因素。指出新闻工作者在选择信息、整合信息时受环境因素、组织约束、信息来源、社会结构、文化因素等影响均可能产生认知偏差。[①]

　　国内研究主要有：胡衬春（2004）、王卫芬（2004）分别对新闻传播过程中的传者、受众两方的认知偏差现象进行的研究；陈锐（2006）、蒋文彬（2006）、李春梅和杨晓华（2006）、王卫芬（2009）、陆勇锋（2010）等对新闻传播过程中受众的认知偏差进行阐述；姬建敏（2003）、何海涛（2003）、常芳芳（2004）研究了认知偏差对编辑审稿的影响；杨菁（2011）对校报编辑的认知偏差效应进行了探讨并提出克服措施。

　　3. 图书情报学

　　国外学者对情报分析中的认知偏差研究起源于 20 世纪 80 年代，历经 30 余年的发展，该项研究已经成为情报分析的一个重要研究分支。J. R. 汤普森等（J. R. Thompson et al.）在研究中指出情报分析的检测和环境、人的可变性、认知基础过程的检测具有同一性。[②] 国内图书情报领域关于认知偏差的研究较晚，成果相对较少，

---

　　① Stocking S. H., Gross P. H., *How do journalists think? A proposal for the study of cognitive bias in newsmaking*, Bloomington IN: Eric Clearinghouse on Reading and Communication Skills, 1989, p. 85.

　　② Thompson J. R., Hopf-Weichel R., Geiselman R. E., *The Cognitive Bases of Intelligence Analysis*, Alexandria, VA: U. S. Army Research Institute for the Behavioral and Social Sciences, 1984, pp. 35-39.

主要有：刘小峰（2010）对图书馆情境知识认知偏差理论的探讨；韦楠华（2012）探析了认知偏差对图书馆学科知识服务的影响并提出克服措施。

第三节　情报分析中的个体认知偏差理论

一　国外研究溯源与现状

（一）研究溯源

1. 情报分析的认知研究起源

第一，基于认知过程模型的情报分析研究（20 世纪 70 年代末—20 世纪 90 年代末）。

通过对大量外文文献的梳理发现，国外从认知角度对情报分析的研究始于 20 世纪 70 年代末，持续至 20 世纪 90 年代末，该阶段以研究认知过程中的分析模型为起点。克拉克和蔡斯（Clark H. H. & Chase W. G.）提出建立图文转换模型以应对情报分析过程中可能出现的认知偏差，[①] 波茨（Potts G. R.）认为应当尝试建立人们存取利用信息的模型，从而对人们的认知过程进行科学预测等。[②] 这一时期的情报分析研究得到美国陆军研究所的资助，这是研究活动得以持续的原因，在该阶段学者汤普森等提出了关于认知过程的描述性模型，确定了情报分析的工作序列：确定目标，提出假设，检验不确定性因素，收集信息，认证假设，回归目标直至最后形成结论。[③] 1999 年，美国中央情报局前分析师理查兹·霍耶尔（Richards Heuer）出版了专著《情报分析心理学》，它是第一部从认知角度系统论述情报分析基础理论的研究，全面整合了前 20 年关于情

---

① Clark H. H., Chase W. G., "On the process of comparing sentences against pictures", *Cognitive Psychology*, Vol. 13, No. 3, 1972, pp. 472–517.

② Potts G. R., "Storing and retrieving information about order relationships", *Journal of Experimental Psychology*, Vol. 103, No. 3, 1974, pp. 431–439.

③ Thompson J. R., Hopf-Weichel R., Geiselman R. E., *The Cognitive Bases of Intelligence Analysis*, Alexandria, VA: U. S. Army Research Institute for the Behavioral and Social Sciences, 1984, p. 10.

报分析认知方面的科研成果，唤起了学术界对于情报分析的研究兴趣。该专著的问世，标志着情报分析认知研究第一阶段结束。[①]

第二，融入认知心理学方法的情报分析研究（2000 年至今）。

第二阶段始于 2000 年，不同作者的多篇论文发表在各种学术期刊上，研究领域更加细化，新的研究方法与研究结果不断出现。詹森（Johntson R.）在其专著《美国情报界的分析文化》中从认知过程的角度研究情报分析活动；[②] 曼德尔等（Mandel D. R. et al.）以实证研究方法考察了情报分析员从事的情报分析的准确性；[③] 奇克斯和泰勒（Cheikes & Taylor）进行了大量的实验，尝试为情报分析建立系统、科学的模型，为情报分析理论研究奠定了实践的基础。[④]

2. 情报分析的个体认知偏差研究起源

情报分析中个体认知偏差的研究可追溯至 20 世纪 80 年代，时值美苏冷战进入紧张时期，双方均通过各种渠道收集情报，随之而来的是情报的爆炸性增长，然而尴尬的是没有足够的高素质情报分析员能对洪水般的数据进行高精度的分析。为改变这种困境，以美国陆军研究所为支撑，几个专门的情报研究机构共同合作，就情报分析中出现的问题展开研究，研究涉及范畴广，研究主题种类多。其中，代表性研究——战场上的情报准备工作，专门研究军事活动中情报分析中大量出现的认知偏差问题。该研究对军事演练与防暴演习进行评价，比较情报分析中综合与专门的分析技巧，并试图发现两者的内在联系。此外，美国陆军研究所于 1984 年以"情报分析的认知基础"为题发表了专门报告，可视为情报分析中对个体认知偏差研究的发端，从此对个体认知偏差的研究成为情报分析的重

① Heuer R. J., *Psychology of intelligence analysis*, Washing, DC：CIA Center For the Study of Intelligence, 1999.

② Johntson R., *Analytic culture in the US intelligence community：an ethnographic study*, Washington, DC：Center for the Study of Intelligence, 2005, p. 34.

③ Mandel D. R., Barnes A., Hannigan J., *A calibration study of an intelligence assessment division*, Defence Research and Development Report, Canada, Toronto, 2009, pp. 45–63.

④ Cheikes B. A., Taylor M. F., *Eastwing structured argumentation pilot*, Bedford：MITRE Corporation, 2003, pp. 88–100.

要研究分支。①

（二）研究现状

纵观 30 余年国外对情报分析的个体认知偏差相关研究，涉及情报分析员、分析对象、分析技术，本书将其归纳为主体视角、客体视角与技术视角。

1. 主体视角

在情报分析个体认知偏差这一现象中，情报分析员是无可争议的主体。现有研究涉及了分析员的个体偏差类型和原因。

首先，偏差类型。

对认知偏差表现的研究可分为综合性的分类研究与某类偏差专门性的研究两大类型。如美国冲突分析与预防中心的高级官员劳伦斯·伍彻（Lawrence Woocher）系统地总结了情报分析中的个体认知偏差，提出易得性启发式偏差、代表性启发式偏差、锚定偏差等会影响情报分析员的风险判断；在评估风险属性时分析员往往表现得过于自信，不愿意也不敢挑战自己的过去，寻找各种支撑自己观念的证据，出现确认偏差、归因偏差；如果要对事件做出快速的回应，分析员也经常会出现损失规避、扩大忽视、精神麻木、事后诸葛亮的认知偏差。② 特韦尔斯基（Tversky）则重点研究了情报分析的适用性偏差③、信息偏差④。费曲霍夫（Fichhoff）对事后偏差进行了深入的研究。⑤

其次，主体偏差诱因。

（1）主体思维的复杂多变。亚当·L. 奥尔特等（Adam L. Al-

---

① Thompson J. R., Hopf-Weichel R., Geiselman R. E., *The Cognitive Bases of Intelligence Analysis*, Alexandria, VA: U. S. Army Research Institute for the Behavioral and Social Sciences, 1984, p. 10.

② Woocher L., The effects of cognitive biases on early warning and response, http: // eeas. europa. eu/ifs/publications/articles/book3/book_ vol3_ chapter5_ the_ effects_ of_ cognitive_ biases_ on_ early_ warning_ and_ response_ lw_ en. pdf.

③ Tversky A., Kahneman D., "Availability: a heuristic for judging frequency and probability", *Cognitive Psychology*, Vol. 34, No. 5, 1973, pp. 207-232.

④ Tversky A., Kahneman D., "Belief in the law of small number", *Psychological Bulletin*, Vol. 76, No. 2, 1971, pp. 105-110.

⑤ Fichhoff B., "Human Perceptions and Performance", *Journal of Experimental Psychology*, Vol. 22, No. 3, 1977, pp. 349-358.

ter et al.）认为人类思维并不是可轻易控制和改变的，其复杂多变性是导致个体认知偏差在情报分析中大量出现的一个原因。①

（2）推理方法的不同。吉尔（Grill）提出人的认知过程包含两种截然不同的推理方法：第一种出于直觉，快速，但易出错；第二种缓慢，复杂，逻辑性强，因而更准确。人们在情报分析活动中采用何种推理方法取决于信息的数量、信息的难易程度、信息的熟悉程度。如果信息流畅简洁，易于理解，或者与自己的理解或记忆相符，人们就倾向于采用第一种推理方法。相反，如信息繁杂，难于理解，或自己对其所反映的内容陌生，少有接触，第二种推理方法将会在情报分析活动中占主导地位。实际的情报分析活动中，信息并非总以大数量、多种类、高难度的形式出现，这时候情报分析员的工作是将零散但有价值的信息联系起来，倾向于采取第一种推理方法。②

2. 客体视角

情报分析员直接面对各种信息，情报制造者、情报本身、情报组织方式作为情报分析工作的指向客体，它们都可能成为情报分析员个体认知偏差发生的催化剂。

首先，情报制造者。

学者尚托（Shanteau）指出情报分析者所处理的情报，在很多时候并没有经过"加工"，它们来自于制造这些信息的人，反映了情报制造者的意图与思维。当情报制造者与情报分析者存在文化差异时，前者的意图与思维将变得难以捉摸，而且情报制造者的活动常会受到一些诸如心态、信仰和情绪等因素的影响，而这些因素通常是很难分辨的，有时甚至是不为人知的，以致有时人们的行动对其自身来说难以说清，这都会加大情报分析者的工作难度。③

罗勃特·霍夫曼等人（Robert Hoffman et al.）认为理解情报制

---

① Alter A. L., Oppenheimer D. M., Epley N., Eyre R. N., "Overcoming Intuition: Meta-cognitive difficulty activates analytic reasoning", *Journal of Experimental Psychology*, Vol. 41, No. 4, 2007, pp. 569–576.

② Gill M. J., Swann, Swann W. B., Silvera D. H., "On the genesis of confidence", *Journal of Personality and Social Psychology*, Vol. 75, No. 5, 2003, pp. 1101–1114.

③ Shanteau J., "Competence in experts: the role of task characteristics", *Organizational Behavior and Human Decision Processes*, Vol. 53, No. 2, 1992, pp. 252–266.

造者的意图与思维对于情报分析的成功至关重要。其中意义不仅仅在于彻底摸清情报制造者的目的，还在于明白其逻辑推理方式，有助于了解其理解问题的方式。这种认知与思维方式与个人文化背景是相互作用的，个体特征与文化特征的复杂性决定情报分析的难度。① 但是作为两个完全不同的人，完全了解是不可能的，这使得情报制造者成为导致个体认知偏差产生的另一个重要因素。

其次，情报分析对象。

尚托从情报分析的角度将人类活动划分为两个领域：第一个领域情报分析对象指向明确，分析员可借助科学模型进行比较准确的分析判断，如体育竞技、天气变化等。第二个领域中的分析对象受到不可知的外界因素影响，以致对其进行分析及预测的难度大大增加，诸如经济走势、心理治疗、企业发展等。②

罗勃特·霍夫曼介绍了 1984 年一位经济学家做的一项情报分析认知偏差的实验，该实验的目标是对 16 个人对未来 10 年的一些基础数据如平均增长率、平均通胀率和石油价格等做的经济情报预测。1994 年，该经济学家启封了 16 人的预测并依据当时确实发生的确切数据进行测评。平均来说，这些预测的偏差在 60% 以上。③ 这样的结果引人深思，直接说明人类活动的不确定性使得个体认知偏差在情报分析活动中无法避免。

最后，情报组织方式。

埃文斯等人（Evans et al.）在研究情报分析推理过程中发现，推理规则的数量与难度的大小将会直接影响分析结果，最为明显的是否定式推理规则直接增加了解决问题的难度。④ 早在 1984 年，英国学者纽斯蒂德等（Newstead et al.）也曾提出转折或选择性语句会

---

① Hoffman R. et al., "Reasoning difficulty in analytical activity", *Litman Theoretical Issues in Ergonomics Science*, Vol. 12, No. 5, 2011, pp. 225-240.

② Shanteau J., "Competence in experts: the role of task characteristics", *Organizational Behavior and Human Decision Processes*, Vol. 53, No. 2, 1992, pp. 252-266.

③ Hoffman R. et al., "Reasoning difficulty in analytical activity", *Litman Theoretical Issues in Ergonomics Science*, Vol. 12, No. 5, 2011, pp. 225-240.

④ Evans J. B. T., Newstead S. E., Byrne R. M. J., *Human reasoning: the Psychology of deduction*, Hove: Lawrence Erlbaum, 1993, p. 37.

使认知过程受到干扰，其中，排斥性的转折语句，如"A 在 a1 或 B 在 b1，但不会同时发生"，要比包含性的转折语句干扰较少，如 "A 在 a1 或 B 在 b1，也可同时发生"。而这些干扰首先表现为情报分析员对相关规则反应时间的长短。[①] 2006 年纽斯蒂德等进一步开展相关的实验研究了不同语言规则对情报分析正确率的影响。[②] 上述情报组织方式与规则多出现在专门的逻辑测试中，但是专家借助这一特殊研究探讨了情报分析的对象——情报语言对个体认知偏差产生的影响，具有借鉴意义。

3. 技术视角

理查兹·霍耶尔在《情报分析心理学》一书中首次提出，为控制情报分析活动中认知偏差的出现，应探寻纠偏方法，设计和开发纠偏软件或工具以帮助分析员克服认知偏差。[③]

首先，纠偏的专门情报分析方法。

基于认知偏差的客观存在，霍耶尔于 1999 年提出了 ACH（Analysis of Competing Hypotheses）——竞争假设分析法。该方法以认知心理学和决策分析为基础，架构了一整套理论方法，是一种能够帮助人们分析和判断需要认真权衡的重大问题的多项解释或结论的工具，有助于情报分析人员怀疑假设、否定前提，从而在情报分析工作中克服或尽可能弥补自身认知能力的有限性。[④] 此外，埃里克·罗森巴赫（Eric Rosenbach）介绍了一种最新的纠偏情报分析方法——Devil's Advocacy，中文意译为"唱反调法"。该方法作为一种提高情报分析能力的流程化方法为美国国家反恐委员会与美国大规模毁灭性情报能力委员会（WMD Commissions）同时推荐使用。[⑤]

---

① Evans J. B. T., Newstead S. E., Byrne R. M. J., *Human reasoning: the Psychology of deduction*, Hove: Lawrence Erlbaum, 1993, p. 37.

② Newstead S. E., Bradon P., Simon J. et al., "Predicting the difficulty of complex logical reasoning problems", *THINKING & REASONING*, Vol. 12, No. 1, 2006, pp. 62-90.

③ Heuer R. J., *Psychology of intelligence analysis*, Washing, DC: CIA Center For the Study of Intelligence, 1999.

④ Ibid..

⑤ Peritz A. J., Rosenbach E., Intelligence Reform, http: // belfercenter. ksg. harvard. edu/publication/19154/intelligence_ reform. html.

唱反调法是一种包含了对可供选择的观点进行逆向思维的方法，它由一套流程构成。通过情报分析员个体或者情报分析小组对主流分析观点提出挑战，以减轻思维定式形成优势看法的产生，这种优势看法如果不加检测可能会导致对反面证据的轻视。[1]"唱反调法"优于其他情报分析技术手段的地方在于其易于理解和使用。

其次，纠偏的专门情报分析工具。

很长一段时间，情报分析员依靠自己的经验与背景从事情报分析，在信息化高速发展的今天，情报分析软件成为分析工作必备的工具。专门针对认知偏差纠偏的情报分析软件也相继出现。安德烈斯·罗德里格斯等（Andres Rodriguez et al.）开发了一款团体情报分析软件——Angler，并详细描述了其工作步骤：第一步，界定情报分析主体，并创建相应的 Angler 工作窗口；第二步，明确情报分析任务，采用"头脑风暴"的方式激发并筛选出各种意见与建议；第三步，不同的观点按照一定规则排序，加以综合，达成共识；第四步，将情报分析内容储存至 Angler 记忆库，以备日后转化成情报分析产品。[2]宾夕法尼亚州立大学信息科技学院的格雷戈里奥·孔韦尔蒂诺（Gregorio Convertino）教授介绍了一款用于协同情报分析的软件 CACHE，该软件可纠正个体认知偏差并提高信息覆盖率。通过实验对比个人与团体使用该软件的情境，发现该软件在减少情报分析的确认偏差中体现出非常大的优势，他进而探讨了 CACHE 软件未来的开发与相关设计问题。[3]此外，学者多莉特·比尔曼等人（Dorrit Billman et al.）也肯定了该软件在情报收集与认知偏差方面的贡献。[4]

---

① A Tradecraft Primer: Structured Analytic Techniques for Improving Intelligence Analysis, https://www.cia.gov/library/center-for-the-study-of-intelligence/csi-publications/books-and-monographs/Tradecraft%20Primer-apr09.pdf.

② Rodriguez A., Boyce T., Lowrance J. Yeh E., Angler: Collaboratively Expanding your Cognitive Horizon, http://130.107.64.109.

③ Convertino G. et al., "The Cache Study: Group Effect in Computer-supported Collaborative Analysis", *Computer Supported Cooperative Work*, Vol. 17, No. 4, 2008, pp. 353-393.

④ Billman D., Collaborative intelligence analysis with cache and its effects on information gathering and cognitive bias, http://citeseerx.ist.psu.edu/viewdoc/summary?doi = 10.1.1.71.5575.

二　国内研究现状

情报分析始于军事活动，得力于政府支持，随着时代的发展、观念的转变，情报分析逐渐扩展，渗透至各个领域，如工商管理、科学技术、金融投资等，这些实践活动为情报分析本身注入了新的活力，提出新的课题，提供更多方法。然而目前我国在情报分析这一领域无论是学术理论上的探讨，抑或实践活动中的实施，都十分薄弱，总体上来看，不论研究文献的数量和内容，还是研究者的数量，国内学者对情报分析中的个体认知偏差的研究都未形成系统。研究的角度主要在成因、影响与对策三个方面。

（一）成因

鲁芳分析了情报分析的心理学基础与情报认知过程，通过感官与外界的交换联系，形成知觉与认知。认知的结果还会反作用于感知系统，也会传递到外部世界，从而做出其他反应或应对措施。提出情报分析的实质是分析者对客观世界中已有信息的认知和理解。虽然已有信息是客观的，而认知后的情报产品则带了主观色彩，这就是为什么会有仁者见仁、智者见智的认知现象。[①]

姚伟等人则重新定义了认知偏差，认为认知偏差是指主体在处理信息的过程中，因"感知信息—处理信息—产生决策—采取行动"这一整个认知链条的不连贯性而诱发的行为与客观实际不一致的表现。[②]

郑雨明认为认知偏差是人们的认知局限和认知风格、感觉机制和加工策略、个体动机和情绪情感等因素共同作用的结果，是认知与被认知的事物之间、应遵从的判断规则和人们的现实表现之间所存在的一种无法弥合的缺口，一种没有实现的不完全匹配。[③] 汪金莲等提出认知风格、组织方式、认知能力、知识基础均是认知偏差

---

① 鲁芳：《基于认知心理的情报分析方法》，《四川兵工学报》2010年第31卷第7期。

② 姚伟、严贝妮：《跨越个体认知偏差的情报分析策略》，《情报理论与实践》2012年第35卷第10期。

③ 郑雨明：《决策判断中认知偏差及其干预策略》，《统计与决策》2007年第10期。

的诱因。① 周爱保等指出目前一部分研究者认为产生认知偏差是由于个体的主观原因而造成，而另外一些研究者认为个体产生认知偏差主要是因为比较双方的信息不对称所造成，这些研究强调的是客观原因形成认知偏差。②

钱军认为情报分析过程中信息的不完全性与不确定性是不可避免的，正是因为信息的不完全性、不确定性，所以对于同一情报任务会有不同的预测结论，这对情报分析人员的认知能力提出了较高的要求，如果认知能力欠缺，分析过程中出现认知偏差的概率将大大增加。③ 张俊等人认为，情报分析中难以形成正确推理的挑战主要来自两方面：一方面，是情报分析时面对的信息不完全、信息不确定的情报环境。另一方面，是分析人员头脑中由先入为主和思维定式导致的各种形式的认知偏见，即批判性思维的缺失。④

周鹏等人着重分析了个体认知偏差的诸多成因中的非智力心理因素，心理学上的非智力因素包括情绪、意志、动机、态度、兴趣、习惯、性格和气质等。其中，情绪和意志属于心理过程，动机、态度、兴趣和习惯属于心理倾向，性格和气质属于心理特征。不同非智力因素在情报分析过程中各自发挥着不同的作用，强烈制约着情报分析的质量和效率。⑤ 例如，情绪和意志不是直接作用于情报分析过程，而是通过作用于记忆力、思维力、创造力这些认知要素品质来影响情报分析过程的，即心理过程起内在支撑作用。

（二）影响

姚伟等人指出个体认知偏差对情报分析产生的影响具体体现在

---

① 汪金莲、蒋祖华、梁军：《工程设计中的认知差异分析和设计能力提升方法》，《机械设计与研究》2007 年第 5 期。

② 周爱保、赵鑫：《任务类型与信息清晰度对社会比较中认知偏差的影响》，《心理科学》2009 年第 32 卷第 4 期。

③ 钱军：《论竞争情报分析中的认知能力》，《南京邮电大学学报》（社会科学版），2009 年第 11 卷第 2 期。

④ 张俊、姜扬、王国良：《情报分析人员的批判性思维研究》，《情报杂志》2010 年第 29 卷第 1 期。

⑤ 周鹏、韩正彪：《非智力心理因素对情报分析过程的影响机理》，《图书情报工作》2011 年第 55 卷第 16 期。

两个阶段：处理情报与分析情报。在处理情报阶段，共有四种较为显著的影响方式：①只是关注和注意有限数量、范围的信息；②信息先前效应，即竞争情报人员经过一段时间收集信息，先前的那些少量信息获得了更多的关注和重视；③后继信息的忽视，即同竞争情报分析中的先前效应相反，竞争情报人员往往忽略了在时间上发生在后面的信息或者随着时间变化的信息，导致收集的信息不够准确，更会过时，形成信息滞后；④信息显著假性效应，即某种类型的信息更易于引起关注并得到更多的权重。在分析情报阶段，亦有四种影响结果：①有限分析，针对原始竞争情报资料，即分析情报时情报分析人员没有考虑所有的情况或者变化；②便捷性或者习惯性思维，指情报分析人员在进行情报分析时，往往会提取那些容易的且经常考虑的情况或者情报；③认知匹配的惯性，即情报人员进行分析时，有时会由于信息的模式或者某个竞争情报情景原型看起来和分析人员认知中的代表性模式或者情景原型相匹配而进行判断，但是当分析人员认知中模式或者模型同原型存在轻微差异时，分析后的结果也会形成偏差；④过度自信，即竞争情报人员进行分析时，往往认为分析的结果是正确的且对结果具有自信，从而导致他们不会仔细验证自己的情报分析结果。①

王知津等人将思维定式作为产生个体认知偏差的重要原因。所谓思维定式，是指人们从事某项活动的一种预先准备的心理状态，它能够影响后继活动的趋势、程度和方式。一旦因此形成个体认知偏差，情报分析人员倾向于对信息进行选择性接收，采用固化的模式进行分析，以固定的、先入为主的思维模式去分析处理情报，最终导致情报分析结果失真，造成无法估量的损失。②

（三）对策

韩志英等人通过元认知分析，提出通过提高元认知意识和能力以提高情报分析准确性的方法。情报分析人员的元认知是指情报分

---

① 姚伟、严贝妮：《跨越个体认知偏差的情报分析策略》，《情报理论与实践》2012 年第 35 卷第 10 期。

② 王知津、张素芳、周鹏：《从肯定到质疑——情报分析过程中的思维转换》，《图书情报工作》2011 年第 55 卷第 16 期。

析人员对自身正在进行的情报分析活动的认知。提高元认知学习的
意识性、丰富元认知知识和元认知体验、加强元认知训练等方法可
以提高情报分析人员的元认知能力，更能成功地解决情报分析过程
中的困难问题。①

鲁芳基于认知心理学基础，为提高情报分析的准确性，减少个
体认知偏差，分析、论证了几种国内外经典的情报分析方法、境况
逻辑法、理论应用法、历史情境比较法。境况逻辑法要求分析员能
设身处地了解被分析对象的价值观念和假设推测；理论应用法则指
经过分析一系列的条件，并在特定案例中研究这些条件，从而得出
结论；历史情境比较法要求分析员通过比较该国或其他国家历史上
的同类事件来了解目前的事件。三种分析方法各有其利弊，但又能
形成互补，情报分析者应根据具体情况加以利用以避免单一方法带
来的局限性。②

王知津等人论证了情报分析思维定式的逻辑误区——肯定假设
导致了很多分析误差，进行逻辑上的转变、思维上的转换对减少认
知偏差至关重要。例如，情报分析的逆向思维——质疑假设，并非
从一开始就肯定或否定对象具有某种性质、作用或特征，而是抱着
怀疑的态度去求证，更加理性化，更具深刻性、创造性、辩证性，
可以突破思维的局限性，纠正肯定假设中的思维困境，避免肯定假
设的一些负面影响。③

严贝妮等人论证引用了针对认知偏差的分析框架——ACH，以
及群体决策的分析机制，以削弱个体认知偏差对情报分析结果的影
响。ACH 包括八个相当简单的步骤：第一步，生成假设；第二步，
列举证据和论点；第三步，制作矩阵；第四步，完善矩阵；第五
步，得出初步结论；第六步，重新评估关键证据；第七步，报告结
论；第八步，设定未来观察的标记。ACH 在应对分析人员认知偏差

---

① 韩志英、孙忠斌：《情报分析人员的元认知分析》，《现代情报》2008 年第 5 期。
② 鲁芳：《基于认知心理的情报分析方法》，《四川兵工学报》2010 年第 31 卷第
7 期。
③ 王知津、张素芳、周鹏：《从肯定到质疑——情报分析过程中的思维转换》，《图
书情报工作》2011 年第 55 卷第 16 期。

方面有其针对性，效果明显。群体决策的分析机制即指用群体决策代替个体决策，通过完善信息与知识，增加观点的多样性，提高观点的可接受性，可较个体决策而言更好地克服认知偏差。①

三 主要贡献与不足

（一）主要贡献

第一，研究视角逐渐打开。研究的立足点从最初的情报分析员，不断扩展到情报行为、情报语言、纠偏工具、纠偏方法等方面，显示了研究者对情报活动，对个体认知偏差研究范围不断延展，深度逐渐加大。

第二，学科间交叉覆盖。个体认知偏差不仅仅是情报学界研究的课题，也是心理学尤其是认知心理学领域关注的现象。在情报分析的认知研究这一过程中，情报学界的专家学者借鉴了认知心理学界的大量研究成果，心理学家的实验与研究直接影响了情报学界对个体认知偏差的认识是一个不容忽视的事实。

第三，应用性强。无论是在主体视角中探讨如何提高分析员能力与素质，总结推理思维方法的规律，或是以客体视角对于情报活动、情报制造者以及情报语言的研究，抑或在工具视角下采用纠偏软件、纠偏方法的尝试，均是着眼于情报分析活动中的实践问题，关注的是情报分析活动发展的实际需要。

（二）不足之处

当然，现有研究在取得一定研究进展的同时，其研究不足也较为显见，主要表现在以下方面。

1. 研究内容上存在的不足

第一，"主体视角"研究内容有待细化和完善。从情报分析员角度研究情报分析中个体认知偏差是最主要的研究视角，该视角目前涵盖了个体偏差表现、偏差诱因等，但具体的研究内容还有待于进一步细化。例如，还有待于深入到情报分析不同环节中探讨个体

---

① 严贝妮、汪传雷、周贺来等：《情报分析中的认知偏差表征及其克服》，《图书情报工作》2011 年第 55 卷第 16 期。

认知偏差的不同表现。

第二，缺少对人、流程、环境、技术、工具等融合的整合性研究。现有的研究或有涉及情报分析员，或有涉及流程，或者环境、技术等，着重于对某一方面造成情报失察的因素的探讨，但融合了上述因素的整合性立体化的研究相对罕见。造成情报分析失误与情报失察的原因多种多样，毫无疑问主体、客体、环境、技术、组织等都成为影响因素，应在情报分析过程中对各因素的影响进行深入的探讨与分析。

第三，对个体认知偏差的纠偏与干预策略研究深度有限。现有研究多为泛泛提出应该克服或者纠正个体认知偏差，有部分研究从单一层面，诸如主体层面或者工具层面去阐述应该进行干预，罕见多角度与全局性的策略体系方面的研究。至于细化、可操作的个体认知偏差干预具体策略与如何实施则未有探讨。

2. 研究方法上存在的不足

纵观现有的研究从方法上看，对情报分析中个体认知偏差的研究多为定性阐述，对二者之间的关系也未有定量的揭示，对个体认知偏差如何作用影响情报分析的路径也未见明确的表述。

因此，本书旨在弥补现有研究的不足，在方法上采用案例分析、问卷调查、专家访谈等定性与定量结合的科学研究方法；在内容上，将情报分析理论与认知心理学理论紧密联系，考察情报分析的认知流程与认知心理，对情报分析不同阶段的个体认知偏差表征进行探讨，量化揭示情报分析与个体认知偏差之间的路径关系，着力构建认知心理学视角下的情报分析规范化的模型，并综合考虑主体、组织与工具多个层面，提出可行性与可操作性的个体认知偏差的干预策略。

第三章

情报分析中的个体认知
偏差表征及诱因

情报分析在社会各领域广为应用。从宏观上来说，具有代表性的有政府情报分析；从中观上来说，具有代表性的有企业的情报分析；从微观上来说，具有代表性的有个人情报分析。本章首先探讨了情报分析的认知基础，在此基础上对由个体认知偏差导致的情报失察案例进行搜集，从政治、军事、经济等领域选取代表性的典型案例，对多案例进行解析，提出情报分析中的个体认知偏差的表现，并深入探讨其原因。

第一节 情报分析的认知基础

一 情报分析的认知批判属性

（一）情报分析的认知属性

学者约书亚·菲利普斯等人（Joshua Phillips et al.）提出情报分析是一项复杂的认知心理过程，不同领域的情报分析侧重不同，同时一些细化的步骤也有所区别，但都会遵循一个通用的分析流程。情报分析人员从感觉开始，通过知觉的整体反应、注意和控制，获得科学创造所必需的信息，通过记忆加以存储，再经过思维活动加工，借助于想象等心理活动完成情报分析创造过程。因此，情报分析是基于主体认知的分析过程，情报分析的各环节都嵌有认知的属性。① 基姆·理查德·诺萨尔（Kim Richard Nossal）认为情报分析的困难正是因为它固有的认知属性，分析者视角的不同、经验的多少、能力的差别都会对情报分析尤其是其过程与方法产生截然不同的影响。② 杰克·A. 尼格利尔（Jack A. Naglier）指出，很多关于情报分析的研究关注作为主体的人的各项能力，如认知能力、分析能力、比较能力等。③ 由于情报分析特有的认知属性，从而在学术界产生了情报分析是人类认知过程这一学说，并对情报学研究产生了深远影响。

（二）情报分析的批判性属性

史密斯（Smith）提出情报分析的灵魂是其具有批判性思维，即提出多种假设并验证假设的能力。批判性思维若在情报分析中完美地运用则能解决问题并带来理想的结果。④ 罗勃特·霍夫曼等人则认为批判性思维即是情报分析的一种存在与表现方式，而情报分析之所以困难、复杂，很大程度上归于批判性思维本身的性质与特征。⑤ 学者约书亚·菲利普斯等人认为无论是竞争情报、商业情报、犯罪情报还是其他类似的情报，只要是情报分析工作，都是对某一个领域进行的批判分析。作为一项复杂的认知心理过程，情报分析具有鲜明的批判性属性。⑥ 詹森、米海利奇（Mihelic）、华纳（Warner）等人在相关研究中均主张情报分析工作的顺利展开离不开批判性思维。正是因为情报分析固有的认知属性与批判属性，基于认知心理的情

---

① Phillips J., Liebowitz J., Kisiel K., "Modeling the intelligence analysis process for intelligent user agent development", *Research and Practice in Human Resource Management*, Vol. 9, No. 1, 2001, pp. 59-73.

② Nossal K. R., "Cognitive process and intelligence failure", *International Journal*, Vol. 32, No. 3, 1977, pp. 559-576.

③ Naglier J. A., "A cognitive processing theory for the measurement of intelligence", *Educational psychologist*, Vol. 24, No. 2, 1989, pp. 185-206.

④ Smith A. F., "Incorporating philosophy into every psychology course and why it matters", *Perspectives on Psychological Science*, No. 23, 2010pp. 41-44.

⑤ Robert Hoffman et al., "Reasoning difficulty in analytical activity", *Litman Theoretical Issues in Ergonomics Science*, Vol. 12, No. 5, 2011, pp. 225-240.

⑥ Phillips J., Liebowitz J., Kisiel K., "Modeling the intelligence analysis process for intelligent user agent development", *Research and Practice in Human Resource Management*, Vol. 9, No. 1, 2001, pp. 59-73.

报分析逐渐发展成为情报分析的一个重要研究范畴。①②③

二　情报分析的认知流程模型

情报分析是多环节、复杂性的流程，美国陆军行为与社会科学研究中心通过对 200 多位情报分析师进行访谈调查，提出了情报分析中的认知活动模型，如图 3—1 所示。④

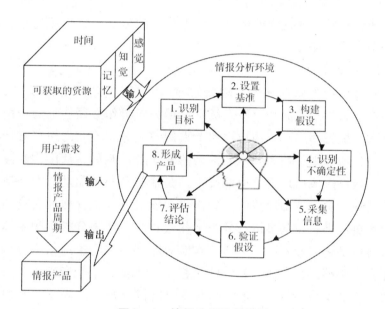

图 3—1　情报分析流程模型

资料来源：Thompson J. R., Hopf Weichel R., Geiselman R., *The cognitive bases of intelligence analysis*, Virginia：Army Research Institute for the Behavioral and Social Science, 1984, p. 10.

① Johnston R., *Analytic culture in the US intelligence community：an ethnographic study*, Washington, DC：Center for the Study of Intelligence, 2005, p. 38.

② Mihelic F. M., Generalist function in intelligence analysis, https：//analysis. mitre. org /proceedings/.

③ Warner M., Wanted：a definition of "intelligence"：understanding our craft, https：// www. cia. gov/library/center – for – the – study – of – intelligence/kent – csi/vol46no3/pdf/v46i3a02p. pdf.

④ Thompson J. R., Hopf – Weichel R., Geiselman R. E., *The Cognitive Bases of Intelligence Analysis*, Alexandria, VA：U. S. Army Research Institute for the Behavioral and Social Sciences, 1984, p. 10.

美国陆军研究所提出的情报分析流程是一个整合性的框架，集成了分析员、用户、资源、时间、情报分析环境、情报产品等情报分析的各个要素，其中分析员是核心要素。分析员与情报分析中的用户、需求、情报产品、资源、工作环境都有交互，并且影响情报分析的上述要素。分析员的主要目标是减少用户对于情报的不确定性。

（一）情报分析环境构成

分析环境对情报分析结果会产生重要的影响，分析环境包含内部环境和外部环境。

1. 外部环境

外部环境主要包含人、原始情报、工具三大类。第一类，人。主要有情报用户和其他分析人员。情报分析工作必须满足情报用户的需求，情报用户有机构用户和个人用户之分，不同的用户对情报分析工作的效果、效率、产品提出的要求各不相同，从用户的需求出发，最终形成用户满意的情报产品是情报分析的驱动所在。情报分析其他人员是外部环境的重要构成要素之一，包含辅助人员和其他分析员两类。在从事情报分析工作过程中，情报分析员的主体与核心地位是毫无疑问的，分析工作能否顺利与成功单纯依靠分析员往往会有所偏失，因此，相应的情报支持人员、情报管理人员、情报监察人员不可或缺。[1] 此外，现代的情报分析活动需要一种协同环境，这种环境如图3—2所示。[2] 显然，以往各自为政、相对封闭的环境不再适应高度动态的、复杂的情报分析工作。这种协同环境要求情报分析员与其他分析人员分工、合作，共同完成一项复杂的情报分析任务。诸如，面对一项复杂的竞争情报分析工作时，不单纯需要分析本企业的经济情势，企业商业博弈中各种参与者的行动均要考量，他们有客户、供应商、竞争者、政府、辅助者等。靠本企业的情报分析员有时难以从整体上把握，需要同上述利益相关者

---

① 李淑华：《国外警务情报分析员的选拔和培训及其对我国公安情报工作的启示》，《公安情报》2011年第3期。

② 姚伟、严贝妮、佟泽华：《竞争情报协同的理论探讨》，《情报资料工作》2012年第1期。

团队中的情报分析员沟通、交流、协同，采取竞争、博弈、合作的方式共同完成情报分析任务。

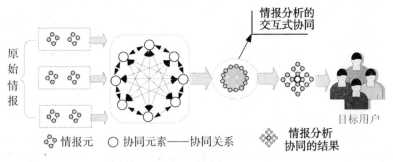

图 3—2　协同式情报分析环境

资料来源：姚伟、严贝妮、佟泽华：《竞争情报协同的理论探讨》，《情报资料工作》2012 年第 1 期。

第二类，原始情报。原始情报是指供情报分析开展所必需的消息（Message）、数据（data）、档案（Archives）与信息（Information）。情报分析中的原始情报与自然科学和工程技术的原始情报来源不同，并不完全通过实验研究手段获取，而更多的是通过用户访谈、实地调研、文献调查等方法获取，它是开展分析研究的前提。以航行情报为例，根据提供方式可分为两大类型：一是资料部分，包括机场使用细则和各类航图；二是航行通告部分，临时性、短期变更和未及时编入航行资料的部分。原始情报的内容涵盖了如机场、跑道、滑行道、停止道设置、关闭、撤销和恢复等共计 18 类信息。航行情报原始资料来源如表 3—1 所示。[①] 优质的航行情报服务取决于对上述原始资料整理、利用、分析的及时性和准确性。

情报分析是否能成功，一方面有赖于占有原始情报的深度和广度，另一方面还取决于处理原始情报的方法。有学者提出可以利用公式推导法、推理法、插值法、登高法、换算法、综合经济论证法

---

① 景俊琦：《航行情报原始资料的来源和提供》，《空中交通管理》1996 年第 1 期。

等研究方法对原始情报进行处理。①

表 3—1　　　　　　　　　航行情报原始资料来源

单位	机场	航管	油料	航空公司
部门	修建 公安 卫生 海关 财务 机务	空管 通信、导航 气象 飞行程序	油料值班	运输 机务

资料来源：景俊琦：《航行情报原始资料的来源和提供》，《空中交通管理》1996 年第 1 期。

第三类，工具。情报分析工具是一个庞大的体系，可划分为软、硬两种。情报分析软工具包含情报分析软件、情报分析方法、情报分析手段、情报分析技巧；情报分析硬工具包含处理信息的计算机、网络、各类设备等。以竞争情报分析为例，截至 2009 年国外竞争情报分析工具就多达 326 种，涵盖了竞争情报系统、竞争情报门户、网络信息收集、信息聚类组织、情报传递与共享、情报分析与报告、管理平台以及辅助决策等类型。② 其中常用的优质的软件有 17 种，如表 3—2 所示。情报分析员需要根据不同的分析主题与需求，对工具进行择优选用。

表 3—2　　　　　　　　　竞争情报常用分析软件

序号	软件名称	CI 工具	文本 挖掘	可视化与 共享工具	ERP （集成）	ASP	客户解 决方案	市场 情报
1	Autonomy		*					
2	Biz360		*	*		*	*	*

---

① 仲崇光：《几种处理原始情报的资料的方法》，《情报学刊》1981 年第 3 期。
② 王知津、严贝妮、周贺来等：《竞争情报战争游戏系统分析与开发》，《情报理论与实践》2010 年第 33 卷第 12 期。

续表

序号	软件名称	CI工具	文本挖掘	可视化与共享工具	ERP(集成)	ASP	客户解决方案	市场情报
3	Brimstone	*			*			
4	Cipher	*	*	*	*	*	*	*
5	ClearForest		*					
6	Coemergence	*	*				*	*
7	Comintell	*			*			
8	Cymfony		*	*		*		*
9	FirstRain	*	*			*		
10	Intelliseek	*	*					*
11	Netro-City	*		*				
12	QL2 Software	*	*					
13	RocketInfo		*					*
14	Strategy Software	*						
15	TEMIS		*					
16	Traction Software	*	*					
17	Wincite	*						

资料来源：Intelligence Software Report 2006 – 2007 Technology Risk and Reward, http：// quoniam. univ-tln. fr/pdf/lecture/fuldcompany. pdf.

2. 内部环境

内部环境是情报分析员处理情报的流程，这种流程是不可见的认知流程，它指导可见的分析行为。内部处理环境包含了三种类型记忆的交互：短时记忆（意识）、情景记忆、语义记忆。

第一类：短时记忆，英文称为 short-term memory。在认知心理学中，也被称为工作记忆（working memory）。[①] 工作记忆这个概念由巴德利和希契（Baddeley & Hitch）于 1974 年提出。短时记忆包含

———————

① 彭聃龄、张必隐：《认知心理学》，浙江教育出版社 2004 年版。

情报分析员实时有意识处理的信息，其信息保存时间与容量根据不同的个体而不同①，进入短时记忆的信息可以保存 15—30 秒。当新的信息不断输入并代替旧信息的时候，旧信息就会从短时记忆中消失。

第二类：情景记忆，英文称为 episodic memory。情景记忆即以时间和空间为坐标对个人亲身经历的、发生在一定时间和地点的事件（情景）的记忆，它包含着分析师经历的知觉和想法（编码）的记录。信息处理越频繁，信息处理量越大，记忆就越稳固。情景记忆按时间排序，并没有容量限制。情景记忆易受到干扰，对记忆的回忆较为缓慢，往往需要努力进行搜索。② 因此，情报分析员应认识到情景记忆的不足，更为有效地使用一些外部记忆辅助手段。

第三类：语义记忆，英文称为 semantic memory。语义记忆由加拿大心理学家恩迪·塔尔文（Endel Tulving）于 1972 年提出，语义记忆与情景记忆相对应，共同构成了长时记忆。③ 它是指脱离了时间和空间以及具体情境，不以个人为中心的理论和知识记忆，包含了一种知识库，可以迅速地追溯到特定事件（如术语与学说的定义），或者事件的组织化程序化的结构（逻辑规则、概念模型、原型、目标、规划等）。语义记忆中的信息结构提供了解释事件的基础。例如，专家系统，其内部含有大量的某个领域专家水平的知识与经验记忆，能够利用人类专家的知识和解决问题的方法来处理该领域问题。

（二）分析流程的认知步骤

情报分析是一项非常复杂、具有挑战性的工作，面对不同的情报分析课题，其分析内容与情报分析员的认知过程是有区别的，但从总体上可以遵循一个分析流程框架。美国陆军研究所通过研究发现，在情报分析的过程中一般包含八个认知步骤。

① Baddeley A. D., Hitch G., "Working Memory", *The Psychology of Learning and Motivation*, No. 3, 1974, pp. 47-89.

② Flexser A. J., "Retrieval Independence in Recognition and Recall", *Psychological Review*, No. 5, 1978, pp. 153-171.

③ Tulving E., *Episodic and semantic memory*, New York: Academic Press, 1972, pp. 381-402.

1. 识别目标

情报分析始于对情报分析课题的目标识别，目标起到导向与最终的决定作用，如果目标错误，则偏误在所难免。情报分析员面对一项情报分析课题，要充分与情报用户进行沟通，明确情报用户的实际需求，从而确定情报分析的总体目标，进而将目标划分，变成情报分析任务完成。没有目标就无法保持理性，不知道自己需要什么信息，不知道哪些信息有关、哪些信息无关，很难从选项之间做出选择，甚至会经常对所做出的选择感到后悔。明确的情报分析目标使分析过程变得容易，并帮助分析人员排除干扰选项。一次成功的情报分析，应当在发现问题时就对问题进行认真的定义，想清楚为什么要做分析和判断？如何做分析和判断？如果没有把这些问题想清楚，还不知道判断需要解决什么问题，就贸然进入分析流程，这样的分析和判断必然失败。因此，在情报分析开始之初就要确定情报分析的目标。分析目标的确立按照以下步骤来确立：第一步，找出围绕情报问题最关注的事情；第二步，将所关注的事情简化为目标；第三步，弄清楚每个目标的意义；第四步，测试目标是否能够正确地判断问题所在，对分析成功与否至关重要。因此，要针对一个问题设定一个目标，而不能把目标制定得过多，过于笼统，更不能试图通过一次分析活动就解决所有问题，切勿盲目贪多。①

2. 设置基准

基准是情报分析工作开始的一些初始条件，包含了可用的相关知识或信息。例如，在军事情报分析时，在对敌我双方军事力量进行分析之前，设置一个威胁模型的基准可以代表真实世界已知事件与条件，最简单的基准模型包含内容有：

（1）敌方军事力量、行为、配置；

（2）我方军事力量、行为、配置；

（3）援方军事力量、行为、配置；

（4）环境，包括地理、基础设施、天气、人口等。

---

① 严贝妮、汪传雷、周贺来等：《情报分析中的认知偏差表征及其克服》，《图书情报工作》2011 年第 55 卷第 16 期。

　　同样，经济领域的企业竞争在分析竞争对手之前，也要构建上述类似关于本企业、竞争对手企业、行业、竞争环境、客户等竞争要素的基准模型。该基准有助于重新组织现有的事件与条件的信息，过滤掉无关信息，了解信息的历史渊源。

　　3. 构建假设

　　假设是指对客观事物的假定性的说明，构建假设是在情报分析目标与基准模型的基础上对现实世界进行较为可信的假定性说明。情报分析员构建假设时会依照一种相对稳定的程序，如表3—3所示。[①]

表 3—3　　　　　　　　　　情报分析中构建假设的基本步骤

步骤	工作	
1	发现和确定疑难之处，提出待解决的问题，该问题要切合实际且有价值	
2	围绕问题收集信息	
3	对收集到的信息进行加工、处理，使其成为有价值的情报	研判信息可信度与价值
4		对收集到的信息整合
5	提取知识库中的相关背景知识作为参考资料	
6	以情报为基础，以知识为背景，提出相应的假设	
7	以假设来解释问题或预测问题的未来发展趋势	

　　资料来源：梁陶、王谦：《论假设方法在情报分析中的应用》，《情报探索》2008 年第 123 卷第 1 期。

　　由于情报分析人员受到主客观条件的限定，无法对与情报分析主体有关的原始情报都完全掌握，也不能保证原始情报百分百真实，因此在构建假设的过程中更多使用或然性推理的形式，常见的有类比推理、回溯推理、简单枚举归纳、或然性演绎四种推理方式。[②]

---

　　① 梁陶、王谦：《论假设方法在情报分析中的应用》，《情报探索》2008 年第 123 卷第 1 期。

　　② 同上。

4. 识别不确定性

情报分析人员必须明确基准模型中存在的不确定性，评估这些不确定性的重要程度，在信息采集活动中对于这些不确定性加以关注。在情报分析的过程中可以利用自省的方式来识别不确定性。诸如回答下述问题。

（1）基准模型的内容是否已经充分？（关于环境的相关方面是否都考虑到了？用户的目标是否充分了解？）

（2）基准模型是否有充分的信息列表？

（3）情报分析所需信息是否有恰当的采集规划？

（4）用于对采集到的信息进行整合与解释的资源能否获取？

（5）在基准模型中是否还有新信息的使用计划？

（6）基准模型总的信息是否需要和信息使用者沟通？

（7）采集系统是否可信（采集系统不可信将会导致更多采集到的信息不确定性）？

（8）过去与现在的信息采集规划有无区别？

（9）环境对于采集流程有何影响？

（10）分析是否可信？

5. 信息采集

信息采集包含的内容如下。

（1）对已获取的信息进行分配；

（2）为采集系统创建信息需求或者工作顺序；

（3）通过沟通的方式接收来自各类源头的信息。

对采集到的信息需要进一步解释，包含内容有：

（1）识别已知或者可预见的信息；

（2）识别不同于可知或者可预见的信息；

（3）对信息的真实性设置信度；

（4）为完成目标的信息设置可用性；

（5）对基准模型中结构包含的信息进行整合。

6. 验证假设

验证假设是对假设能否接受进行验证的一个重要步骤，是情报分析员一项必不可少的工作。与构建假设一样，验证假设也具有一套完整的程序，如表 3—4 所示。验证假设可采取证实法、证伪法、证实和证伪结合三种主要方法。[①]

表 3—4　　　　　　　　情报分析中验证假设的基本步骤

步骤	要点		
1	对业已建立的假设进行推演，由假设推导或引申出相关的必然推断		
2	围绕假设进行取证工作	a. 搜集各种重要的证据，包括支持性和反对性证据	
		b. 对搜集的证据进行价值评估，考察其是否具有诊断价值	
3	以具有诊断价值的证据为依据，对假设进行逻辑上的检验		
4	在逻辑检验的基础上重新考虑原假设	a. 证实原假设 b. 否定原假设 c. 暂时搁置原假设	结论
5	对由假设得出的结论进行最后的实践检验		

资料来源：梁陶、王谦：《论假设方法在情报分析中的应用》，《情报探索》2008 年第 123 卷第 1 期。

7. 评估结论

验证假设之后就进入了情报分析结果的评估，在此步骤中需要回答如下问题。

（1）所有任务信息需求被确认吗？

（2）有足够的收集计划吗？

（3）有收集计划被正常执行吗？

（4）基准模型更新了吗？

（5）情报产品是否准备好？

（6）情报产品是否与客户沟通了？

每个问题反映了迭代的任务以减少不确定性。因为不确定性无法完全避免，是否完成情报分析工作一定程度上取决于时间与信息资源是否用尽。分析师必须学会按照优先顺序完成任务以最大化利

---

① 梁陶、王谦：《论假设方法在情报分析中的应用》，《情报探索》2008 年第 123 卷第 1 期。

用有效性的资源。这个顺序决定了不同工作如何完成以减少任务的风险。

8. 形成产品

为了确保形成的情报分析产品满足客户的需要，情报分析员必须回答如下问题。

（1）是否明确地了解客户的目的？

（2）客户目前的工作有何约束？

（3）是否完全明确客户的想法以使产品能与客户完整地进行沟通？

至此，情报分析工作流程循环一个周期，进入新一轮工作。并非所有的分析课题都按部就班地依次进行上述八个步骤，而是对情报分析进行框架式总结，同时可明确一点，每个步骤都糅合并嵌刻了情报员大量的认知任务，因此，情报分析过程就是认知过程。

第二节　个体认知偏差导致的情报失察案例

情报失察一词源于英文"intelligence failure"，是指情报工作过程中出现的失误，进而影响到决策制定与执行的现象。情报是决策的基础和前提，也是决策的重要保障，因此对于情报失察的研究十分有必要。研究情报失察，对于政府而言，可以提高政府决策的正确性，避免资源的浪费；对于企业而言，可以提高企业的竞争力。做好情报失察研究，首先要深入剖析情报失察的原因所在，才能有针对性地进行改正，进而为日后的情报工作提供参考。根据现代情报学派的观点，情报失察的原因不仅仅局限于情报本身，还要考虑决策者个体及环境的原因。[1] 本书收集并整理了从宏观政府层面到微观企业层面，在情报分析中由于个体认知偏差而导致的情报失察相关案例。

---

① 江洁、徐志峰：《国内外情报失察研究述评》，《图书情报工作》2011 年第 55 卷第 6 期。

一   宏观层面的情报失察案例

（一）2009 年美国圣诞节炸机事件

美国的圣诞节炸机未遂事件发生于 2009 年 12 月 26 日凌晨，犯罪嫌疑人从尼日利亚的拉各斯机场到荷兰的阿姆斯特丹机场，再到美国的底特律机场，一路携带爆炸物顺利过关，虽然此事最终侥幸有惊无险，但仍凸显了美国情报分析的盲点。该事件本不应该发生，事后美国总统奥巴马于当地时间 2010 年 1 月 7 日在白宫召集安全情报会议后发表讲话，同时宣布为炸机事件承担责任。奥巴马承认，美国政府有充足情报来发现这起恐怖图谋并阻止圣诞节袭击事件的发生，但情报部门没能将这些零散信息联系起来，没能将嫌疑人纳入"禁飞"名单。关于此次事件，奥巴马指出了美国情报部门的"三宗罪"：其一，情报部门未能深入追查恐怖袭击线索，列出重点；其二，美国使馆提供的恐怖分子的信息过于简单，全国反恐中心和中央情报局这两个反恐情报战中最重要部门也未能进一步查找情报把其列入重点监视或"禁飞"名单；其三，整个情报系统未做到提交威胁报告。

纵观炸机未遂事件的始末，它并非情报搜集的失败，而是对所获得情报的处理与评估的失败。情报分析部门的人员在情报处理阶段存在"过度自信的偏差"，过分相信自己的能力、知识、经验以及对未来的预测而忽视对现有线索的深入挖掘；在情报评估阶段又出现了"确认偏差"，体现在固守已有的信念，认为不会出现威胁，不愿提供威胁报告，造成情报分析产品缺失。正是由于在上述关键环节中出现的分析员个体认知偏差，导致了情报失察的发生。[①]

（二）珠海机场建设

珠海机场 1992 年 12 月全面动工，1995 年 5 月 30 日正式通航。它是当时全国唯一完全由地方政府投资的最大的民用机场，全套设

---

① 严贝妮、陈秀娟：《情报失察中的个体认知偏差成因分析》，《情报杂志》2012年第 31 卷第 9 期。

备从瑞典 IMT 公司引进，堪称国际一流。在建设珠海机场的过程中，由于长官意志的支配，从候机楼到跑道，全部超出了最初的规划。据民航中南总局规划设计院有关人士介绍，珠海机场的跑道由原设计 3000 米增至 4000 米，候机楼由原设计 20000 平方米扩大到 92800 平方米，预计投资由 15 亿元增至 69 亿元。

　　珠海机场耗资巨大，却没有给珠海带来相应的收益，反而让政府背上沉重的包袱，其巨额债务也堪称全国第一。造成珠海机场建设失误的原因分析有以下三点：第一，选址失误。当时在同一个区域，除了珠海的机场外，还有澳门国际机场，香港国际机场，广州白云机场，佛山、惠阳和深圳的黄田机场等六个机场，市场需求并不旺盛。政府决策层虽然知晓该情报，却未及时做出正确的分析判断，仍然坚持建设国际性的民用机场。在珠海机场的建设和运营过程中先后出现了未经专家规划和论证就超前建设、没有打通周边疏港通道导致客源不足、公交车少、本地客源流失这些问题，而这些问题都反映出其建设的盲目性以及无层次性。第二，决策过程中人为地违背了项目决策程序，珠海市政府在未征得国家计委和国家民航总局同意的情况下，自行把机场的定位升格，将原军用机场改建为民用机场的标准，并按国际机场的标准建设。珠海机场的超前建设几乎完全超出了最初的规划，扩建原本是为了解决建设中存在的问题，但是却忽略了其建设的整体性，而整个扩建过程又毫无层次性，导致随着扩建的进行问题越来越多，最终使得整个建设处于一片混乱。第三，由于对机场收益预期过于乐观，珠海市政府选择了自己出资及向银行借贷的较为快捷的筹资办法。

　　珠海机场的建设，是由于决策者存在过分自信乐观的认知偏差，过分相信自己的实力和判断力，没有有效利用已搜集到的情报，在情报分析时产生认知偏差，坚持选择在珠海打造国际一流的机场，最终导致决策失败而无力偿还巨额债务。①

---

　　①　百度文库：《珠海机场案例分析》（http：//wenku. baidu. com/view/e418253083c4bb4cf7ecd1bf. html）。

（三）河南灵宝市豫灵镇开发区建设

1994 年 3 月 25 日国务院第 16 次常务会议审议通过了《90 年代国家产业政策纲要》，该纲要明确指出国家采取"加强对高新技术产业的规划，搞好国家批准的高新技术开发区的建设"等措施，促进产业技术进步。

该政策一经出台，各省、市、地方政府纷纷建设开发区，导致 90 年代出现了开发区建设热潮。河南灵宝市豫灵镇开发区建设便是一个典型案例。

1994 年左右，河南省灵宝市豫灵镇依据《90 年代国家产业政策纲要》政策，大举借债办企业、搞开发，欠下 1 亿多元"政绩债"。据镇政府测算，豫灵镇目前每年只能挤出近百万元还债，还清债务至少得要 100 年。而由于过度透支政府信用，仅 1999 年一年内，豫灵镇就因债务纠纷接到法院传票 120 多份，800 多名债主上门讨债。

豫灵镇开发区建设决策失误的原因在于：其一，由决策者个体的认知偏差导致，决策者个体认知能力有限，未考虑到具体问题具体分析，未能根据实际情况，实事求是地分析处理相关政策情报；没有因地制宜，盲目将上级政策强加实施于本地，仅仅根据政策情报，脱离实际，其结果必然导致失败。其二，在情报评估阶段又出现了"证实偏差"。证实偏差指的是当人确立了某一个信念或观念时，在收集信息和分析信息的过程中，产生的一种寻找支持这个信念的证据的倾向。[1] 在豫灵镇开发区建设决策失误的案例中则具体表现为过度透支政府信用，借债办企业、搞开发，固守已有的信念，认为紧跟政策走，抓住机遇，该镇开发区的建设一定会成功，不愿承认失败。正是由于在这些关键环节中出现的个体认知偏差，导致了情报失察的发生，导致了决策的失败。[2]

---

① 百度百科：《证实偏差》（http：//baike. baidu. com/link? url=yYgUX9NP7Ps6cNjqIlRRgVJzKs6qEfryRhSmwy3Vsu7wXT0HVzR4AEUAz1D6s12CrKjCEVCoDEtv-DL80fs89K）。

② 《问责"决策失误"》，2013 年 10 月 18 日，法律教育网（http：//www. chinalawedu. com/news/1000/4/ 2006/12/li291601831131216002860-0. htm）。

二　微观层面的情报失察案例

(一) 欧洲迪士尼乐园失误

在美国本土的经营成功以及通过许可转让技术的投资方式，东京迪士尼乐园开业后立即取得了巨大的成功。迪士尼公司的首席执行官迈克·艾斯纳 (Michael Eisner) 决定在欧洲选址，再建一家新园。法国当局以 20 世纪 70 年代的价格向迪士尼公司出售了 4800 英亩的土地，相当于巴黎市区 1/5 的面积。在吸取东京迪士尼乐园教训的基础上，迪士尼公司相信，凭着低廉的地价和财产税，公司会在地产上大赚一笔。然而，事与愿违。

首先，在情报搜集阶段，在类比性偏差及晕轮效应影响下，决策者片面断定迪士尼乐园在各个地址上发生的问题会相似，而未考虑实际，在法国收购土地，建造饭店，开发迪士尼乐园。迪士尼高管签署了一个拥有 5200 套房间的酒店建造合同，比度假胜地戛纳城全城的旅馆房间还多。然而法国的公共交通更为便利，因此游客很自然地选择在公园进行一日游，省去一笔昂贵的酒店住宿费用。另外，在经营方面也存在情报搜集的失误。迪士尼公司在乐园内不提供酒精饮料，压缩餐厅面积，并按照周一游客最少周五游客最多的固有观念安排园内的人手，因为他们收到的信息是欧洲人不愿意吃早餐。

其次，在代表性启发式偏差以及易得性启发式偏差影响下，缺乏对市场的基本判断，定位错误。巴黎是世界上最著名的旅游胜地之一，迪士尼乐园只是人们巴黎游的其中一站而已，供大于求，最终导致乐园没能创造出足够的收益来收回成本。

最后，迪士尼的管理者在处理信息时存在 "过度自信的偏差"。1987 年至 1991 年，耗资 15 亿美元的三个娱乐公园在法国开业，而三家都经营平淡。1991 年，已经有两家倒闭。这三家法国公园的失败并没有给迪士尼的决策层敲响警钟，他们过于乐观地认为迪士尼会走出不一样的路，并未认真分析这些情报信息。

纵观欧洲迪士尼乐园的失败，它不仅包括情报搜集的失败，且在情报的处理与评估阶段均存在失败。迪士尼乐园的决策者在情报处理阶段存在"类比性偏差",过分依据现有相似数据,过分相信自己的判断以及对未来的预测而忽视对现有线索的深入探索;同时也出现了"代表性启发式偏差"以及"易得性启发式偏差",体现在固守已有的信念,对企业前景也过分乐观,高估了市场回报,造成情报分析产品缺失。正是由于在情报分析环节出现的情报分析人员个体认知偏差,导致了情报失察的发生①。

（二）佳能挑战施乐垄断地位

从1959年发明了世界上第一台复印机开始,美国施乐公司在整个20世纪60年代和70年代初一直保持着在世界复印机市场的垄断地位。施乐公司为了阻止竞争公司的加入,先后为其研发的复印机申请了500多项专利,几乎囊括了复印机的全部部件和所有关键技术环节,构筑了坚固的防御"城墙",设置了有效的进入壁垒。当时美国的专利保护有效期为10年,施乐复印机关键技术的专利保护期限截至1976年,庞大的技术壁垒完成后,施乐公司相信可以高枕无忧,认为没有企业能发起挑战,并对其构成威胁。然而,通过不懈努力,佳能逐渐成为这个市场中的领导者,施乐从一个市场垄断者、领导者变成了一个追赶者。

施乐采用最大利润率定价原则,不断给复印机增加一个又一个功能,每一种功能都以实现最大利润为原则来定价,于是,每增加一种功能便抬高一次复印机的价格。然而施乐忽视了那些只需要简单复印功能且无力承担高价施乐产品的消费者,他们的需求并没有得到满足。这种片面追求利润的方式将大量的潜在客户留给了竞争对手。在这个过程中,施乐的竞争对手逐渐迎来了自己的机会。

首先,施乐的失败来自巨大成功和市场支配地位带来的体制僵化和故步自封,在"保守主义偏差"的影响下,施乐对新信息反馈缓慢,对市场反馈的信息不够重视,未能根据大众需求与时俱进,开发创新,他们往往沉迷于"贵族式消费"、"高级使用者"、"专

---

① 苗艳荣:《迪士尼欧洲开发为何失败》(http://www.docin.com/p-486830943.html)。

业人员设备"等自我构造的情境之中，不愿意抬头看看世界的变化，就这样一直到沦为边缘。最终，导致施乐的"集中复印"被佳能"分散复印"打败。

其次，在信息处理上存在"过分自信的偏差"，在与佳能的竞争中，施乐在资金和技术上的确占有较大优势，施乐申请的专利几乎囊括了复印机的全部部件和所有关键技术环节，可以迅速推出与佳能类似的产品。然而佳能与十几家日本企业结成了联盟共同挑战施乐的垄断地位，由于未及时分析市场导向与竞争对手的实力，施乐遭遇到了全方位的挑战和严重的挫折。

纵观施乐丢失垄断地位的始末，不难发现，带领其走向下坡的并非情报搜集的失败，而是对所获得情报的处理与评估的失败。首先是上层决策者的"保守主义偏差"，体现在故步自封、缺乏与时俱进、对市场信号不够灵敏。其次是决策者的"过度自信的偏差"，过分相信企业现有的实力、竞争力，缺乏忧患意识。正是由于上述在情报分析中的个体认知偏差，导致情报的失察，最终从一个市场垄断者、领导者变成了一个追赶者。①

（三）柯达破产

2012年1月19日，美国柯达公司及其美国子公司已经正式依据美国《破产法》第11章提出破产保护申请，以求度过多年销售下滑所致的资产流动性危机。

柯达作为数字照相机的发明者，柯达公司曾经站在世界照相技术的巅峰，到目前为止，柯达公司仍然在胶片生产领域掌握着许多专利技术。早在1991年就与尼康合作推出了一款专业级数码相机。但与富士和奥林巴斯这些竞争对手相比，柯达市场定位错误，在数字化横行的时代，它仍把主要精力放在传统模拟相机胶卷的生意上。柯达公司的破产绝不是因为缺乏技术创新，恰恰相反，柯达公司之所以陷入困境，就是因为过于迷恋技术主义，受到了"首因效应偏差"的影响。柯达公司作为现代感光胶片生产企业，非常重视

---

① 《佳能是如何打败施乐的》，2013年10月22日，新浪新闻中心（http：//news. sina. com. cn/c/2007-11-29/1717 14415772. shtml）。

技术的开发和储备。由于第一次技术创新带来的巨大利益的驱动，柯达公司为了确保自己在传统感光胶片生产企业中的龙头老大地位，人为地搁置了数字照相专利技术，从而导致其他企业后来居上。同时，柯达严重忽略了企业竞争的核心，柯达步履维艰地走在从技术和专利的竞争转为标准和制度竞争的路上。柯达并未揣摩过消费者的时尚兴趣，未把文化作为竞争的主要元素。在生产消费者需要的产品时，柯达公司仍然在传统的技术领域精耕细作，忽略了产品的人性化与个性化。

从 1935 年开始，柯达推出了首批彩色胶卷——克罗姆胶卷，以色彩鲜艳、颗粒细腻、稳定时间长等优点，深受专业摄影人士和业余爱好者的喜爱。世界上有无数幅国际级的经典照片，借助于克罗姆胶卷的存在而展示在众人面前。美国的《生活》杂志、《新闻周刊》等出版物的图片，绝大部分也是用柯达产品拍摄的。到 1975 年，柯达除垄断了美国市场外，其海外市场也不断扩大。柯达公司高层滋长了极度的自信。在"过度自信的偏差"的影响下，他们甚至认为"美国人已经不可能放弃柯达，购买其他公司的胶卷"，过分相信公司的竞争力。柯达陷入了长期麻木的状态，缺乏与时俱进，故步自封。最终，在从"胶卷时代"进入"数字时代"的过程中，柯达没有紧跟上时代的步伐，被时代淘汰。①

（四）三株集团

1994 年吴炳新父子创立了三株集团。1994—1996 年的短短三年间，三株销售额从 1 个多亿跃至 80 亿元；从 1993 年年底 30 万元的注册资金到 1997 年年底 48 亿元的公司净资产。三株在全国所有大城市、省会城市和绝大部分地级市注册了 600 个子公司，在县、乡、镇有 2000 个办事处，吸纳了 15 万销售人员。迅速崛起的三株不仅达到了自身发展的巅峰时刻，更创造了中国保健品行业史上的纪录。然而，三株在经历近乎疯狂的增长后，在 1998 年一个"八瓶三株口服液，喝死一条老汉"的"常德事件"中，一个仅 29 万

---

①　百度文库：《柯达破产分析》（http：//wenku. baidu. com/link？url＝gzfTI4An9wWy wowa4ZYWSqREhg1bdPHuEc-tjAz42CBPtkPpOBl2_ x8HhLLDWIES25svPYHOblhcFsFGHDZdbndT 1OJro-TIetouOmKIBmC）。

元的诉讼，引发了三株帝国的轰然倒塌。1999年，三株的200多个子公司已经停业，几乎所有的工作站和办事处全部关闭。2000年，三株企业网站消失，全国销售近乎停止。

分析三株集团从辉煌走向没落的原因主要在于：

首先，决策层受到"过分乐观自信"认知偏差的影响，人为地否定产品的生命周期规律。三株集团对三株口服液生命周期的预算出现了较大的误差，他们认为其生命周期为100年以上，试图要把三株口服液做成"中国的青霉素"。产品的生命周期规律是一种内在的、不以人的意志为转移的规律，因此，三株集团的预测是一种极度乐观而又论据不充分的预测。

其次，三株集团决策层受到"晕轮效应"认知偏差及"代表性启发偏差"的影响，其"人海战术"营销方式虽然帮助三株集团创造了辉煌业绩，但这是在特定的国情和历史时期下的一个特例，不能成为一种普遍适用的营销规范。对保健品等快速消费品而言，没有一支运作队伍对终端精耕细作是难以成为行业巨头的。三株15万人的营销队伍没有依照产品生命周期做相应调整，产品推广初期采用"人海战术"策略是正确的，但在产品成熟期终端已做到位的情况下，应迅速裁员或开发新产品来分流营销资源。

最后，决策层受到"保守主义偏差"的影响，思路保守，因循守旧。三株集团最初生产口服液，在迅速崛起之后，三株集团开始实施全面多元化发展战略，向医疗电子、精细化工、生物工程、材料工程、物理电子及化妆品等六个行业渗透。然后在这些行业的经营模式均是套用历史的成功经验，没有创新的营销模式阻碍了企业的长足发展。

三株集团的失败原因主要体现在营销策略的失败。决策层在情报处理各阶段存在着认知偏差，最终导致三株集团迅速走向消亡。①。

---

① 百度文库：《三株集团兴衰的启示》（http：//wenku.baidu.com/link？url＝FYTXUJgvQtUjjkJk8XrwKls-gwFtKf_hRbjVot3crzDlvamX9m2Dr7PhzTmTtNkcchnpEtCG6iyotUbLXSHb4GwYjbOaulewcOHf3sodDy_）

第三节　情报分析中的个体认知偏差表征

一　情报分析中常见偏差概述

个体认知偏差是人们普遍存在的认知心理现象，由于情报分析本身就是认知过程，因此，个体认知偏差根植于情报分析过程之中。情报分析中的个体认知偏差是指分析人员或者决策者仅根据情报的表面现象和虚假信息对他人、事做出判断，从而出现判断本身与判断对象的真实情况不符合。一种最为常见的情报分析失误的全过程如图 3—3 所示。

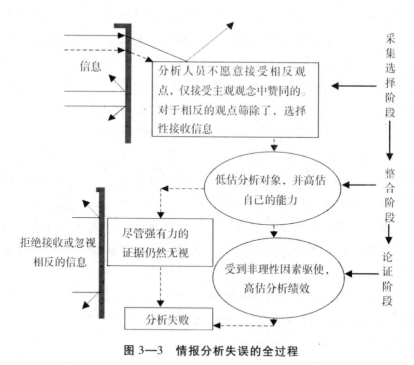

图 3—3　情报分析失误的全过程

资料来源：笔者整理。

图 3—3 表明，分析人员对信息的采集与选择都带有过滤性，他

们更倾向于接收并选择那些同自己主观观念一致或者符合自己预期的信息，对于一些相反的观念比较排斥，从而选择性接收信息；进入情报整合阶段，往往对于分析的事物或者人会有低估的心理存在，同时会高估自己的能力，相信自己的判断力没有错，但容易倾向于过度自信；进入情报论证阶段，往往受到非理性的驱使从而忽视强有力的反面证据，最终对于一些相反的信息彻底忽略，导致情报分析的失败。

情报分析过程是对信息的采集、选择、整合、评估过程，信息的加工以认知为基础，认知的偏差便会导致信息加工出现问题，以致情报失察。本书以情报分析的四个环节采集阶段、选择阶段、整合阶段、评估阶段为阶段划分标准，一方面对国内外学者对个体认知偏差的研究进行梳理，整理出各种认知偏差的名称及其表征；另一方面将各种偏差与情报分析的四个固有环节进行结合，依据情报分析不同阶段的认知特点，对各环节中可能出现的主要认知偏差逐一进行划分与归类，进而总结偏差产生的心理机制，其中情报的选择与整合阶段可以概括称为情报处理阶段，各阶段的个体认知偏差表现具体如表3—5所示。

在此需要说明的是，虽然表3—5详尽地列出了情报分析每个阶段的个体认知偏差，但并不意味着它仅在该阶段出现，有些偏差之间相互影响，甚至存在重叠现象。如过度自信、损失厌恶等偏差可能会贯穿情报处理的始终；代表性启发式偏差会导致归因偏差的产生；启发式偏差、锚定偏差、定型效应偏差等都会受过去的经验以及个体认知能力的影响。

二　情报采集阶段：启发式偏差

由于信息来源的广泛性和认知能力的有限性，分析人员总是选择性地获取信息，在这个过程中会出现与理性人不同的心理特征。有限理性的分析者往往会根据信息来源的不同而赋予输入信息不同的主观，可能产生的认知偏差为启发式偏差。启发式偏差是指当人们要对一个既复杂模糊又不确定的事件进行判断时，由于没有行之有效的方法，往往会走一些思维的捷径。体现在情报分析采集阶段，

表 3—5   情报分析中常见的认知偏差

情报分析阶段	该阶段特点	常见的认知偏差	偏差的表征	偏差产生的心理机制
采集阶段（Collect）	在大量的信息资源以及人认知有限的情况下，分析员总是有意无意地忽略掉一些比较重要的信息，选择性地提取信息	代表性启发式偏差	受事件本身或同类事件以往的经验，即以往出现的结果的影响	由于人类认知的有限理性，不可能对事物实现完全的认知，其影响因素表现在两个方面：①智力因素：记忆力、观察力、思维能力、注意力、想象力、创造力等；②非智力因素：情感、意志、兴趣、性格、需要、动机目标、抱负、信念价值观等方面。如选择性知觉、重构性记忆、简捷化直觉等非理性行为都会产生相应的认知偏差
		易得性启发式偏差	人们往往会依赖最先想到的经验和信息，并认定这些容易知觉到或回想起的事件更常出现，以此作为判断的依据	
选择阶段（Choose）整合阶段（Integration）	受感知能力、记忆能力和信息的加工能力等方面的影响，分析员倾向于凭借个人经验、个人直觉进行情报分析，以避免过大的脑力消耗	首因效应	先出现的信息会比后出现的信息影响更大	
		近因效应	后出现的信息会比先出现的信息影响更大	
		锚定偏差	基于经验对事件的发生形成某个锚定值，调整的范围在该锚定值的临近领域，过分夸大或缩小事件的发生概率	
		定型效应偏差	人脑中长期对事物形成固定的图式，影响新认知	
		过度自信偏差	过分相信自己的能力、知识、经验以及对未来的预测	
		损失规避偏差	从自利的角度认为，同样数量的收益和损失，损失更加难以忍受	
		动机偏差	受自身利益驱使引起偏差	
		类比性偏差	当事物与他事物在某方面相似时，便断定它们在其他方面也相似	

续表

情报分析 阶段	该阶段 特点	常见的 认知偏差	偏差的 表征	偏差产生的 心理机制
评估阶段 （Evaluate）	为自己建立"保护墙"是该阶段最大的特点，自我欺骗式地高估自己的能力，不愿改变先验信念	自我归因偏差	高估自己的能力，出现理想结果时，认为是其能力使然；而出现不利结果时，则归因于运气不佳	
		事后诸葛亮 确认偏差	不愿改变自己的信念，并寻求一切证据证明其正确性	
		后悔厌恶偏差	痛恨过去的错误，为避免后悔做出非理性行为	

资料来源：笔者整理。

人们面对繁复信息，无法知道哪些可选，哪些可剔除，此时他们往往依赖过去的经验，通过对过去的经验得到启示，然后利用得到的启示做出情报采集判断。这些思维的捷径，不可否认有时可以帮助分析人员快速地做出采集判断，但有时会导致判断的偏差。这些因走捷径而导致的重要信息未充分采集的偏差，就称为"启发式偏差"。

三　情报选择阶段：证据评估偏差

由于采集到的情报每种来源的可靠性不尽相同，有时情报本身就是不完整的，甚至会与其他来源的情报相抵触。对于相互矛盾信息的情报选择有赖于情报分析，需要根据现有已发生的事件，甚至所有的证据收集齐全之前做出快速的判断。分析人员对于信息流的控制很有限。针对特定的主题，厘清其来源通常是麻烦且耗时的过程。某些重要主题的证据是零星的或不存在的。对于绝大多数依赖人作为来源的信息，二手信息就是最好的了。

因此，在情报选择这一关键性的步骤中，分析人员对于一些生动且含有具体细节的信息往往没有问题，而容易忽视抽象或者统计性的信息，但后者可能具有更大的价值。我们很少考虑不存在的证据。情报选择时，通常对于证据的一致性很敏感，但是对于证据的可靠性关注度不足。最终，往往对那些没有事实依据的证据留下了深刻印象，导致了证据评估偏差的出现。证据评估偏差是一个集合概念，凡是与证据评估相关的偏差统一称为证据评估偏差。主要包括两种类型。

（一）以生动性作为标准评估证据的偏差

信息对人类思维的影响与它作为证据的真实价值之间不完全相关。具体来说，那些生动的、具体的、个人的信息比枯燥的、抽象的信息更容易为人们所记忆。但是枯燥的、抽象的信息作为证据往往其价值更大。以生动性为标准，决定证据是否有影响。这种错误最严重的后果就是导致了一些真正有价值的证据，仅仅是因为它们过于抽象，而变得毫无影响力。尤其是统计数据，因为其缺乏丰富与具体的细节来引起人们的关注，往往会被忽视与轻视。

（二）证据缺乏的评估偏差

情报分析主要的特点是缺乏关键性的信息。挑选出来进行分析的问题是基于它们的重要性与用户的需要，而没有更多考虑信息的可用性。分析人员对于现有信息尽可能地深入分析，有时甚至要考虑很多相关信息。理想情况是，情报分析人员能够识别缺少哪些证据，并把这些作为要素归入他们的筹算之中。他们也应该能够估算这些丢失数据的潜在影响，并相应地调整判断的可信度。不幸的是，这种理想状态现实中很少存在。俗语"眼不见心不见"是对这种缺乏证据带来的后果最好的描述。

四　情报整合阶段：估计概率偏差

情报整合阶段需要分析人员对已经经过优选的情报按一定的方式进行简化、编码、合并、分解。在整合阶段的认知活动经常受到心理等主观因素的影响、控制和限制。该阶段主要是对信息的整理过程，进行相应的预处理、整合阶段主要包含三部分的内容：（1）编码（coding）。在对不确定事件做出判断时考虑的是发生概率大还是小，其中发生概率是相对于某个参考点决定的，通常参考点位置的决定受到目前面临的情况和分析人员对未来的预期影响。（2）合并

（combination）。合并出现相同结果的概率，可以简化问题。（3）分解（cancellation）：将期望分解为无风险因素和风险因素。编码、合并和分解都包含在信息的整合阶段中，分析人员在整合阶段的个体认知偏差的判断与决策过程，最可能产生的心理偏差表现为估计概率偏差。主要包括两种类型。

（一）可用性法则

人们在判定概率时通常使用的一个简单化的经验法则，即可用性法则。在这种环境下，"可用性"指的是记忆中可想象的或者可追溯的。心理学家已经证实了在判断一个事件的概率时，人们不自觉会使用两条线索，即他们可以想象到的一个事件的相关实例，或者他们很容易想起的这类事件的频率。① 当人们估计频率或者概率时，使用凭经验的可用性法则，对于他们正在努力估算的事件能轻易想起或者想象的实例。通常在关于可能性或者频率判断中应用可用性法则是一种非常省时的判断方式。然而情报分析人员要清醒地认识到这是捷径。他们必须了解这些流程的优势与不足，能够识别它们在多大程度上会对人产生误导。对情报分析人员来说，意识到他们正在使用可用性规则时，必须十二分小心。否则，会直接导致事件概论判断失误。

（二）脚本概率评估

情报分析人员通常以脚本形式表达判断，脚本包括一系列事件，以一种叙事的方式串联在一起。要计算出脚本概率的数值，就需要对每个独立事件的概率相乘。例如，一个脚本有三个事件，每个事件都可能（70%可能性）发生，该脚本的概率是 0.70×0.70×0.70 等于34%多一些。如果加上第四个事件的可能（70%），脚本的概率将会降到24%。很多人并不具备掌握概率性推理的能力。对于此类问题一个简化的方法就是假设一个或者更多的可能事件将会发生。这将会排除判断的不确定性。另外一个简化问题的方法是通过对每个事件概率的粗略平均做出判断。在上文提到的例子中，如

---

① Tversky A., Kahneman D., "Availability: a heuristic for judging frequency and proba-bility", *Cognitive Psychology*, Vol. 34, No. 5, 1973, pp. 207-232.

果利用平均的方法给出整个脚本的概率是 70%。这样，脚本发生的概率远远超过实际的情况。

当采用均值方法时，脚本中的高概率事件会抵消低概率事件。这违反了"木桶"原则，即一链不能超过其最薄弱的环节。从数学上来说，对脚本中最低概率的事件设置一个概率上限。如果采用平均值的策略，就需要在脚本中加入更多额外的细节，这样使得它们看上去合理，提高了预期的脚本概率值。同时，从数学上来说，额外的事件必然会减少概率。① 脚本概率评估偏差由此而生。

五　情报评估阶段：事后偏差

情报分析的评估偏差，是指分析人员对他们自己判断的自我评价，他人对情报产品的评价，由于认知的系统偏差会受到曲解。结果是，分析人员高估了他们自己分析绩效的质量，他人低估了分析人员工作的价值与质量。它们源自人类心理流程的本质，非常难以克服或根本就无法克服。

事后偏差影响情报报告的评估，体现在以下三个方面：（1）分析人员通常高估了他们过去判断的准确性。（2）情报使用者通常低估了他们从情报报告中获取的知识。（3）情报产品的审查员，他们负责对情报失误进行事后分析，通常会判断事件更容易预见。这些偏差都不奇怪。分析人员虽然在自己身上看不见，但在别人身上都能观察到。让人无法预料的是，这些偏差不仅仅是自我的产物，也是缺乏客观性的产物。在其他环境中不乏这类偏差，它是植入了人们的心理流程的，仅仅通过简单地提醒人们要客观之类的劝导，很难克服这些偏差。

第四节　情报分析中的个体认知偏差诱因

在情报失察中，个体认知偏差通常都是由多种因素综合而致，

---

① Slovic P., Fischhoff B., Lichtenstein S., "Cognitive Processes and Societal Risk Taking", *Decision Making and Change in Human Affairs Theory and Decision Library*, No. 16, 1997, pp. 7–36.

其中认知主体、认知客体与认知环境是导致偏差发生的最直接、最重要的因素。

一　认知主体的因素

（一）主体的心理过程

主体的心理过程包括情绪和意志两个方面，在情报分析过程中起着非常重要的作用。表现为，情绪会对注意力、记忆力、思维力和创造力产生积极或消极作用，意志会对目的性和顽强性产生积极或消极作用。[①] 如果分析员在进行情报分析时情绪比较高涨，相应地，注意力就会比较集中、记忆力较好、思维比较活跃、创造力比较强；反之则不然。但情绪过于激动，则分析员更易冲动，很难静下心来认真思考，容易受过去经验的影响，从而依赖直觉进行判断，产生启发式偏差。在心情比较低落时，人的思维就会处于僵化状态，注意力分散，记忆力和创造力更难以得到突破，对情报的收集、处理、评估的能力下降，出现情报收集不全面、以点概面现象，甚至分析结果会偏离客观事实。意志是人有意识、有目的、有计划地调节和支配自己行为的心理过程。没有坚强的意志很难使分析工作深入，仅仅把视野限定在狭小的范围内，拒绝深入思考，宁愿走思维捷径，这样就会不自觉地产生重构性记忆偏差，直接导致认知偏差出现。

（二）主体的心理倾向

主体的心理倾向包括动机、态度、兴趣等，是分析员在情报分析时的基本动力，时时刻刻支配着分析员的行为和价值取向。一个注重自身利益、个人得失的分析员，在选择方案时倾向于首先考虑满足自己的需求，并在情报分析的整个过程中以此动机为驱动力（可能会导致动机偏差）。如果事情的发展合乎分析员的需求，他的情绪就不会受到影响；但是一旦事态并非先前所料，其积极性可能就会被削弱而影响后续的情报分析。这是因为人总是趋向于自己所

---

① 周鹏、韩正彪：《非智力心理因素对情报分析过程的影响机理》，《图书情报工作》2011 年第 55 卷第 16 期。

感兴趣的方面并且对其进行选择性的记忆。在面对风险时，分析员的态度也尤为重要，多数情况下，他们会趋向于把失去东西的价值看得比得到东西的价值高，从而导致损失规避的偏差。

（三）主体的心理特征

个性心理特征主要包括人的能力、素质、气质和性格等。[1] 认知主体的知识结构决定了主体的能力，能力的大小会影响情报分析的效果。主体除需具备基本的认知能力之外，主体的气质和性格特征也会不同程度地影响情报分析。对于不同的分析对象需要分析员具备的心理特征也不同。例如，在时间较紧迫的情况下更需要的是思维活跃、知识面广、综合素质高、具有时间观念的分析员，他们更能够在有限的时间内将情报分析任务分解并逐个完成。相反，缺乏时间观念、思维定式、知识面窄、欠缺综合素质的分析人员处理该问题时则不知所措，产生各种各样的偏差，甚至无法完成情报分析的任务。

（四）主体的"移情"现象

移情是一个复杂的概念，它出现在普通心理学、弗洛伊德的心理学、美学、哲学和社会学的著作之中，不同的学科对移情的解释也不尽相同。笼统地说，移情是人在观察和了解对象（可以是人或物）时，把自己的生命和情感赋予该对象，并为该对象所感染，使人感到和对象交融合一的现象。在情报分析中，分析员受移情的影响，抱着过时的"心理认知地图"自我欺骗，不愿挑战自己的过去，更不愿绘制新的认知地图。过去发生过的类似事件、过去的经验、过去的认知框架都是过时认知地图的重要组成部分，分析员害怕新信息的冲击，不愿接受新的元素，仅在一定的框架内分析解决问题。

二　认知客体的因素

（一）客体的不确定性和风险

任何事件的发展都存在着不确定性与风险，它们一定程度上阻

---

[1]　王军：《管理决策中认知偏差产生的心理机制》，《重庆工学院学报》（社会科学版）2009 年第 23 卷第 8 期。

碍了事物的顺利进行。面临着不确定性和风险的时候，情报分析过程与方法无固定模式可以遵循，加之分析员性格、生理因素、认知能力等不同，会导致认知上的个体偏差。① 认知偏差通过影响情报分析员的判断和对现状的评估来影响其对未来的预测。有关认知偏差的研究表明，分析员往往会高估风险，倾向于抵制那些呼吁采取预防性行动的行为，宁愿冒未来有更大损失的风险，也不接受现有损失的事实。美国冲突分析与预防中心的高级官员劳伦斯·伍彻认为易得性启发式偏差、代表性启发式偏差、锚定偏差等会影响分析员的风险判断；在评估风险的属性时分析员往往表现得过于自信，不愿意也不敢挑战自己的过去，寻找各种支撑自己观念的证据，出现确认偏差、归因偏差；如果要对事件做出快速的回应，分析员也经常性会出现损失规避、扩大忽视、精神麻木、事后诸葛亮的认知偏差。②

（二）客体的复杂性

认知客体的复杂性是影响主体对认知对象把握程度的重要因素，复杂的分析对象使得情报分析员经受极大的挑战。一方面，分析员需要有足够的时间从广泛的资源中整理出有用的信息；另一方面，分析员的认知能力要能够应付这种复杂的关系。如果这两个方面都不能得到满足，分析员就难以驾驭认知客体，从而凭借主观臆断对事情发生的概率进行预测，盲目地进行抉择，对事件进行分析时也会基于过去的类似事件来判断本事件发生概率，如进行类比分析以及锚定分析，从而产生类比性偏差和锚定偏差。

（三）客体的紧迫性

不同的分析事件要求分析员提出解决方案的时间不同。有些事件持续周期较长，分析员有足够的时间进行情报的收集、处理、评估，充分利用所掌握的资源尽可能地做出较优的抉择，在这种情况

① 刘尚亮、沈惠璋、李峰等：《管理决策中认知偏差的影响因素及对策研究》，《现代管理科学》2010 年第 1 期。

② Woocher L., The effects of cognitive biases on early warning and response，http：//eeas. europa. eu/ifs/publications/articles/book3/book_ vol3_ chapter5_ the_ effects_ of_ cognitive_ biases_ on_ early_ warning_ and_ response_ lw_ en. pdf.

下就可以减少外界环境和个体本身心理特质对分析员认知的干扰。但很多事件是突发的，而且威胁较大，要求分析员必须在短时间内快速做出回应。面临紧急而严峻的分析事件，分析员的理性思维便会遭到很大的挑战，大脑处于绷紧的状态，加之在有限的时间内所整理的信息是不全面的，只能在可数的备选方案里考虑变异度较强的事件。此时，分析员倾向于走思维捷径，减轻认知负担，搜索记忆中与该事件相关的信息，则会出现启发式偏差、首因效应、近因效应、定型效应偏差、类比性偏差等。

三   认知环境的因素

情报失察中认知偏差的产生不仅受个体自身因素的影响，分析员所处的环境也会不同程度地左右人的认知，即心理学上常说的"场依赖性"，指认知者对物体的知觉倾向于依赖外界的参照，难以摆脱环境因素的影响。[1]

（一）组织环境

组织环境指组织的外部环境，即能对组织的绩效产生影响的外部机构或力量，包括具体环境和一般环境。具体环境指政治环境、法律环境、经济环境、科技环境、社会文化环境、自然环境等；一般环境指用户、供应者、竞争者、政府机构及特殊利益团体等。组织环境的复杂程度和变化程度如图3—4所示。

上述变化要素会直接或间接地影响分析员的认知过程和分析策略的制定，分析员在进行情报分析时，往往偏见性地依赖于外界环境，如仅以竞争对手某一时刻的组织环境作为分析的依据，而忽略了环境的变化以及其他因素的影响，出现类比失当。但组织环境会随着时间的推移而变化，这就要求分析员适应环境的复杂程度和变化程度，调整自己的分析策略与分析方法来适应环境的变化，理性地做出分析。

---

① 谢开勇、邹梅、裴飞云：《认知偏差及对战略决策的影响》，《科技管理研究》2009年第28卷第12期。

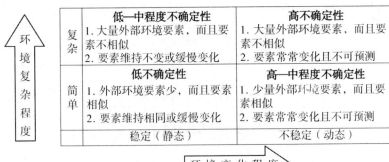

图 3—4　环境的不确定性矩阵

资料来源：严贝妮、陈秀娟：《情报失察中的个体认知偏差成因分析》，《情报杂志》2012 年第 31 卷第 9 期。

（二）组织文化

组织文化是组织中形成的一种人们共同拥有的经营理念、信仰和行为准则，是全体员工所共有的集体价值观。不同的组织具有不同的文化，会影响情报分析员形成不同的分析风格。如具体到企业中，国企和私企的组织文化就有很大的差异，相对于国企而言，私企的制度和规范相对灵活，分析员在这种环境中，更容易产生自我发挥和直觉判断的情况。在那些群体意识比较强的组织中，分析员很难保持独立而受到他人行为和态度的影响产生从众效应的偏差。①

---

① 严贝妮、陈秀娟：《情报失察中的个体认知偏差成因分析》，《情报杂志》2012 年第 31 卷第 9 期。

第四章

情报分析与个体认知
偏差关系的实证调查

现代认知心理学家认为：个体认知偏差对行为主体的行为决策的影响具有普遍性，并且常常扮演重要的角色。认知偏差的产生，一方面与人的信息认知与处理能力的有限性有关，另一方面人们对信息处理的认知策略的倾向性也会导致"完美理性"行为的偏离。具体来说，认知倾向主要包括认知方式的启发式简化性、认知内容的一致性、认知趋同效应三个方面①，它们从不同的角度影响人们的信息处理行为，从而产生个体认知偏差，影响人们实际行为的有效性。本书在第二章文献回顾部分，梳理了国内外情报分析中个体认知偏差的研究脉络，纵观国内研究尽管涵盖了主体视角、客体视角、工具视角和组织视角，但大多是基于理论和定性的研究，围绕情报分析中个体认知偏差的定量与实证研究相对较少，且很多研究者虽然总结了情报分析中的各种个体认知偏差，但多是基于情报分析流程的描述性研究，对于二者的关系以及影响路径的问题却少有人关注。

通过对文献的整理，本书发现从数量上看，当前关于认知偏差的研究已经证实情报分析过程中存在的个体认知偏差有 20 余种，包括启发式偏差、代表性偏差等，而且多集中在对认知偏差过程的分析中。由于认知过程的复杂性和研究手段的局限性，可能存在大量的尚未证实的个体认知偏差。同时，由于外部环境、组织制度和组织文化传统的差异性，即使是同一种偏差，在不同的情报过程和环境中，在不同的情报分析者身上，也可能表现出较大的行为和认

---

① 周相吉：《认知偏向与决策理性》，硕士学位论文，四川大学，2005 年。

知差异。因此，将来的研究可以在如何将繁杂的个体认知偏差模型化、简单化、系统化上下功夫，其中模型的建立是其关键点；从研究成果来看，现有文献主要集中在对个体认知偏差的反复讨论和存在性的检验上，或者是基于情报分析过程的方法步骤上，缺乏将多种个体认知偏差与情报分析有机整合起来成为一个统一框架和研究体系；也缺少将与个体认知偏差息息相关的行为偏差、外部性约束、情报交互等融入情报分析的过程，从而建立一个通用的情报分析模型的研究。

　　本章借鉴了个体认知偏差在行为金融学上的研究成果，选取个体认知偏差和行为偏差、外部性约束、情报交互、情报分析效能五个潜变量进行指标设计，建立结构方程模型，通过 AMOS 17.0 软件对数据进行分析从而得出路径分析图。为应对动态复杂环境和不确定性，把情报分析和个体认知偏差、行为偏差、情报交互、外部性约束结合起来，通过路径系数的揭示，得出个体认知偏差和情报分析的关系图，必将为情报分析中的个体认知偏差研究开辟新的领域，进一步丰富其理论体系。将情报分析中的个体认知偏差发展成一个完善的体系和个体认知偏差的定量化和实证分析是将来的研究方向。

第一节　调查设计

一　调查目的与对象

　　基于以上分析，本书认为，通过对情报分析和个体认知偏差关系的研究，能够为情报分析人员分析工作中相应的纠偏措施提供借鉴思路，也是有利于解决当前情报失察的一个重要的创新方法。本书以个体认知偏差为出发点，通过个体认知偏差、行为偏差以及情报交互情况，结合外部性约束来考量情报分析和个体认知偏差及相关变量的影响关系。情报分析与个体认知偏差关系调查的目的主要包括：一是了解我国情报分析人员分布行业、学科背景等基本分布情况；二是重点了解个体认知偏差、行为偏差、情报交互、外部性约束、情报分析效能五个潜变量的影响关系和影响路径；三是通过调查了解我国情报分析人员在情报分析工作中存在的个体认知偏差的情况。本次研究主要调查了两类对象：一类是情报分析工作者和应用者；另一类是高校从事情报分析的教师、研究生与信息研究机构的研究人员。本次调查对于性别、地域以及行业等都未做具体限制。

二　调查内容与步骤

国外学者布瑞克（Brink）[①] 与茹丹斯科·克劳布斯（Rudansky Kloppers）[②] 研究发现，调查表的外观与调查项目的设置对于调查问卷的结果有很大的影响。调查问卷的内容设计围绕着调查目的展开，在充分对国内外相关文献阅读与梳理的基础上，通过对学者专家以及专业人士的意见咨询，确定本次问卷调查的内容主要包括如下部分。

（1）情报分析中个体认知偏差的发生和影响频度；

（2）情报分析中行为偏差的发生和影响频度；

（3）情报分析中信息交互的发生和影响频度；

（4）情报分析中外部性约束的发生和影响频度；

（5）情报分析效能的具体体现和评价；

（6）各个潜变量的相互作用系数和影响路径。

在确定了需要调查的内容之后，通过文献梳理与评述进行问卷及其问项的设计，就设计内容向专家进行咨询和请教。在调查问卷初步形成之后，为了确保调查的效度，先进行小范围的预调查。预调查遵循四个步骤：首先，通过问卷收发平台"问卷星"的试填功能，进行网络试填测试。其次，通过邮件方式向部分情报专业人员发放试填问卷。再次，根据预调查获得的反馈数据，遵循了简单及方便的原则，通过邮件、电话以及当面咨询三种方式向部分相关领域的专家进行进一步咨询与请教，根据专家意见和预调研结果，对

---

① Brink A., *The marketing perception of grocery store retailers belonging to black business association in Gauteng*, Pretoria: University of South Africa, 1997, p. 257.

② Sharon R. K., *Relationship marketing by estate agents in the residential property market of South Africa*, Pretoria: University of South Africa, 2002, p. 245.

调查问卷进行进一步修改，对问项进一步优化、修改与调整，形成正式调查问卷。最后，进行正式问卷的大范围发放与回收。从最初的文献梳理到问卷正式形成定稿，历时大约两个月。

本次调查历时近一个月，前期准备工作开始于 2013 年 2 月，正式调查开始于 2013 年 3 月底，2013 年 4 月底调查问卷回收完毕。经后期的问卷初步统计、全面数据分析，于 2013 年 5 月完成此次调查全部工作，形成本章相关调查内容。

三　问卷设计与方法

（一）量表选择

美国学者考克斯（Cox）回顾大量量表文献后认为：（1）没有适合所有情况的最佳等级；（2）2 级和 3 级量表不足以传递调查对象的大量信息；（3）9 级以上的应答选项几乎不再改善量表特性；（4）如果调查对象能够合理选择中性中间点，则推荐使用奇数等级的量表；另外，提供充足的应答选项也能避免中性中间点的过多使用；（5）5—9 级的应答选项适用于多数特定情况。[①]

李克特（Likert）量表在有的文献中也被称作"里克特"或者"利克特"量表，是属评分加总式量表最常用的一种，属同一构念的这些项目是用加总方式来计分，单独或个别项目是无意义的。它是由美国社会心理学家李克特于 1932 年在原有的总加量表基础上改进而成的。[②]该量表由一组陈述组成，每个被调查者的态度总分就是他对各道题的回答所得分数的加总，这一总分可说明被调查者在这一量表上态度强弱的不同状态。李克特式量表设计是以单一点的明确数值表示，以七点量表为例，受访者从七个语义措词"非常不同意"、"不同意"、"有点不同意"、"不确定"及"有点同意"、"同意"、"非常同意"中，勾选一个适合其心理感受的选项作为答案，而量化的方式则是将勾选语义措词转换为等距数值，分别以

---

① Cox E. P., "The optimal number of response alternatives for a scale: A review", *Journal of Markting Research*, No. 17, 1980, pp. 407-422.

② Likert R., "A technique for the measurement of attitudes", *Archives of Psychology*, No. 22, 1932, pp. 1-55.

"1、2、3、4、5、6、7"的数值量化。[1] 李克特量表容易设计，使用范围比其他量表要广，且可以用来测量其他一些量表所不能测量的某些多维度的复杂概念或态度（见附录A）。通常情况下，李克特量表比同样长度的量表具有更高的信度，同时，李克特量表的答案形式使回答者能够很方便地标出自己的位置。根据本书的实际情况，最终选择李克特七点量表作为测量工具，既避免了等级过于简单或不足所造成的信息偏误，又避免了等级过于繁杂导致的受访者应答疲劳而产生的心理偏误，以保证调查结果的信度和效度。

（二）量表构建

第一步：收集大量（50—100）与测量的概念相关的陈述语句。本书最初选择描述性条目为50条，经过第一轮修正后，预调查条目设为45条，如表4—1所示。

表4—1　　　　　　　　　　量表初选描述性条目

序号	题目	所属维度
1	依赖于过去的经验	个体认知偏差
2	偏向积极的结果而忽略不利的判断	
3	会受到情绪影响	
4	会产生心理定式	
5	"先入为主"，进行锚定估值和概率预测	
6	倾向于选择频率出现较高以及易于提取的信息	
7	以点概面，当事物与他事物在某方面相似时，便断定在其他方面也相似	
8	面对大量或者复杂信息，难以集中注意力	
9	进行自我归因，出现理想结果时，认为是能力使然；出现不利结果，认为是运气不佳	

---

[1]　汪洋、孙林岩：《李克特式量表与模糊语言量表计分的差异比较——以梯形模糊数仿真为例》，《运筹与管理》2008年第17卷第1期。

续表

序号	题目	所属维度
10	回避疑虑和不一致性	行为偏差
11	有意无意漏掉重要信息	
12	容易受到自身利益驱使而做出非理性行为	
13	走思维捷径，做出减轻自己工作负担和时间的行为	
14	在分析风险时，会做出规避损失的行为	
15	分析工作量大或时长时会消极对待，敷衍了事	
16	出现分析错误时，不及时纠正	
17	不愿改变自己的信念，并寻求一切证据证明其正确	
18	痛恨过去的错误，为避免后悔做出非理性行为	
19	信息出现的先后次序与陈述方式会影响判断	情报交互
20	信息载体过多，无法全面获取	
21	信息不完全公开，存在大量隐秘信息无法获取	
22	信息传输过程受网络速度和技术设施等影响，无法及时获取所需信息	
23	不易理解情报制造者的意图	
24	技术故障或技术不当使用造成的干扰从而出现信息失真	
25	信息噪音（如虚假信息、不良信息、恶意信息等）会削弱判断力	
26	信息反馈渠道不完善	
27	与信息用户的交流不畅	
28	信息过剩、信息污染、信息超载的问题无法避免	外部性约束
29	外部环境变化太快难以把握	
30	受到群体意识影响	
31	受到组织官僚制度和结构的影响	
32	受组织文化中的责任和约束的影响	
33	受分析团队文化背景差异的影响	
34	受分析团队知识背景差异的影响	
35	缺少纠偏的专门情报分析方法	
36	缺少辅助性的情报分析工具	

续表

序号	题目	所属维度
37	情报分析结果应客观	情报分析效能
38	情报分析结果应准确	
39	情报分析结果应全面	
40	情报分析产品应具有连续性	
41	情报分析产品应具有系统性	
42	情报分析产品应具有应用价值	
43	情报分析产品应符合信息用户的预期	
44	情报分析产品应满足信息用户的需求	
45	情报分析产品应保证信息用户的效益	

资料来源：笔者整理。

第二步：在本书中，将对六个维度中的相应测量变量即相关个体认知偏差的描述从"非常不同意"到"非常同意"过渡，同时以"不确定"作为中间点从而完成从"不利"到"有利"的过渡。

第三步：选择部分受测者对全部项目进行预先测试，要求受测者指出每个项目是有利的或不利的，并在方向——强度描述语中进行选择，采用七点量表。

第四步：对每个回答赋值分数，如从非常不同意到非常同意的有利项目分别为7分、6分、5分、4分、3分、2分、1分，对不利项目的分数就为1分、2分、3分、4分、5分、6分、7分。

第五步：根据受测者的各个项目的分数计算代数和，得到个人态度总得分，并依据总分多少将受测者划分为高分组和低分组。

第六步：选出若干条在高分组和低分组之间有较大区分能力的项目，构成一个李克特量表。如可以计算每个项目在高分组和低分组中的平均得分，选择那些在高分组平均得分较高并且在低分组平均得分较低的项目。本书通过不断修正后最终选用描述性陈述句21条，即21个具体指标。

（三）指标设计

为了科学、有效地进行数据拟合和关联分析，根据上述的基本步骤，本书借鉴个体认知偏差在行为金融学中的理论基础，以个体认知偏差为出发点，通过个体认知偏差、行为偏差以及情报交互情况，结合外部性约束来考量情报分析和个体认知偏差及相关变量的影响关系。各个潜变量下问卷指标的设立，本书借鉴和吸收了国内外的相关研究成果，本着导向性、全面性、客观性、科学性、可操作性等原则，最终设立了21个具体指标，如表4—2所示。

表4—2　　　　　　　测量指标设立、符号表示及理论来源

潜变量	问卷题目（指标）	符号表示	来源
个体认知偏差	1. 依赖于过去的经验	GTRZPC1	Mather & Shafir & Johnson（2000） Pohl（2004） Tversky & Daniel（1974） Schacter（1999） 周菲（2009） 刘尚亮等（2010）
	2. 偏向积极的结果而忽略不利的判断	GTRZPC2	
	3. 会受情绪的影响	GTRZPC3	
	4. 会产生心理定式	GTRZPC4	
	5. 先入为主，进行锚定估值和概率预测	GTRZPC5	
	6. 倾向频率出现高以及易于提取的信息	GTRZPC6	
行为偏差	1. 回避疑虑和不一致性	XWPC1	Sanna & Schwarz & Stocke（2002） Edwards（1968） 韦楠华（2012） 周菲（2009）
	2. 有意无意漏掉重要信息	XWPC2	
	3. 容易受自身利益驱使做出非理性行为	XWPC3	
	4. 走思维捷径，做出减轻自己工作负担和时间的行为	XWPC4	
	5. 在分析风险时会做出规避损失的行为	XWPC5	
情报交互	1. 信息载体过多，无法全面获取	QBJH1	Bless & Fiedle & Strack（2004） 王冀宁和赵顺龙（2007）
	2. 不易理解情报制造者的意图	QBJH2	
	3. 与信息用户交流不畅	QBJH3	

续表

潜变量	问卷题目（指标）	符号表示	来源
外部性约束	1. 信息过剩、信息污染、信息超载	WBXYS1	Dalton & Ortegren（2011） Bishop & Trout（2004） 严贝妮和陈秀娟（2012） 陈相光和李辉（2011）
	2. 受群体意识影响	WBXYS2	
	3. 受到组织官僚制度和结构的影响	WBXYS3	
	4. 缺少辅助性的情报分析工具	WBXYS4	
情报分析效能	1. 情报分析结果应客观	QBFXXN1	Haselton & Nettle & Andrews（2005） 徐芳和金小璞（2011） 严贝妮等（2011）
	2. 情报分析结果应准确	QBFXXN2	
	3. 情报分析结果应全面	QBFXXN3	

资料来源：笔者整理。

（四）样本选取

样本规模对研究结果的真实性、客观性同样具有重要影响。样本规模越大，分析结果越能反映企业的真实情况与真实状态。艾尔·巴比（Earl Babbie）建议样本最少应大于 100，大于 200 则更好，数量低于 100 的样本，无法产生科学的结果，使得调查结果的信度与效度降低。[①] 因此，综合考虑调查问卷中各项指标内容以及后续统计方法样本数要求，本书将样本规模确定为 350 份。并根据认知偏差的特点，考虑我国情报分析发展的实际，本书将"方便抽样"、"判断抽样"与"目标式抽样"相结合的方法选取调查对象，发放问卷。

（五）发放与回收

调研过程中，笔者通过网络发布问卷和电子邮件发放问卷两种方式，并于 2013 年 4 月 1 日—2013 年 4 月 29 日进行了问卷调查，问卷采用李克特七级量表的形式，调查历时近一个月。针对情报分析工作者和应用者，问卷发放主要采用了网络发放的形式；针对高校从事情报分析的教师、研究生与信息研究机构的研究人员，此类

---

① ［美］艾尔·巴比：《社会研究方法》（第 11 版），邱泽奇译，华夏出版社 2009 年版。

问卷主要采用了电子邮件发放的方式。

其中网络发布问卷利用了"问卷星"发布平台，通过限制问卷填写条件以及向情报分析工作者和应用者发送问卷链接的方式获得数据；其次发送电子邮件，主要咨询了安徽大学以及其他高校从事情报分析的教师、研究生与信息研究机构的研究人员，因此，样本的地理位置较为广泛，有效问卷302份，其分布如表4—3所示。

表4—3　　　　　　　　　　样本的地理分布

地理位置	安徽	广东	浙江	上海	北京	山东	江苏	湖北
受访者人数（人）	35	32	27	15	19	11	12	18
地理位置	湖南	云南	河北	天津	福建	青海	河南	四川
受访者人数（人）	6	3	7	27	15	1	7	19
地理位置	黑龙江	辽宁	江西	陕西	广西	山西	其他	总计
受访者人数（人）	3	9	6	9	6	8	7	302

资料来源：笔者整理。

受访者的地理位置除了占较大比例的安徽省、广东省、浙江省、天津市之外，还包括北京市、江苏省、湖南省、湖北省、云南省、河北省、福建省、青海省、河南省、四川省、黑龙江省、江西省、陕西省、广西自治区、山西省、辽宁省，基本涵盖我国南、中、东、西部地区，还有七份网上问卷地理位置未知。广泛的地理位置分布一定程度上确保了调查样本的代表性与调查的外在效度。本次调查针对不同人群，根据数据的可获取渠道，选择了网络发放和电子邮件发放相结合的形式发放调查问卷。两种发放方式与回收情况如表4—4所示。

在采用发送电子邮件的方式时，尽量事先沟通并善意督促和解答疑问，在问项设置上，尽量避免有诱导性的问题；在采用网络发放填写方式中，通过问卷发放平台的样本控制功能，对问卷可以填写人员的工作性质进行了控制，样本面向对象为情报分析工作人员，同时保证了问卷填写的回收率和各类偏差控制。

表4—4　　　　　　　　　　调查问卷发放基本情况

发放方式	网络发放	电子邮件	总数（份）
发放问卷（份）	280	70	350
回收问卷（份）	240	62	302
回收率（%）	85.7	88.6	86.3

资料来源：笔者整理。

　　根据艾尔·巴比的研究，要进行分析和撰写报告，调查问卷回收率至少要有50%，达到70%就非常好。[①] 可见本次调查样本回收情况较好，符合预定的样本规模。本书共发放正式问卷350份，回收问卷308份，回收率为88%；通过对于问项填写不全的问卷进行剔除，有效问卷为302份，有效回收率为86.3%。

四　理论假设

　　本书主要从实证角度探讨个体认知偏差与情报分析结果之间的因果关系。在方法学上，所谓研究假设是研究者对于所欲研究的对象之间关系的描述或暂时性的解答，有待研究者收集实证资料来加以检验。要使整体研究具有相当的严谨度，除了避免过度使用假设检验、扩大样本等统计技术与研究方法层面的问题之外，更重要的是从研究假设的推导过程着手，如是否基于强而有力的理论基础，或是经过严谨的推理过程，得到某一个研究的假设，如此才能有效地提升研究的检定能力，得到理想的结果。[②] 所以本书在借鉴国内外情报分析与个体认知偏差相关研究成果的基础上，通过对情报分析内在构成要素的梳理和细化，选取了相关变量，包括行为偏差、外部性约束、情报交互，以充分考量认知偏差如何影响情报分析结果，并设定七条研究假设（H1—H7），用定量的方法揭示情报分析

---

　　① ［美］艾尔·巴比：《社会研究方法》（第11版），邱泽奇译，华夏出版社2009年版。

　　② MBA智库：《结构方程模式的原理与特性》（http：//doc. mbalib. com/view/2cb6b9e8af5d93f5a5c75fba504e0182. html）。

与个体认知偏差之间的关系以及相关变量的影响。

H1：个体认知偏差对行为偏差具有正相关关系；

H2：个体认知偏差对情报交互具有负相关关系；

H3：行为偏差对情报交互具有负相关关系；

H4：行为偏差对情报分析效能具有负相关关系；

H5：外部性约束对行为偏差具有正相关关系；

H6：外部性约束对情报分析效能具有负相关关系；

H7：情报交互对情报分析效能具有正相关关系。

第二节　实证分析

一　数据处理工具

结构方程模型（Structural Equation Model，SEM）是由卡尔·乔瑞斯科（Karl Joresko）和戴格·索伯姆（Dag Sorbom）在斯莫尔·莱特（Small Wright）所开创的路径分析方法的基础上提出来的[1]，是综合运用多元回归分析、路径分析和验证性因子分析方法而形成的一种统计数据分析工具，是基于变量的协方差矩阵来分析变量之间关系的一种方法。[2] 一般来说，结构方程模型由两部分组成：测量模型——描述显变量与潜变量之间的关系；结构模型——描述潜变量之间的关系。具体模型如下。

测量模型：$y = \Lambda_v \eta + \varepsilon$

$x = \Lambda_x \xi + \delta$

结构模型：$\eta = B\eta + \Gamma\xi + \zeta$

其中，x，y表示显变量；η表示内生潜变量；ξ表示外源潜变量；Λ_v表示显变量与内生潜变量之间的关系，是显变量在内生潜变量上的因子载荷矩阵（载荷系数矩阵）；Λ_x表示显变量与外生潜变量直

---

① 林德钦：《基于结构方程模型的我国上市公司并购绩效实证研究》，《生产力研究》2011年第7期。

② 孙向荣：《结构方程模型在图书情报学中的应用研究》，《情报科学》2012年第30卷第8期。

接的关系，是显变量在外生潜变量上的因子载荷矩阵（载荷系数矩阵）；B 表示内生潜变量间的路径系数；Γ 表示外生潜变量对内生潜变量的路径系数；ε、δ、ζ 表示方程的残差项，反映了在方程中未能被解释的部分。其中，显变量是直接被测量的变量，如体重、身高、尺寸等。潜变量是用理论或假设来建立的，无法直接测量但可用显变量间接测量的变量，如能力大小、满意度、某一观念的认可度等。潜变量又包括外源潜变量和内生潜变量，外源潜变量是引起其他变量变化的变量，内生潜变量则是受其他变量影响而变化的变量。在国内外现有的研究基础上，本书确定认知偏差为外源潜变量，行为偏差、情报交互、外部性约束、情报分析效能均为内生潜变量，共设置了 21 个可观测变量作为显变量，建立了认知偏差与情报分析效能关系的结构方程模型。

结构方程模型是 20 世纪六七十年代出现的新兴的统计分析手段，它在社会科学等领域得到了广泛的应用，并被称为统计学的三大发展之一。[①] 社会科学研究的根本目的是通过探讨变量之间的因果关系来揭示客观事物发展、变化的规律及特点。[②] 由于这样的学科特点，结构方程模型得以广泛应用。情报是属于社会科学的研究范畴，也正是因为情报分析和认知偏差之间的关系不是简单的单一变量的关系，而是多个变量间相互影响的复杂的因果关系，且这些变量无法直接从现实生活中测量得到，需用相关可测量变量间接测量，这些都是传统的统计方法不能很好解决的问题，而结构方程模型可以弥补传统统计方法的不足，并能描述复杂的因果关系。基于此，本书采用结构方程模型方法进行实证研究，从定量角度揭示情报分析与个体认知偏差以及相关变量之间的影响关系。

二　样本基本特征

本书正式调查的填写人员主要面向情报分析工作者和应用者以及高校从事情报分析的教师、研究生与信息研究机构的研究人员。

---

① 李顺会、白新荣：《结构方程模型概述》，《沿海企业与科技》2009 年第 12 期。

② 林嵩、姜彦福：《结构方程模型理论及其在管理研究中的应用》，《科技政策与管理》2006 年第 2 期。

以下是对正式调研的受访者基本特征进行的描述性分析。

本书共发放350份问卷，有效回收问卷302份，涉及302位受访者。其中，受访者性别分布比较均匀：男性占52%，女性占48%；受访者的行业分布、专业背景分布、年龄分布、职业分布、专业背景分布等如图4—1—图4—5所示。

（一）行业分布

共涉及包括信息传输、金融、房地产、文化娱乐、科学研究和技术服务、教育等在内的19个行业。从图4—1行业分布上，可以看出，在信息化发展的今天，各行各业要想获得持续、健康的发展，都需要把握情报，进行情报分析，获得市场动态，进而进行决策与管理。

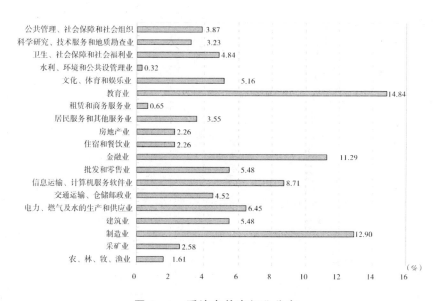

图4—1　受访者从事行业分布

资料来源：笔者整理。

（二）工作年限分布

调查样本中，情报分析工作者的工龄如图4—2所示，他们大多集中在1—6年之间，其中1—3年的占50.65%，4—6年的占25.48%。在情报分析工作中，工作年限的区别会造成情报源和情报分析工具的选择倾向。如工作经历较长的分析员更倾向于使用传统的检索工具，较为熟悉传统信息源的结构、使用方法、检索入口的选择，也正因为如此，这类分析人员对网络上的某些新兴信息源，如网络即时通信、通信讨论组等不感兴趣，这种心理造成了对新型载体的信息源的漏检。而年轻的分析人员更熟悉网络上的信息源，这类信息源的检索入口多为关键词，不需要使用逻辑关系式，他们对传统正规的信息源不熟悉，对这类信息源使用的检索语言、关系式等十分不适应。

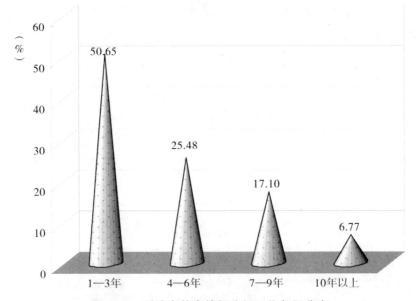

图 4—2　受访者从事情报分析工作年限分布

资料来源：笔者整理。

（三）年龄分布

受访者年龄主要集中在 21—40 岁，具体分布情况如图 4—3 所示。年轻的分析人员对情报的敏锐性较强，但由于实践经验较少，在情报分析过程中也缺乏跨学科意识，对本专业的信息源较为熟悉，而对其他专业的信息源比较陌生。这种背景使他们在心理上愿意接受本专业或相关专业的分析任务，但是，情报分析通常是多学科或跨学科的，这就对他们造成了很大的压力，在收集信息和甄别信息上出现障碍。而年龄较长的分析员对分析工作的程序较为熟知，工作较为细致，但是长期的分析工作往往造成心理上的"疲倦"，经验常常对情报分析产生影响，对情报的敏锐性降低。

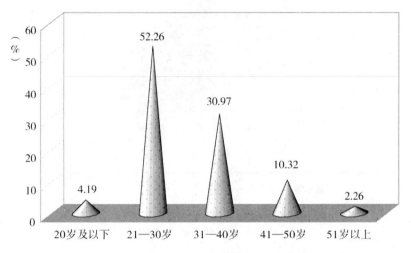

图4—3 受访者年龄分布

资料来源：笔者整理。

（四）受访者职业分布

受访者职业分布如图4—4所示，主要集中在企业/公司职员、事业单位工作者、专业技术人员和公务人员，其中又以企业占据主导。这也符合当前信息与知识环境下，掌握信息和情报就能占据市场主导的商业战略。而职业为公务人员的情报分析工作者在情报分析过程中，由于组织文化的等级性，则更易产生群体效应和结果偏见。

（五）受访者专业背景分布

受访者的专业背景分布如图4—5所示，理工科背景的占51.61%，文科占34.52%，二者皆有占13.87%。由于情报分析工作很多涉及科技发展问题，所以需要理工科的背景做支撑。具有文科背景的分析员在分析过程中综合能力较强，看问题较为全面，对政策性的情报把握较为准确，但是对科学技术方面的情报分析深度不够；而具有理工科背景的分析人员在分析过程中能够较好地把握重点，对科学技术方面的情报分析深度较强，但综合能力较弱，对政策理解的深度不够，易具有片面性和局限性。

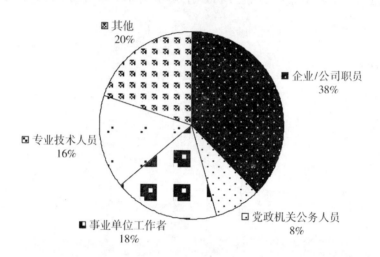

图4—4　受访者职业分布

资料来源：笔者整理。

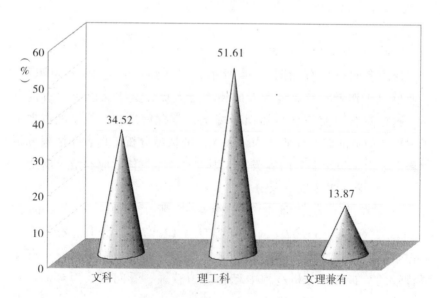

图4—5　受访者专业背景分布

资料来源：笔者整理。

三　描述性统计分析

上述分析只是对问卷样本的基本特征进行了描述分析，不够深入，没有挖掘样本数据的更深层次的表现，如受访者在问卷的各项题目得分的平均水平、得分的偏离平均水平程度等。为了更好地揭示情报分析与个体认知偏差之间的内在联系，需要对样本数据进行描述性统计及正态分布检验，并且为了保证调查结果的准确性和科学性，有必要对调查问卷进行信度检验。基于上述描述，本书通过整理问卷数据，形成样本数据，并利用 SPSS 17.0 统计软件对导入的样本数据进行描述性统计分析，得到各测量指标的均值（用于描述数据的平均水平）、标准差（用于描述数据的偏离程度）、偏度值（用于衡量数据分布的不对称程度或偏斜程度）和峰度值（用于衡量数据分布的集中程度），具体如表 4—5 所示。

表 4—5　　　　各变量测量指标样本数据的描述性统计分析

潜变量	指标	均值统计量	标准差统计量	偏度		峰度	
				统计量	标准差	统计量	标准差
情报分析效能	QBFXXN1	1.97	1.105	2.162	.140	5.518	.280
	QBFXXN 2	2.11	1.231	1.957	.140	4.522	.280
	QBFXXN 3	2.16	1.381	1.724	.140	2.838	.280
个体认知偏差	GTRZPC1	2.83	1.318	.925	.140	.525	.280
	GTRZPC 2	3.28	1.413	.551	.140	-.297	.280
	GTRZPC 3	3.11	1.333	.847	.140	.756	.280
	GTRZPC 4	2.97	1.244	.989	.140	1.584	.280
	GTRZPC 5	2.99	1.311	.696	.140	.370	.280
	GTRZPC 6	2.84	1.227	.900	.140	.799	.280
行为偏差	XWPC1	3.29	1.452	.479	.140	-.399	.280
	XWPC 2	3.79	1.650	.184	.140	-.955	.280
	XWPC 3	3.47	1.544	.385	.140	-.647	.280
	XWPC 4	3.19	1.489	.711	.140	-.124	.280
	XWPC 5	3.06	1.451	.671	.140	-.225	.280

续表

潜变量	指标	均值统计量	标准差统计量	偏度		峰度	
				统计量	标准差	统计量	标准差
情报交互	QBJH1	5.05	1.326	-.731	.140	.316	.280
	QBJH 2	4.94	1.344	-.805	.140	.550	.280
	QBJH3	4.84	1.389	-.605	.140	.000	.280
外部性约束	WBXYS 1	2.68	1.271	1.078	.140	1.472	.280
	WBXYS 2	3.80	1.171	1.112	.140	1.900	.280
	WBXYS 3	2.90	1.335	.827	.140	.792	.280
	WBXYS 4	2.89	1.294	.933	.140	.968	.280

资料来源：笔者整理。

表 4—5 反映出情报分析效能的问题回答的得分均值很低，表明情报分析人员确实认为情报分析产品需客观、准确、全面。然而个体认知偏差、行为偏差、外部性约束三个潜变量的问题回答的得分均值也比较低，总体上反映出情报分析人员在情报分析过程中受到的外部性约束较强，并存在很大的个体认知偏差及行为偏差，在情报交互过程中也存在失真现象。尤其是 GTRZPC1、XWPC5、QBJH3、WBXYS 1 分值最低，进一步说明情报分析人员在分析情报过程中倾向于依赖自身过去的经验，忽视用发展的眼光看待事物，在分析风险时容易做出规避损失的行为并受限于自身认知偏见，导致与信息用户交流不畅。而在目前信息爆炸的时代，信息过剩、信息污染、信息超载的问题也容易扰乱情报分析人员的思维。其次，从个体认知偏差的六个题目得分情况可以看出，情报分析人员自身存在多种不同的认知偏差，如依赖于过去的经验、偏向积极的结果而忽略不利的判断、会受情绪的影响、先入为主、进行锚定估值和概率预测、会产生心理定式，这些个体认知偏差最终会导致情报分析效能低下。

四　正态分布检验及信度检验

正态性检验是统计方法应用中的重要问题，在一个实际问题中，总体不一定是正态总体，所以要对数据进行正态性检验，以防止影响统计方法的效果。正态分布的判断方法通常是使用正态性检验或利用峰度值和偏度值来判断是否服从正态分布。[1] 一般来说，当偏度值的绝对值小于3，峰度值的绝对值小于10，表明样本数据基本上服从正态分布。因此，表4—5中样本数据的偏度与峰度值表明样本数据服从正态性分布，适合进一步分析。

信度指样本数据内在一致性或外在稳定性程度。内在一致性重在考察一组调查项目是否调查的是同一个特征，这些问项之间是否具有较高的内在一致性。外在稳定性是指不同时期对相同调查对象实施重复调查时，调查结果所具有的相关程度，如果两次调查结果的差异性很小，则说明调查问卷具有较高的稳定性。[2] 由于本书并没有进行多次重复问卷调查，所以主要采用反映内部一致性的指标来测量样本数据的信度，即采用 Cronbach's Alpha 系数进行数据的信度检验，其判断标准是：Cronbach's Alpha 系数值小于0.35代表低信度，介于0.35与0.7之间代表中信度，大于0.7代表高信度。[3] 由此，一份信度系数好的问卷，Cronbach's Alpha 系数值最好在0.7以上，并且信度系数越高即表示该样本数据越一致、稳定、可靠。同样，本书借助 SPSS 17.0 统计软件进行分析，计算各个潜变量及总体的 Cronbach's Alpha 系数值，得到本问卷总体的 Cronbach's Alpha 系数值为0.801>0.7，并且各潜变量的 Cronbach's Alpha 系数值均在0.98以上，具体如表4—6所示。根据上述信度的判断标准，则说明本书设计的问卷内部一致性好，样本数据具有很高的信度，可使用价值高。

---

[1] 蔡忠建：《对描述性统计量的偏度和峰度应用的研究》，《北京体育大学学报》2009年第32卷第3期。

[2] 刘全、刘汀：《关于调查问卷内部一致性信度的评价与研究》，《中国统计》2010年第9期。

[3] 李荣喜、陈力：《跨功能知识整合与新产品开发绩效的关系实证研究》，第三届中国管理学年会论文，长沙，2008年。

表 4—6   **信度检验的 Cronbach's Alpha 系数值**

潜变量	题项目数	Cronbach's Alpha 系数	信度等级
个体认知偏差	6	0.991	很高
行为偏差	5	0.991	很高
外部性约束	4	0.989	很高
情报交互	3	0.988	很高
情报分析效能	3	0.981	很高
总体信度	21	0.801	较高

资料来源：笔者整理。

五　验证性因子分析

验证性因子分析是判断根据理论分析所建立的模型是否正确以及潜变量与观测指标之间的因果关系是否显著，从而为后续的结构方程模型分析提供依据。在实证研究中，主要采用模型的拟合指标进行考察。一般来说，要同时考虑绝对拟合指标［如卡方拟合指数 X2（一般利用卡方值与自由度的比值 CMIN/DF 衡量）、近似均方根误差 RMSEA、残差均方和平均根 RMR、拟合优度指数 GFI 等］、相对拟合指标（如规范拟合指数 NFI，增值适配指数 IFI 等）、调整拟合指标（如调整规范拟合指数 PNFI 等）三种指标，以对模型的可接受性或拒绝产生比较共识的结果。[①] 在上述分析的前提下，通过建立的研究假设，利用 AMOS 17.0 统计软件，画出路径图，并导入样本数据进行处理、分析，包括剔除缺失的数据，在多次对验证性因子模型进行修正后，得到三种拟合指标以及信息指数值，如表4—7 所示。

表 4—7 中拟合标准表示相应拟合指标的合理范围，譬如对于绝对拟合指标中的残差均方和平均根 RMR，其值小于 0.05 表示模型拟合较好，并且值越小表示模型拟合越好；对于相对拟合指标中的增值适配指数 IFI 大于 0.9 表示模型拟合较好，越接近 1 表示模型

---

①　吴明隆：《结构方程模型——AMOS 的操作与应用》，重庆大学出版社 2009年版。

拟合越好。由此，本书的绝对拟合指标、相对拟合指标、调整拟合指标的各项指标数值均在可接受的范围内，且理论模型的 AIC 值小于独立模型和饱和模型的 AIC 值。因此，模型整体上拟合得很好，与样本数据的契合度可以接受，进一步说明本书的理论分析所建立的模型正确，个体认知偏差、行为偏差、情报交互、外部性约束、情报分析效能五个潜变量与观测指标之间的因果关系显著。这些为后续的结构方程模型分析提供了很好的依据。

表4—7　　　　　　　　　验证性因子分析拟合指标值

拟合指标	绝对拟合指标				相对拟合指标				调整拟合指标	信息指数
	RMR	GFI	CMIN/DF	RMSEA	NFI	IFI	CFI	RFI	PNFI	AIC
本模型	.026	.901	1.969	.057	.978	.989	.989	.973	.805	456.614
饱和模型	.000	1.000			1.000	1.000	1.000		.000	462.000
独立模型	1.637	.058	72.88	.489	.000	.000	.000	.000	.000	15348.38
拟合标准	<.05	>.90	<3	<.05	>.90	>.90	>.90	>.90	>.05	

资料来源：笔者整理。

第三节　调查结果

一　结构方程模型拟合

通过上述的分析，便可对建立的情报分析效能与个体认知偏差关系的结构方程模型进行求解。主要通过 AMOS 17.0 统计软件对样本数据进行拟合，求解出个体认知偏差、行为偏差、情报交互、外部性约束、情报分析效能之间的路径系数，个体认知偏差、行为偏差、情报交互、外部性约束、情报分析效能与对应观测指标之间的载荷系数。最初模型求解的结果并不显著，可能原因是结构路径存在一些问题、结构方程中某些误差项之间存在相关关系。对全模型进行修正，使得模型更具有现实意义和解释意义，包括对模型进行了小范围的扩展及限制。最终，模型中的各项拟合指标的取值均落在理论模型与样本数据契合的区间内（由 Amosoutput 文件读取），表明修正后的理论模型是合理的，并得到最终理想的拟合结果，如图 4—6 所示。

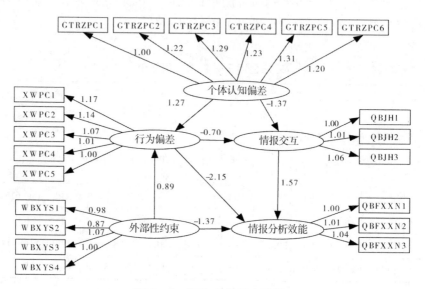

图 4—6　结构方程拟合路径

资料来源：笔者整理。

　　图 4—6 中潜变量之间的回归系数称为路径系数，代表潜变量之间的影响大小。例如，行为偏差对情报分析效能的影响系数是 -2.15，表明行为偏差对情报分析效能的直接影响较大。而个体认知偏差对情报分析效能的影响则通过行为偏差和情报交互间接影响，根据总效应=直接效应+间接效应的原则，个体认知偏差对情报分析效能的影响将会更大。潜变量与观测指标之间的回归系数称为载荷系数，代表观测指标对相应潜变量的影响大小。图 4—6 中路径系数的正负关系基本上验证了本书所设立的研究假设。整个模型变量间的因果关系、回归系数的估计值、估计值的标准差、t 统计量、显著性结果，如表 4—8 所示。

表 4—8　　　　　　　　　**结构方程模型中的回归系数估计值**

变量	因果关系	变量	估计值	标准差	t 值	显著性水平	显著性结果
行为偏差	<---	个体认知偏差	1.270	.025	49.863	＊＊＊	显著
行为偏差	<---	外部性约束	.885	.015	59.839	＊＊＊	显著
情报交互	<---	行为偏差	-.703	.031	44.890	.092	不十分显著
情报交互	<---	个体认知偏差	-1.370	.112	-12.263	＊＊＊	显著
情报分析效能	<---	外部性约束	-1.370	.112	-12.263	＊＊＊	显著
情报分析效能	<---	行为偏差	-2.15	.236	-1.687	＊＊＊	显著
情报分析效能	<---	情报交互	1.570	.204	10.470	＊＊＊	显著
XWPC5	<---	行为偏差	1.000				
XWPC4	<---	行为偏差	1.014	.011	89.250	＊＊＊	显著
XWPC 3	<---	行为偏差	1.069	.014	74.145	＊＊＊	显著
XWPC 2	<---	行为偏差	1.142	.022	51.653	＊＊＊	显著
XWPC 1	<---	行为偏差	1.168	.016	72.305	＊＊＊	显著
WBXYS4	<---	外部性约束	1.000				
WBXYS 3	<---	外部性约束	1.069	.014	74.145	＊＊＊	显著
WBXYS 2	<---	外部性约束	.871	.027	32.598	＊＊＊	显著
WBXYS 1	<---	外部性约束	.982	.029	34.288	＊＊＊	显著
QBJH1	<---	情报交互	1.000				
QBJH2	<---	情报交互	1.014	.011	89.250	＊＊＊	显著
QBJH3	<---	情报交互	1.069	.014	74.145	＊＊＊	显著
QBFXXN1	<---	情报分析效能	1.000				
QBFXXN2	<---	情报分析效能	1.014	.011	89.250	＊＊＊	显著
QBFXXN3	<---	情报分析效能	1.04	.011	89.250	＊＊＊	显著
GTRZPC3	<---	个体认知偏差	1.29	.031	44.890	＊＊＊	显著
GTRZPC4	<---	个体认知偏差	1.234	.032	40.210	＊＊＊	显著
GTRZPC2	<---	个体认知偏差	1.22	.031	41.002	＊＊＊	显著
GTRZPC1	<---	个体认知偏差	1.00				
GTRZPC6	<---	个体认知偏差	1.20	.025	49.863	＊＊＊	显著
GTRZPC5	<---	个体认知偏差	1.31	.031	44.890	＊＊＊	显著

注："＊＊＊"表示 0.01 水平上显著，C.R 值即 t 值。

资料来源：笔者整理。

从表4—8可以看出，除行为偏差对情报交互的影响未达到在
0.01水平上显著，其余变量之间的关系在0.01水平上均具有统计
显著性。若将显著性水平降低些，可以得到模型中所有变量之间的
关系是具有统计显著性的，即说明个体认知偏差、行为偏差、情报
交互、外部性约束对情报分析效能的影响是显著的，各个观测指标
对相应的潜变量的影响也是显著的。

二 假设验证

根据图4—6与表4—8的结果，得到研究假设的检验结果，如
表4—9所示。

表4—9   假设检验结果

假设	内容	结果
H1	个体认知偏差对行为偏差具有正相关关系	得到验证
H2	个体认知偏差对情报交互具有负相关关系	得到验证
H3	行为偏差对情报交互具有负相关关系	得到验证，但不十分显著
H4	行为偏差对情报分析效能具有负相关关系	得到验证
H5	外部性约束对行为偏差具有正相关关系	得到验证
H6	外部性约束对情报分析效能具有负相关关系	得到验证
H7	情报交互对情报分析效能具有正相关关系	得到验证

资料来源：笔者整理。

由此，本书的七条研究假设均得到验证，其中有六条研究假设
验证结果比较显著，即个体认知偏差和外部性约束对行为偏差具有
正相关关系，个体认知偏差对情报交互具有负相关关系，外部性约
束对情报分析效能具有负相关关系，情报交互对情报分析效能具有
正相关关系，行为偏差对情报分析效能具有负相关关系，说明模型
具有很好的拟合度和可信度，能够反映现实客观规律。

三 假设分析

（1）个体认知偏差对行为偏差具有正相关关系，影响系数为

1.27。情报分析人员由于存在着代表性启发、易得性启发、定型效应等一系列认知偏差，所以会产生遗漏信息、回避疑虑等行为上的偏差。问题产生的根源在于人类认知的有限理性，不可能对事物实现完全的认知，切斯特·I.巴纳德（Chester I. Barnard）早在1938年出版的《经理人员的职能》一书中就详细阐述了有限理性人假说[①]，1947年古典决策理论的代表人物赫伯特·西蒙（Herbert Simon）在《管理行为》中也对"完全理性的经济人"假设提出了质疑：人们通常都不可能获得与决策相关的全部信息，况且人的大脑思维能力是有限的，因此任何个人在一般条件下都只能拥有"有限理性"[②]。所以情报分析机构应加强对情报分析人员思维能力的训练，鼓励创新和发展，跳出固定框架，提高分析人员的素质，使情报分析人员尽量减少由于自我认知造成的情报分析行为偏误。

（2）个体认知偏差对情报交互具有负相关关系，影响系数为－1.37。当情报分析人员很少与外界（包括信息用户和情报制造者）进行信息沟通时，势必会难以把握所要分析的信息，出现理解性错误。个体认知偏差的纠正有赖于情报分析人员的有效沟通，情报分析机构信息交互与信息反馈制度的建设也是防止出现个体认知偏差的一个有效措施。

（3）行为偏差对情报交互具有负相关关系，影响系数为－0.703。这个假设虽然得到验证，但是显著性并不高，情报分析需要对海量信息进行高效分析处理，这是情报部门的核心能力。[③] 由于情报交互中需要将获取的各种原始信息和决策有机地联系在一起，使原本毫无结构、零散的信息成为能够指导决策的体系明晰、逻辑紧密的情报。在这个过程中，回避疑虑以及误漏信息等行为偏差很容易会造成情报交互的失真现象，而情报交互的不畅通则是造成行为偏差的潜在原因。所以在情报交互的过程中行为偏差的纠正有赖于及时

---

① Barnard C. I., *The Functions of The Executive*: 30th Anniversary Edition, Cambridge: Harvard University Press, 1968, p. 40.

② Simon H. A., *Administrative Behavior*, New York: Macmillan, 1947, p. 28.

③ 赵凡：《国外咨询情报机构战略情报分析方法比较研究》，《情报杂志》2008年第27卷第3期。

协调好情报分析员和情报用户之间的关系；同时也应加强情报交互平台的建设，通过技术手段减少行为偏差。

（4）行为偏差对情报分析效能具有负相关关系，影响系数为-2.15。说明行为偏差对情报分析效能具有很大的影响。行为偏差是指在进行情报分析工作时不由自主地受到认知过程、情绪过程、意志过程等认知心理的影响而出现认知陷阱或出现与理性行为不一致的行为。[①] 行为偏差直接影响了情报分析的效能，给情报分析的成功带来不良的影响。很多情报分析机构对于行为偏差规避与应急机制上有所欠缺，如何建立符合情报分析要求的行为损失规避机制也是情报机构应当解决的问题。

（5）外部性约束对行为偏差具有正相关关系，影响系数为0.89。外部性约束主要指情报分析工作中受到来自社会环境、技术环境、组织环境等的压力。为了减少约束所导致的偏差，应该完善组织文化的建设，对于金字塔型的组织结构加以改造，鼓励不同意见，增加群体分析主体的多样性，增进交流，保证方案的完整性；同时在情报分析工作中加以辅助性的情报分析工具和情报分析方法，诸如采用一些人工智能软件对垃圾信息进行信息过滤等，减轻情报分析人员的认知负荷，减少由于负荷过重导致的减压性行为偏差。

（6）外部性约束对情报分析效能具有负相关关系，影响系数为-1.37。一般认为外部约束应当是对情报分析有着直接的影响，使得情报分析人员信息收集和信息处理的困难加大，无法准确全面地获得其所需要的信息。外部性约束又取决于情报分析人员自身的行为和情报交互情况（行为所致的信任程度以及交互所致的理解程度），所以外部性约束最终还是归结到行为和交互上，因此情报分析机构需要增进交互，完善相关制度和文化建设。

（7）情报交互对情报分析效能具有正相关关系，影响系数为1.57。情报分析员在与信息用户以及情报制造者交流的过程中，由

---

① 胡旭微、林小专：《基于认知偏差的中小企业融资困境研究——来自浙江中小企业问卷数据的分析》，《浙江理工大学学报》2011 年第 28 卷第 2 期。

于信息噪音的存在以及信息交流渠道不畅会直接造成对情报分析工作的失败。所以情报机构应该加大技术设施的投入，尽量减少信息传输过程中的信息噪音，同时应该加强对于情报分析人员服务技能和服务态度的培训，重视不同文化背景的信息差异，疏通情报交互渠道，保证情报交流和反馈的畅通。

　　总体上看，个体认知偏差最终会影响情报分析的效能，一方面通过行为偏差影响情报分析，另一方面通过情报交互路径对情报分析产生影响。根据总效应＝直接效应＋间接效应原则，个体认知偏差对情报分析的作用在间接效应相乘的过程中会翻倍，最终对情报分析的成功与否产生深远的影响。因此，纠正情报分析中存在的个体认知偏差是解决情报分析失误的核心和根源。只有从纠正个体认知偏差入手，才能减少情报分析中存在的种种行为偏差，促使情报分析机构的情报交互更加有效，使情报分析人员和信息用户、情报制造者建立起良性互动，实现双赢的格局，最终有效地提升情报分析的效能。

第四节　讨论与小结

　　现代情报分析环境的快速变化和复杂性使得情报分析的最终效用受到多方面因素的影响，而在市场经济整体要求高效率、高效用、低成本的情况下，必须快速聚焦问题，迅速做出反应。本章从认知心理学的视角出发，将由认知产生的心理偏差和行为偏差作为观察点，根据文献梳理，考量了个体认知偏差、行为偏差、情报交互情况、外部性约束相关变量之间的影响关系，以期了解各个因素间的影响路径，为情报分析者提供更为科学、高效的分析方法。也为本书其后开展的情报分析模型研究和纠偏研究提供一定的思路和借鉴，最终提高情报分析的效率和效果，为更加科学和有效地决策服务。

　　本章实证研究的结论与贡献主要体现在以下几个方面。

　　第一，通过大量查看和梳理以前学者对情报分析和情报失察、认知偏差等研究的文献，通过李克特问卷形式建立了 21 个具体的考量指标，并对受访者的行业分布、工作年限分布、年龄分布、职业分布、专业背景分布进行了解，对不同的分布导致情报分析的可能影响进行了简要解释说明，同时结合实际情况进行了实际的数据调查和分析，为以后的研究提供了数据支持。

第二，借鉴了行为金融学的研究成果，将与个体认知偏差息息相关的行为偏差、外部性约束、情报交互等融入情报分析过程，运用结构方程建立一个通用的情报分析路径关系图。本章在充分理解情报分析和认知偏差的本质特征和功能的基础上，对情报分析的相关变量进行了界定。从情报分析的认知偏差出发，利用李克特量表获得相关数据，并通过量化的推演得到各个变量之间的关系路径。在对相关关系进行合理组织和数据处理的基础上，对各个关系数据进行了分析，对假设进行了验证，为提出一个通用的情报分析模型提供一个可借鉴、可操作的参考。

第三，为进一步考察认知心理学视角下情报分析关键成功因素提供了细分工具。过去在研究情报分析时，要么没有清晰分辨情报分析中的相关要素，要么只从单方角度或者个人认知角度来研究情报分析中的失察情况。这样对深入理解情报分析中的偏差势必造成一定疏漏，而由此得出的研究结论也容易受到质疑。例如，在本书中"行为偏差对情报交互具有负相关关系"这个假设虽然得到验证，但是显著性并不高。在过去的研究中，我们通常通过定性的认知，来推测二者的关系，却并不能直观了解二者的关系程度和关系路径。因此，清晰地界定情报分析中的相关要素，通过量化实证方式了解具体的影响路径，为研究者进一步考察认知心理学视角下情报分析行为提供了很好的细分工具，为进一步构建相关因素影响模型、提出纠偏方法提供可借鉴依据和可参考模式。

本章对情报分析与个体认知偏差进行了实证研究，用定量的方法揭示了情报分析与个体认知偏差之间的影响关系，对国内相关的理论研究提供了良好的补充，结构方程模型的应用可以说是本书的一种尝试。本章虽取得了一些成果，但由于时间、资源等客观条件的限制，仍然存在局限。

在研究情报分析与个体认知偏差二者之间影响关系时，考量了行为偏差、外部约束性、情报交互的相互关系。除了这些因素之外，是否还有其他因素也能构成相互影响关系，以使得文中的模型更加充实或更加准确，本书缺乏进一步的探讨和思考。其次，在构建各潜变量的测量指标时，由于国内外直接研究成果较少，在构建测量指标时缺乏充分的资料参考，本书是基于文献的基础上，进行抽取、总结和借鉴的。书中虽详细给出了每一个测量指标的理论来源，但并非每一个测量指标的理论来源都是直接的理论来源，有些是总结、抽取的结果，故而有些测量指标可能缺乏进一步的揣摩。

在利用问卷调查分析我国情报分析人员在情报分析工作中存在的个体认知偏差的情况时，虽然选取的调查人员具有代表性，但总体基数不大，因而调查所得的样本数据具有一定的局限性，无法代表更多人的意见。一般来说，数据量越大，模型拟合的结果越准确。数据的缺乏性可能是导致本书中一条研究假设不能得到显著验证的原因之一。其次，文中结构方程模型在拟合过程中也遇到一些困难，修改、剔除个别数据也是在所难免的。

本章主要对情报分析与个体认知偏差的关系进行了探讨，从实证角度揭示认知模式与情报分析结果之间的因果关系，考察个体在情报分析过程中存在认知偏差现象以及这些偏差是如何影响情报分析结果的。研究内容很具体，也只是课题研究系列之一。

如何更深层次地剖析情报分析模型，不是仅限于与个体认知偏差的关系，而应当在更大的视角下研究，寻找突破口。同时，以往的研究多是将分析员的认知过程纳入情报分析中，考虑人的认知行为对情报分析的作用机制，但只是停留在情报分析研究的框架中去应用认知心理学，而没有跳出这个框架，因而仍然不够深入。接下来的研究应当在普遍的认知心理学视角下，不局限于某些具体方面，并要从系统角度、整体角度，构建情报分析模型。目前的想法是：在认知心理学视角下，从最初的用户需求输入，到最终的情报产品输出，考虑情报分析关键成功因素，构建认知心理学视角下的情报分析模型，从更宏观的角度研究情报分析模型。

第五章

认知心理学视角下
情报分析模型构建

世界飞速变化，互联网和信息技术的快速发展使人类进入了名副其实的大数据时代。海量数据信息的迅猛增长、各种便携式信息设备与技术的流行、信息需求的社交化和个性化都为信息的有效采集、分析和管理带来了很大的难题。正如奈斯比特所说："我们周围充满了信息，但却缺少真正意义上的情报。"如何从海量的信息中挖掘出情报，作为情报研究的一个重要的分支，情报分析在信息的利用与增值上发挥着重要作用。[1] 随着互联网的普及和推广，情报分析越来越注重网络情报的获取，通常采用两种分析模式，首先是通过软件进行计算机海量信息过滤，主要滤除无用信息，再采用人工模式进行情报分析，这也说明了情报是人类智能的体现。[2] 本章首先梳理现有的情报分析模型，指出现有分析模型的不足，进而在情报分析影响要素的基础上，提出认知心理学视角下的情报分析模型。

第一节　现有情报分析模型概况

一　国内外主要情报分析模型概述

各类情报分析模型的提出为结构性、系统性的情报分析奠定了

---

① 徐芳：《情报分析方法研究进展》，《情报理论与实践》2009 年第 32 卷第 8 期。
② 维基百科：《情报分析》（http://zh. wikipedia. org/wiki/%E6%83%85% E6% 8A%A5%E5% 88%86%E6%9E%90）。

基础，使情报分析更具效用性，在情报分析中的重要作用更是不言自明。对情报分析模型进行一番梳理，具有一定的理论与现实意义：一方面可以回顾情报模型研究的进展，丰富情报模型研究的理论体系，这是情报学理论建设的自身需要；另一方面，可以为各领域的情报分析实践活动提供方法的指导，以便快速、准确地从海量信息中分析出有用的情报，提高情报分析的效率，最大限度地增加情报的附加值。

综观国内外各位学者对情报分析的研究，虽然提出了相应的情报分析模型，但都没有对情报分析模型进行系统性的定义。笔者根据前人的研究成果，尝试性地定义情报分析模型为：根据特定的需求，将情报分析纳入系统化过程，并能够将信息转化为情报产品的一种结构。根据这个定义，本书理解的情报分析模型有以下意义：首先，它是满足全面性、完整性和系统性的一种结构；其次，它将情报分析纳入一个通用可操作的过程中；最后，通过系统化处理，得到满意的情报产品。情报分析模型的建立能够将情报分析的各个环节步骤化，将情报分析过程中存在的问题明确化，将情报分析方法或技术针对化，有利于情报分析人员避开存在的问题，就获取的信息进行程序化的分析，提高情报分析效率，得到较高质量的情报产品。在提出情报分析模型之前，本书先将国内外主要的情报分析模型进行归纳总结。

（一）情报分析的通用模型

情报分析中的通用模型是指一个开放式标准，它定义了在广义环境中的受控元素如何被表示为一组通用的对象以及这些对象之间的关系。其目的是在不同的组织之间为受控元素的管理提供一种一致的方法。[①] 此类模型的主要特点是结构简单，具有普适性。如包昌火、王秀玲等学者将情报分析（情报研究）的基本含义表述为：根据特定的需求，通过系统化过程，将信息转化为情报的一种科学活动的统称，即 Information 的 Intelligence 化，关键点是信息与情报

---

① 毛鹏等：《公共信息平台的数据访问服务设计》，《电力自动化设备》2010 年第10 期。

循环转换，其基本模型如图 5—1 所示。①

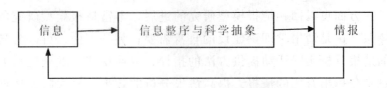

图 5—1　情报分析的基本模型

资料来源：包昌火、王秀玲、李艳：《中国情报研究发展纪实》，《情报理论与实践》2010 年第 1 期。

（二）情报分析的认知模型

通过文献梳理发现，国外基于认知视角的情报分析的相关研究颇为丰富，其研究始于 20 世纪 70 年代，持续到 20 世纪 90 年代。拉弗伯瑞（Lefebvre）指出："情报分析的核心问题存在于分析师的思想里，存在于他的认知过程中，以及他的层级结构中。"② 情报分析是情报循环（情报过程）的一个重要组成部分，根据 FBI 情报指挥部的定义③，情报循环包括以下阶段：识别决策者的情报需求、情报规划与指导、情报收集、情报处理与开发、情报分析与出版产品、情报传递。显然，各个阶段都需要通过情报分析人员的论证、筛选及综合分析，最终得到情报产品。因此，情报分析是一项复杂的认知过程。由于思维、偏见和其他主观因素，人的认知偏差在情报分析过程中可能比在其他类似的知识工作者活动中更加明显，因为在脑海中所想的会直接影响情报分析人员关于情报问题的识别和感知，同时也影响情报分析人员关于信息的真实性和有效性的评估

---

① 包昌火、王秀玲、李艳：《中国情报研究发展纪实》，《情报理论与实践》2010 年第 1 期。

② Lefebvre S. J., "A look at intelligence analysis", *International Journal of Intelligence and Counterintelligence*, Vol. 17, No. 2, 2004, pp. 231-264.

③ FBI, Intelligence Cycle, http://www.fbi.gov/about-us/intelligence/intelligence-cycle.htm.

以及选择来解释、估计或预测的方法和工具。① 美国中央情报局资深军事情报专家霍耶尔也曾指出：无论是普通人还是情报分析人员，都强烈地受到过去的经历、教育、文化价值观和自身角色以及感官记录刺激的影响。② 因此，获得高质量的情报产品，必须更好地理解、改变并指导情报分析人员的认知心理过程，纠正情报分析人员存在的认知偏差。各位学者针对此视角提出了相应的情报分析模型。例如菲利普斯等人提出情报分析是一项复杂的认知心理过程，并提出情报分析认知模型：以情报分析为中心，通过问题定义—计划制订—情报采集—情报选择—情报整合—情报认证—问题定义的一个循环模型，并以感觉、知觉、注意与控制、记忆、思维、想象为内部机制进行处理，此分析模型充分考虑了认知心理学在情报分析过程中的作用机制。③ 汤普森等人提出了基于认知过程的情报分析描述性模型④，确定了情报分析工作流程，如图5—2所示。其模型与菲利普斯等人提出的有类似之处，但模型过程较为简单，且思考的角度略有不同。

此外，克拉克和蔡斯（H. H. Clark & W. G. Chase）提出图文转换模型⑤，主要目的是避免情报分析过程中可能出现的认知偏差。美国情报认知观代表人物德文（Dervin）曾提出了情报认知观的意义建构理论⑥，研究了人的认知观与情报分析过程的理论模型。波

---

① Duvenage M. A., *Intelligence Analysis in the Knowledge Age*, Stellenbosch：University of Stellenbosch, 2010.

② Heuer R. J., *Psychology of intelligence analysis*, Washing, DC：CIA Center For the Study of Intelligence, 1999, p. 4.

③ Phillips J., Liebowitz J., Kisiel K., "Modeling the intelligence analysis process for intelligent user agent development", *Research and Practice in Human Resource Management*, Vol. 9, No. 1, 2001, pp. 59-73.

④ Thompson J. R., Hopf-Weichel R., Geiselman R. E., *The Cognitive Bases of Intelligence Analysis*, Alexandria, VA：U. S. Army Research Institute for the Behavioral and Social Sciences, 1984, p. 10.

⑤ Clark H. H., Chase W G., "On the process of comparing sentences against pictures", *Cognitive Psychology*, Vol. 13, No. 3, 1972, pp. 472-517.

⑥ Dervin B., "Users as research inventions：How research categories perpetuate inequities", *Journal of communication*, Vol. 39, No. 3, 1989, pp. 216-232.

茨则强调尝试建立存取利用信息的模型①，从而对情报分析人员的认知过程的科学预测。

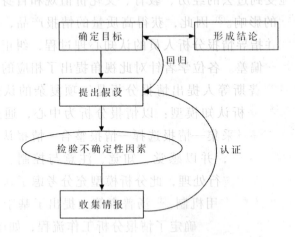

图 5—2 基于认知过程的情报分析描述模型

资料来源：Thompson J. R., Hopf Weichel R., Geiselman R., *The cognitive bases of intelligence analysis*, Virginia: Army Research Institute for the Behavioral and Social Science, 1984, p. 10.

　　我国情报工作研究者就认知视角下对情报分析起步较晚，始于20 世纪八九十年代，毕强等分析探讨了情报接收过程中的认知图式效应，② 揭示了情报接收活动的内在机制，为情报分析的相关研究奠定了一定的基础。周西平的《公安情报失误的认知心理分析》③、邢维慧等的《用户信息服务的认知心理分析》④，从某一角度研究认

　　① Potts G. R., "Storing and retrieving information about order relationships", *Journal of Experimental Psychology*, Vol. 103, No. 3, 1974, pp. 431–439.
　　② 毕强、纪晓萍：《论情报接收的内在机制》，《情报杂志》1994 年第 13 卷第 1 期。
　　③ 周西平：《公安情报失误的认知心理分析》，《图书馆学研究》2012 年第 21 期。
　　④ 邢维慧、袁建敏：《用户信息服务的认知心理分析》，《情报科学》2004 年第 22 卷第 11 期。

知心理与情报分析的关系。贺志刚的《情报分析人员的心理分析》①、韩志英等的《情报分析人员的元认知分析》②，从理论上研究认知心理与情报分析的关系。对于构建情报分析模型的研究较国外少，但也有一些较好的研究成果，如姚伟等的《跨越个体认知偏差的情报分析策略》，从认知角度构建了情报分析的认知结构模型，如图 5—3 所示；③ 其揭示了情报分析过程的认知活动中的组成成分及各成分间的相互作用。

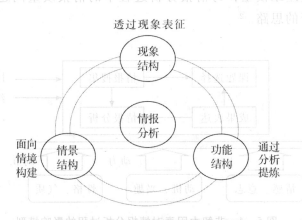

图 5—3　情报分析的认知结构模型

资料来源：姚伟、严贝妮：《跨越个体认知偏差的情报分析策略》，《情报理论与实践》2012 年第 35 卷第 10 期。

　　周鹏和韩正彪提出的非智力心理因素对情报分析的影响模型④，如图 5—4 所示。总结了非智力心理因素如情绪、意志、动机、性格等对情报分析过程影响的外部表现（支撑作用、动力作用、调节作用）。

---

① 贺志刚：《情报分析人员的心理分析》，《大学图书情报学刊》2007 年第 25 卷第 5 期。

② 韩志英、孙忠斌：《情报分析人员的元认知分析》，《现代情报》2008 年第 5 期。

③ 姚伟、严贝妮：《跨越个体认知偏差的情报分析策略》，《情报理论与实践》2012 年第 35 卷第 10 期。

④ 周鹏、韩正彪：《非智力心理因素对情报分析过程的影响机理》，《图书情报工作》2011 年第 55 卷第 16 期。

　　徐芳等结合国内外关于认知心理学与情报分析过程现有的相关研究成果和现代认知心理学的相关研究成果，构建了认知心理学的情报分析模型，整个模型包括社会因素、情报分析过程、认知过程以及情报分析认知系统，其工作流程主要是感觉过程、记忆过程、反应过程以及控制过程。整个模型的建立有利于提高情报分析效率与情报分析产品质量。① 另外，徐芳与严贝妮在回顾认知过程理论和 ACH 情报分析方法的基础上，构建认知心理学视角的情报分析过程质量差距模型，为情报分析过程中的情报质量问题研究提供了一种新的思路。②

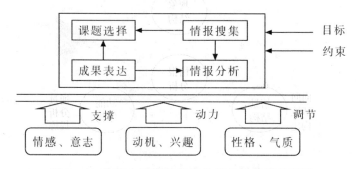

图 5—4　非智力因素对情报分析过程的影响模型

资料来源：周鹏、韩正彪：《非智力心理因素对情报分析过程的影响机理》，《图书情报工作》2011 年第 55 卷第 16 期。

（三）情报分析的流程模型

　　情报分析流程模型是将情报分析过程化、步骤化，是指情报分析工作从起始到完成，经由多个环节协调及顺序共同完成的完整过程。简单地讲，流程就是一组输入转化为输出的过程。管理学界认为：流程决定效率，流程影响效益。好的情报工作流程能够使工作良性开展，从而保证整体工作的高效运转；相反地，差的工作流程

────────────

　　① 徐芳、金小璞：《认知心理学视角的情报分析过程模型构建》，《图书情报工作》2011 年第 55 卷第 16 期。

　　② 徐芳、严贝妮：《认知心理学视角的情报分析过程质量差距模型构建》，《情报资料工作》2012 年第 3 期。

则会问题频出，造成资源的浪费和效率的低下。[①] 因此，设计、建立科学、严谨的工作流程并保持这些流程得到有效执行、控制和管理至关重要。美国学者利亚姆·费伊指出了情报分析人员对弱信号（隐藏在表象、文字、语言、数据、图像等）注意的分析过程模型[②]，如图5—5。其模型过程帮助情报分析人员对弱信号进行捕捉，提高了情报分析人员对这些隐藏信息的反应意识，从而获得高质量的情报分析产品。

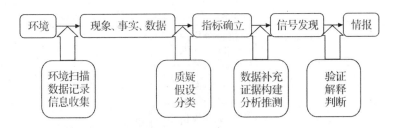

图5—5　情报分析人员注意弱信号分析过程模型

资料来源：［美］利亚姆·费伊：《竞争者：以才智、谋略和绩效制胜》，朱舟译，中国人民大学出版社2005年版。

奇克斯和泰勒进行大量的实验研究，尝试建立情报分析系统以及科学的情报分析模型，[③] 他们的工作为情报分析理论的研究开辟了新的空间，奠定了情报分析的实践基础。A. 罗德里格斯等人开发了一款团体情报分析软件——Angler，给出了情报分析的工作模型，如图5—6所示。[④]

---

① 吴建勋、冯新强、于海旭等：《以客户需求为导向的工作流程优化》，《企业管理》2012年第4期。

② ［美］利亚姆·费伊：《竞争者：以才智、谋略和绩效制胜》，朱舟译，中国人民大学出版社2005年版。

③ Cheikes B. A., Taylor M. F., *Eastwing structured argumentation pilot*, Bedford: MITRE Corporation, 2003, pp. 88–100.

④ Rodriguez A., Boyce T., Lowrance J., Yeh E., Angler: Collaboratively Expanding your Cognitive Horizon, http://130.107.64.109.

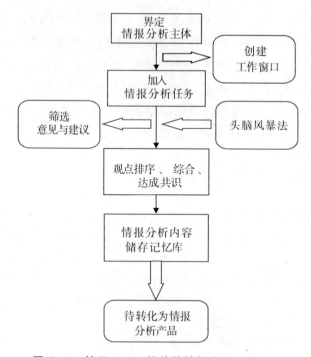

图 5—6   基于 Angler 软件的情报分析工作流程

资料来源：Rodriguez A., Boyce T., Lowrance J., et al., Angler: Collaboratively expanding your cognitive horizon, http：//130.107. 64. 109.

　　哈贝斯、皮罗利和卡德（Hutchins, Pirolli & Card）运用 CTA 方法理论对很多情报分析人员进行了重要研究，并对以前情报分析过程模型中没有出现过的各种静态自主性活动进行了定义，提出了皮罗利情报分析过程模型，如图 5—7 所示。[①] 这是一系列反馈回路和两类交互影响的活动组成的循环过程：（1）查找信息—搜索回路（搜寻信息，详细查看并筛选，理解并提炼有可能形成方案的信息）；（2）充分理解信息—解释性回路（对于来自方案中的与证据最相符的心理模型或概念的迭代发展）。[②] 此过程模型的价值在于情

　　① Pirolli P., *Assisting People to become Independent Learners in the Analysis of Intelligence*, California: Palo alto research center, 2006.
　　② Duvenage M. A., *Intelligence Analysis in the Knowledge Age*, Stellenbosch : University of Stellenbosch, 2010.

报分析人员可以在分析过程中检验他们的认知过程，找到关键点。此外，泽利克、帕特森和伍德（Zelik，Patterson & Woods）在2007 年开发了可以协助分析师对整个情报过程进行留心和思考的分析型精确模型。[①]

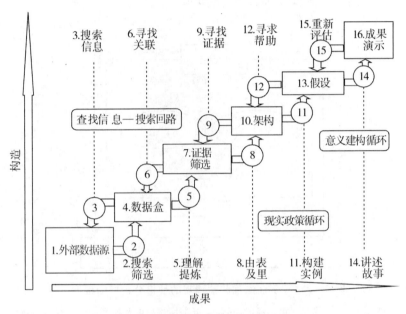

图 5—7　皮罗利情报分析过程模型

资料来源：Pirolli P., *Assisting People to become Independent Learners in the Analysis of Intelligence*, California：Palo alto research center, 2006.

（四）情报分析的反馈模型

情报学中最初发现反馈思想的是 1960 年马伦和库恩斯（Maron & Kuhns）提出的"与原始查询相近的特征项可以加到查询中，以便检索到更多相关的文献"[②] 的观点，最早将反馈思想引入信息检索

---

① Zelik D., Patterson, E. S., Woods D. D., "Understanding rigor in information analysis", In *Proceedings of the Eighth Annual Naturalistic Decision Making Conference*, 2007, pp. 1–4.

② Maron M. E., Kuhns J. L., "On relevance, probabilistic indexing and information retrieval", *Journal of ACM*, Vol. 7, No. 3, 1960, pp. 216–244.

系统设计中的是罗基奥（Rocchio），他提出了自动相关反馈的概念。① 我国学者王知津、周鹏等在控制论和社会科学中的反馈理论和模型以及情报学现有的反馈思想的基础上，提出了基于认知观和情境观的情报分析反馈模型②，建立了符合情报学自身特点的反馈理论和模型，其模型如图5—8所示。

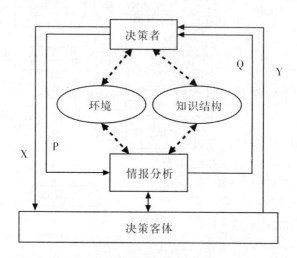

图5—8　基于认知观和情境观的情报分析反馈模型

资料来源：王知津、周鹏、韩正彪：《情报学反馈理论及模型：认知观和情境观视角》，《情报理论与实践》2011年第34卷第10期。

二　情报分析模型的特点

（1）从成因来看，情报分析模型的产生是为了实现一定的需求，也就是说情报分析模型是由需求驱动的一种情报分析手段和辅助性工具。根据不同的需求确定不同的情报分析模型和方法，如通用模型适用面广，具有很强概括性，适宜一般性的情报需求；认知模型将情报分析人员的认知考虑其中，认识到人的主体作用以及存

---

① Salton G., *The SMART retrieval system - experiments in automatic document processing*, NY：Prentice-Hall，1971，pp. 313-323.

② 王知津、周鹏、韩正彪：《情报学反馈理论及模型：认知观和情境观视角》，《情报理论与实践》2011年第34卷第10期。

在的缺陷，适宜对客观性要求比较高的情报分析需求；流程模型重在将分析过程程序化，有利于情报分析人员清楚地知道什么时候该做什么事，从而能提高情报分析工作的效率，适宜步骤和任务明确的情报分析需求；反馈模型将反馈思想引入分析中，重在反馈过程，利于决策者与决策客体之间的情报交互，降低情报分析过程差错。此类模型由于受众反馈的意见性信息直接或间接地反映和显示了其自身的接受动机、需求和心态，表明和体现了他们对信息的态度和评价，提出了应如何调节、修正当前与未来的分析行为的建议与意见，具有积极的作用。

（2）从方法和过程来看，情报分析模型广泛采用情报学和软科学研究方法，且都需要经过一系列相对程序化的环节。如美国学者克拉克在其《情报分析——以目标为中心的方法》一书中针对美国情报界在"9·11"事件和伊拉克战争中的情报失误，提出运用"以目标为中心"的情报分析方法，完善情报分析的逻辑过程，形成"确定目标—问题分解—建立模型—评估数据—填充模型—进行预测"的情报分析流程。在阐述上述流程时，作者也考虑了情报分析中的各类关键问题，如情报周期、反情报、情报分类、征候与预警、情报模型、情报来源、情报搜集、情报评估、预测方法、团队互动等。

（3）从成果和目的来看，情报分析模型是为了形成新的增值的信息产品，是为不同层次的情报分析工作和科学决策服务的。情报分析是对各种相关信息的深度加工，是一种深层次或高层次的信息服务，是一项具有研究性质的智能活动。[①] 而各类情报分析模型虽然在具体设计和操作上各有特色和侧重点，但是情报分析模型作为情报分析的一种手段和工具，起源于需求，最终作用于需求，具体表现就是信息的增值和为决策提供服务与支持。

三　情报分析模型研究的不足

对比现有的情报分析模型，也可以看出各个模型的一些不足，

---

① 维基百科：《情报分析》（http：//zh. wikipedia. org/wiki/%E6%83%85% E6% 8A%A5%E5% 88%86%E6%9E%90）。

本书将分为以下几点说明。

（1）从研究要素上来看，目前国内情报分析的研究虽然比较活跃，但与国外相比，国内情报分析研究在系统性、科学规范性、应用性方面仍不足。其研究主要集中在情报分析及其相关术语的定义、情报分析方法、情报分析人员认知等方面。仅少数文献对情报分析模型以及系统性的情报分析模型的运行及作用方面进行了研究。而对于认知心理学视角下整体性的情报分析模型的研究更是少之又少，现有情报分析模型中虽然将分析员的认知过程纳入情报分析中，考虑人的认知行为对情报分析的作用机制，但只是停留在情报分析研究的框架下去应用认知心理学，不够深入，依然存在很多问题。仅有的几篇认知心理学视角下的情报分析模型也基本上是基于步骤的情报分析流程模型，对于动态环境、组织文化、组织制度等要素对情报分析的影响都未做明确的考虑和研究。认知心理学应当说是一个完整、研究时间较早的学科，其领域内的学者有很多的好的研究方法及思路，情报分析工作者可以尝试从认知心理学框架下去研究情报分析，将认知心理学中好的研究方法应用上，或许会有意想不到的研究成果。

（2）从研究视角上来看，现有的情报分析模型虽然将其他学科或者领域的方法引入情报的方法体系中以求发挥更好更大的作用，但是基本上是概括性地介绍了其他学科的一些方法和理论，缺少实际调研和实践印证性研究；同时也缺乏从宏观角度的整体性的情报分析模型研究。随着情报分析环境的动态化，情报分析工作越发具有复杂性和开放性，需要借鉴大量其他学科的研究成果。A. 罗德里格斯等人开发的一款团体情报分析软件，给出的情报分析的工作模型，[①] 利用计算机学科的知识开发软件实现分析过程，减轻了情报分析人员的工作量，但在机器与人之间能否找到一个好的平衡点是值得商榷的，因而得到情报产品的质量是不是所求的也是值得思考的。利亚姆·费伊提出的情报分析人员借鉴动力系统的理论，注

---

① Rodriguez A., Boyce T., Lowrance J., Yeh E., Angler: Collaboratively Expanding your Cognitive Horizon, http：//130.107.64.109.

意弱信号分析过程模型,① 但也只是针对弱信号建立的分析模型,对于非弱信号的分析模型没有给出解答。相较于国外,我国在引进其他学科视角和知识方面仅止步于简单的代入式研究,缺乏进一步的研究工作。

(3) 从研究方法上来看,现有的情报分析及情报分析模型研究基本上是泛泛而谈,定性研究居多,缺少定量研究。纵观国内学者与国外学者针对这一研究领域发表的文献不难看出,国外学者的实践性、应用性、技术性研究更强;反观国内文献,应该清醒地看到有些文献并未真正把握这一领域的研究内涵,真正做到将基于认知心理学视角的情报分析模型与方法以及情报分析中设计的方方面面的影响因素全面进行阐释的文献则相对较少。这一问题的出现,也暴露了我国情报分析工作和情报分析研究虽然已初具规模,但是他们所开发或者研究出来的情报分析模型或系统,并未投入广泛的情报分析工作与应用中。而像兰德公司提出的离散选择模型、美国能源部能源信息管理办公室(The Energy Information Administration,EIA) 提出的短期综合预测模型(the Short-Term Integrated Forecasting model,STIFS)、加拿大科技信息研究所提出基于数字信息流的信息分析模型,都做了大量的实证研究工作和定量研究工作,也得到了很好的推广和应用。

应该说,对于未来情报分析模型的构建来说,应该充分重视实践性和可应用性,降低而不是提高应用人才的门槛,降低而不是提高应用开发难度,降低而不是提高应用运行成本。高效率地生产出质量高、价值大的情报信息产品以及新型的信息服务,以便更好地满足用户的信息需求,提高情报工作的效率和效益,真正实现信息的增值。

现有情报分析的不足是本书的一个出发点,也是本书想要解决的一个问题。本书旨在原有的认知心理学视角的情报分析模型下,建立全面的、系统的情报分析模型,结合情报分析成功的关键影响因素,

---

① 〔美〕利亚姆·费伊:《竞争者:以才智、谋略和绩效制胜》,朱舟译,中国人民大学出版社 2005 年版。

并且能够通过模型的运行与控制，尽可能获得高质量的情报产品。

第二节 认知心理学视角下情报 分析影响因素分析

情报分析模型是由用户需求驱动的，具体表现在情报分析的过程中。要构建一个好的情报分析模型，需要对于情报分析的影响因素进行全面调查与分析，因此本书应用因子分析法（Factor Analysis）来确定情报分析的影响因素。因子分析法是从研究变量内部相关的依赖关系出发，把一些具有错综复杂关系的变量归结为少数几个综合因子的一种多变量统计分析方法。它的基本思想是将观测变量进行分类，将相关性较高，即联系比较紧密的分在同一类中，而不同类变量之间的相关性则较低，那么每一类变量实际上就代表了一个基本结构，即公共因子。① 利用因子分析可以将复杂无序的测度指标体系和结构进行简化，使最后得出的指标具有较强凝聚性和更强的关系性，有助于指标的客观化和实用化。

一 关键影响因素指标

本书在前文广泛文献调查与情报分析模型实施案例的调查基础之上，将情报分析影响要素实证研究过程分两个阶段：第一个阶段是设立专家访谈，通过统计专家对于情报分析工作与过程的感受以及基于专家的经验和实践的要素分析，获得情报分析关键要素评价指标。通过专家访谈的方法获得的指标具有一定的权威性，但是由于样本量较少且理论性较强。故第二阶段在第一阶段的基础上采用问卷法，对前一阶段的研究成果进行实践上的补充，通过李克特量表形式获取数据并进行分析。

本次研究于 2013 年 8 月 15 日开始前期准备工作，于 2013 年 9 月 18 日开始正式专家访谈表设计，并于 10 月 11 日完成专家实际访谈，对所得数据进行统计、分析。通过专家访谈以及综合前期文献

---

① 王殿海：《交通流理论》，人民交通出版社 2002 年版。

调研成果，于 2013 年 10 月 12 日—11 月 15 日形成问卷并进行发放和回收。

（一）专家访谈设计

"访谈法"，顾名思义是指通过访问人与受访人面对面的交谈来采集相关的学术资讯的一种研究方法。有学者指出："一般认为，访谈实际上是一种研究性交谈，是以口头形式，根据被询问者的答复搜集客观的、不带偏见的事实材料，以准确地说明样本所要代表的总体的一种方式。"① 通过专家访谈法获得的指标具有一定的权威性，对于本书前期微观定性的研究具有很好的效果，也为后面的问卷定量实证工作打下了基础。本书通过与专家面对面交流的方式，对谈话进行记录，根据后期的整理和分类，通过内容萃取的方法选取要素，对要素进行规范化设定，萃取出指标体系。本次访谈选择 20 名图情领域的教师与博士以及情报分析工作人员，这些专家既有图情领域的情报分析教学者或者研究者，也有情报分析实践者和工作者，其对情报分析的认识更加深入，能够根据研究的侧重以及实践的经验提出不同的认识和见解。通过与他们面对面的交流和沟通，得出具有代表性的评价指标，为指标的设立和维度的划分提供了重要依据。

针对想要得到的指标，在访谈提纲中提出了相应的访谈内容（见附录 B）。在进行访谈之前，会提前将访谈提纲发送给相关专家，以便专家们对课题进行了解和思考，确保客观和充实的访谈结果。

（二）访谈指标整理

由于本书的专家访谈流程是为后面的问卷做理论准备，所以并没有选择目前专家访谈比较通用的内容分析法，进行严格的定量分析和编码，而是将定量分析放到问卷处理中。对于专家访谈指标的萃取，本书主要是由项目组成员仔细阅读每一个访谈文字材料后，根据访谈的内容进行分析和整理，对专家的访谈资料进行补充和完

---

① 吴雁：《访谈法在教育研究中的应用》，《上海师范大学学报》（基础教育版）2010 年第 6 期。

善，对说法不同但是表意相同的词句进行归类，对于部分表述不明的说法赋予通用表达文字，对不相关表述文字进行剔除，最后形成专家访谈内容初步萃取表，该表由关键性词句以及提及次数构成，见表5—1所示。

表5—1   **专家访谈指标萃取**   单位：人

指标名称	提及人数	指标名称	提及人数
情报分析主体	20	信息沟通	11
情报流程	12	反馈及时性	13
组织文化	14	信息合理开发利用	9
分析环境	15	系统性分析工具	14
组织制度	17	专门性纠偏方法	12
用户需求	18	信息基础设施配备	8
分析人员素质	9	清晰的分析目标	11
全面互补的人员结构	9	信息可获取性	13
分析人员工作能力	10	合理的信息基准	7
信息交互	11	客观的分析假设	7
有效的信息评估和识别	8	信息建设成本	8
合理的信息组织	9	有序的信息揭示	12
协同共享的信息平台	7	开放统一的信息操作系统	6
系统交互性	6	信息效用	13
分析人员认知过程	17	分析目标的有效识别	11

资料来源：笔者整理。

通过此次访谈和统计，对情报分析和相关因素有了新的发现。专家们对情报分析和情报分析工作由于个人实践和认知的差异有着不同的理解，但大多数人都从情报主体、信息本身和外界环境几个角度进行了解释。并且很多专家认为情报分析主体承载着用户和信息，主体的素质和能力以及认知流程对情报分析起着关键作用，与此相关的交流反馈制度、组织文化以及情报分析流程等也对情报分析效用起着重要作用。

二　关键影响因素提取

（一）数据收集

1. 收集方法

因子分析法的目的是要把多个测度总合成一个变量，简单地说就是用多个问题来测量一个概念。[①] 要从这些细化的概念（在心理学上也称概念空间）中选择合适的表达方式，使这些表达方式作为一个整体项更好地反映一个不可以直接测量的心理变量，就需要进行量表开发与设计，使用调查问卷法获取实证研究所需数据。唐纳德（Donald）等研究发现，随着问卷等级增加，调查对象态度的连续分布划分为几个等级的化整误差（roundingerror）变小，使调查结果更加准确，但容易使调查对象产生应答疲劳，增加调查的无应答偏倚。如果调查重点在于个体的态度和行为，应设置5—7级；测量人群的平均水平时，2级或3级量表也适宜。[②] 由于本书面向的问卷调查对象具有一定的专业性，问卷填写人员对于题目的认知效果比较好，所以综合考虑问卷调查的敏感度和辨别性以及避免由于等级过多造成的应答疲劳，本书问卷调查的量表所有问项采用五级李克特量表（见附录C）。所有问项采用一般陈述形式，回答者对于这些陈述分为"1（没有影响）、2（影响很小）、3（影响一般）、4（影响较大）、5（影响很大）"五类回答。项目组成员通过这些回答以收集受访者在态度上和认知上的差别数据。

2. 问卷收集步骤

本书采用李克特五级量表设计了情报分析影响因素的调查问卷，问项的设置理论来源为前期的专家访谈数据以及文献数据。通过对问卷进行整理和分析后，结合部分专家的反馈，对问卷进行最

---

① 徐云杰：《社会调查设计与数据分析——从立题到发表》，重庆大学出版社2011年版。

② Lehmann D. R., Hulbert J., "Are three-point scales always good enough", *Journal of Marketing Research*, No. 9, 1972, pp. 444-446.

终修正，确定问项为 24 项，并最终形成正式的自填形式的专家问卷。问卷设计完毕后，通过专业问卷填写网站"问卷星"的特定人群限定发放功能、电子邮件、纸质问卷三种形式进行大规模发放。发放对象选择国内高校中研究情报分析的学者、情报科研机构工作者、企业情报分析工作人员。发放时间为 2013 年 10 月，回收时间为 2013 年 11 月，共发放问卷 240 份，回收问卷 205 份，回收率为 85.4%。其中有效问卷为 197 份，有效回收率为 82.1%。

本次调查问卷共 24 个问项，有效问卷共 197 份，达到戈萨奇（Gorsuch）提出的问项与调查对象 1∶5 的比例标准。在进行正式数据处理之前，项目组成员对于问卷中由于调查对象疏忽或者由于技术性问题产生的缺失值进行了预处理。本次调查对象的选择比较有针对性，且问项和等级也在合理范围内，所以仅有很少数据遗漏，可采用平均值填充的方法补足缺失值。

（二）数据处理

经上述问卷的回收与处理，形成样本数据。本书利用 SPSS 17.0 软件对所得数据进行因子分析。

1. 信度与效度检验

信度概念的提出是科学研究者们用以反映测量的稳定程度，譬如同一份问卷对同一群受试者进行不同时间上的重复测量结果间的可靠系数，如果问卷设计合理，重复测量的结果间应该高度相关。由于本书并没有进行多次重复测量，所以采用反映内部一致性的指标来测量数据的信度，即采用 Cronbach's Alpha 系数进行数据的信度检验。其判断标准是：Cronbach's Alpha 系数小于 0.35 代表低信度，介于 0.35 与 0.7 之间代表中信度，大于 0.7 代表高信度。[①] 因此 Cronbach's Alpha 系数越高，代表问卷的信度越好，即问卷越可靠，本书的 Cronbach's Alpha 系数如表 5—2，说明本书问卷的测量结果可靠性很高。

---

① 李荣喜、陈力：《跨功能知识整合与新产品开发绩效的关系实证研究》，第三届中国管理学年会论文，长沙，2008 年。

表 5—2　　　　　　　　问卷的 Cronbach's Alpha 系数值

Cronbach's Alpha	N of Items
.905	24

资料来源：笔者整理。

　　测量项的质量可以从效度和信度两方面进行检验。简单而言，效度指的是"问了该问的问题"，信度是"把该问的问题问好"。[1]一个问卷信度好并不意味着问卷的正确性高，所以还需要考察问卷的效度。效度，由社会心理学家坎贝尔在 1957 年明确地提出，它指测量问卷测量到所要测量的特质的程度，系测量的有效性，即测量结果与某种外部标准（即效标）之间的相关程度。[2]本书采用结构效度检验问卷的效度，有的学者认为，效度分析最理想的方法是利用因子分析测量量表或整个问卷的结构效度。在因子分析的结果中，用于评价结构效度的主要指标有累积贡献率、共同度和因子负荷。[3]本书的累积贡献率、共同度与因子负荷均显示本书的问卷具有较好的结构效度。

　　2. 因子分析

　　首先，适应性分析。

　　因子分析最早由英国心理学家 C. E. 斯皮尔曼提出，是指研究从变量群中提取共性因子的统计技术。因子分析将原始变量进行剖析，从中归纳出潜在的类别，用控制所有变量的少数公因子表示原来变量的主要信息。[4]应用因子分析时有一个潜在的要求：原变量之间要具有较强的相关性。因此，需要先进行相关分析，计算原始变量之间的相关系数矩阵以及巴特利特球形检验（Bartlett's Test of

---

①　徐云杰：《社会调查设计与数据分析——从立题到发表》，重庆大学出版社 2011年版。

②　王重鸣：《心理学研究方法》，人民教育出版社 1990 年版。

③　百度百科：效度（http：//baike. baidu. com/link？ url = 8lfZWGfyyBQOo I_ 1m6I1ewG EWq4Erh l33B2is6GyKLFkEE-bqeFQuUeCWgClqxoT#ref_ ［2］_ 141544）。

④　马庆国：《管理统计——数据获取、统计原理、SPSS 工具与应用研究》，科学出版社 2002 年版。

Sphericity）和 KMO（Kaiser-Meyer-Olkin）检验。如果相关系数矩阵在进行统计检验时，大部分相关系数均小于 0.3 且未通过检验，则这些原始变量就不太适合进行因子分析。巴特利特球形检验的统计量是根据相关系数矩阵的行列式得到的，如果该统计量较大，且其对应的相伴概率值小于用户心中的显著性水平，则应拒绝零假设，认为相关系数矩阵不可能是单位阵，适合做因子分析，反之则不适合。[①] KMO 检验的统计量用于比较变量间简单相关和偏相关系数，其值介于 0—1 之间。统计学家凯瑟（Kaiser）给出了一个 KMO 的度量标准：KMO>0.9，非常适合采用因子分析法；0.8<KMO<0.9，很适合采用因子分析法；0.7<KMO<0.8，适合采用因子分析法；0.6<KMO<0.7，不太适合采用因子分析法；KMO<0.5，不适合采用因子分析法。[②] 本书数据的相关系数矩阵是通过检验的，由于相关系数矩阵表较为庞大，本书在此不给出具体结果，只给出巴特利特球形检验与 KMO 检验的结果，如表 5—3 所示。

表 5—3　　　　　　　　巴特利特球形检验值与 KMO 检验值

Kaiser-Meyer-Olkin Measure of Sampling Adequacy.		.865
Bartlett's Test of Sphericity	Approx. Chi-Square	4096.662
	Df	276
	Sig.	.000

资料来源：笔者整理。

由表 5—3 中数值显示，本书数据的 KMO 检验值为 0.865，由上判断标准，研究调查很适合采用因子分析法，且表 5—3 中的巴特利特球形检验的 $X2$ 统计值的相伴概率是 0.000，小于显著性水平 0.05，因此拒绝巴特利特球形检验的零假设，说明数据具有相关性，适宜采用因子分析法。

---

① 宋志刚、谢蕾蕾、何旭洪：《SPSS 16 使用教程》，人民邮电出版社 2010 年版。
② 同上。

其次，因子提取。

因子分析中有很多确定因子变量的方法，如主成分分析法、主轴因子法、极大似然法、最小二乘法等，其中使用最广泛的是主成分分析法。本书采用主成分分析法进行公因子的提取，并采用特征值准则选定公因子的个数，即根据特征值的大小来确定，一般提取数值大于 1 的特征值对应的公共因子。表 5—4 给出了因子分析的初始解，显示所有变量的共同度数值，即表示各变量中所含原始信息能被提取的公因子所表示的程度。[①] 表 5—4 中的第二列是因子分析初始解下的变量共同度，即若对原有 24 个变量采用主成分分析法提取所有特征值，那么原有变量的所有方差都可被解释，变量的共同度都为 1。第三列是根据因子分析最终解下计算出来的变量共同度，因为提取的公因子的个数少于原有变量的个数，故共同度小于 1。

表 5—4　　　　　　　　　　　　　　**变量共同度**

题目	初始值	共同度
Q1. 情报工作人员能总体识别和把握分析目标	1.000	.604
Q2. 情报工作人员的专业技能	1.000	.937
Q3. 情报工作人员的智力素质	1.000	.966
Q4. 情报工作人员能做出客观的分析假设	1.000	.563
Q5. 情报工作人员的知识体系	1.000	.869
Q6. 合理的信息采集和整合	1.000	.610
Q7. 完善的信息基础设施配备	1.000	.704
Q8. 安全与共享的信息基础设施结构	1.000	.578
Q9. 人员的协同与协调	1.000	.866
Q10. 原始信息的成本限制	1.000	.875
Q11. 原始信息的效用	1.000	.610
Q12. 有序的信息特征与明确的信息流向	1.000	.856

---

① 张文彤：《SPSS 统计分析高级教程》，高等教育出版社 2004 年版。

续表

题目	初始值	共同度
Q13. 协同共享的信息平台、开放统一的互操作系统	1.000	.600
Q14. 完善便捷的信息反馈渠道	1.000	.736
Q15. 充分理解用户意图，与用户及时交流	1.000	.560
Q16. 清晰的分析目标，整体系统的组织文化	1.000	.931
Q17. 对信息和分析结果进行的有效评估和识别	1.000	.654
Q18. 充分交流的情报工作环境和制度	1.000	.922
Q19. 系统的辅助性情报分析工具	1.000	.561
Q20. 专门性的情报分析纠偏方法	1.000	.593
Q21. 对用户需求的理解能力	1.000	.534
Q22. 对信息资源的合理利用	1.000	.954
Q23. 能克服思维定式，全面地分析问题	1.000	.720
Q24. 能跳出个人得失，客观对待分析结果	1.000	.852

资料来源：笔者整理。

　　海尔、约瑟芬（Hair、Joseph）等学者研究指出：若变量的共同度小于0.3，则要将该变量删除。由表5—4看出：变量的共同度最小为0.560，最高为0.966，均高于0.3，故不用剔除任何变量；且从表5—4中清楚地看出所有变量的共同度较高，说明提取的公因子较好地代表了原有变量的信息。表5—5给出提取公因子前后各因子的特征值及其方差贡献率和累计方差贡献率。

表5—5　抽取与旋转前后各因子的特征根及相应的方差贡献率

Component	Initial Eigenvalues			Extraction Sums of Squared Loadings		
	Total	% of Variance	Cumulative %	Total	% of Variance	Cumulative %
1	8.315	34.646	34.646	8.315	34.646	34.646
2	3.110	12.957	47.603	3.110	12.957	47.603
3	2.281	9.502	57.105	2.281	9.502	57.105

续表

Component	Initial Eigenvalues			Extraction Sums of Squared Loadings		
	Total	% of Variance	Cumulative %	Total	% of Variance	Cumulative %
4	1.670	6.957	64.062	1.670	6.957	64.062
5	1.265	5.270	69.332	1.265	5.270	69.332
6	1.017	4.237	73.569	1.017	4.237	73.569
7	.793	3.304	76.873			
8	.737	3.071	79.944			
9	.651	2.713	82.657			
10	.580	2.416	85.073			
11	.564	2.350	87.423			
12	.504	2.100	89.523			
13	.497	2.072	91.595			
14	.420	1.751	93.346			
15	.383	1.594	94.940			
16	.368	1.533	96.473			
17	.284	1.181	97.654			
18	.140	.585	98.239			
19	.124	.518	98.757			
20	.104	.434	99.191			
21	.091	.381	99.572			
22	.057	.237	99.809			
23	.028	.116	99.925			
24	.018	.075	100			

资料来源：笔者整理。

表5—5显示，24个特征值中有6个特征值大于1，根据上述准则，可以提取六个公因子，并且它们的累积方差解释比例达到了73.569%，选取这六个公共因子可以较好地代表原始变量的信息

量。其中，第一公因子或称第一主成分指的是特征值最大的，即特
征值为8.315，方差贡献率为34.646%；第二公因子的特征值大小
次之，方差贡献率为12.957%；第六公因子的特征值最小，方差贡
献率为4.237%，从第一公因子到第六公因子，相对重要性逐渐减
弱。公共因子碎石图能清楚地展现各因子负荷系数的偏向情况，如
图5—9所示。

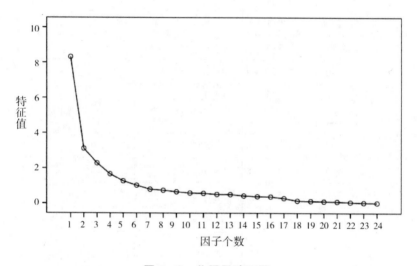

图5—9   公因子碎石图

资料来源：笔者整理。

从图5—9中可以明显看出前六个因子可以解释大部分方差，到
第七个因子之后，线条逐渐平缓，解释能力不强。因此提取六个公
因子是合适的。

再次，因子旋转。

对变量进行因子分析不仅要提取出公因子，还需知道每个公
因子的实际含义，以便对实际问题进行解释、分析。而利用主成
分分析法提取六个公因子，系数分化不明显，如表5—6所示，因
此需要进行因子旋转。因子旋转，就是要使因子载荷矩阵中因子
载荷的平方值向0和1两个方向分化，使大的载荷更大，小的载
荷更小，本书采用方差最大旋转法，旋转后的因子载荷矩阵见表

5—7 所示。

表 5—6　　　　　　　　旋转前的因子载荷矩阵

变量	因子					
	1	2	3	4	5	6
Q1	.278	.326	-.390	.206	.471	-.059
Q2	.898	-.354	.002	-.010	.070	.019
Q3	.916	-.354	-.012	-.016	.041	-.015
Q4	.484	.282	.190	.271	.375	-.002
Q5	.839	-.400	-.005	-.063	.031	-.023
Q6	.339	.478	-.243	.394	.204	.100
Q7	.474	.369	-.120	.290	-.312	.384
Q8	.417	.260	-.350	.265	-.229	.302
Q9	.874	-.313	-.028	-.040	-.017	-.039
Q10	.404	.332	.761	-.024	-.136	.057
Q11	.394	.344	.530	.065	.154	.169
Q12	.365	.264	.798	-.074	-.004	.108
Q13	.395	.431	.312	.115	.120	-.365
Q14	.452	.399	-.038	-.008	-.246	-.557
Q15	.375	.321	-.191	-.147	-.282	-.423
Q16	.385	.436	-.192	-.730	.065	.138
Q17	.420	.448	-.303	-.128	.405	.071
Q18	.390	.412	-.193	-.737	.007	.142
Q19	.485	.260	-.053	.079	-.477	.146
Q20	.454	.379	-.297	.301	-.224	-.118
Q21	.614	-.320	-.078	-.031	-.199	.090
Q22	.901	-.376	-.017	-.022	.017	.024
Q23	.760	-.342	-.012	.052	.122	-.088
Q24	.861	-.324	.008	.014	.075	-.017

资料来源：笔者整理。

表 5—7　　　　　　　　　旋转后的因子载荷矩阵

变量	因子					
	1	2	3	4	5	6
Q1	.076	-.108	.081	.749	.095	.098
Q2	.942	.132	.111	.115	.071	.051
Q3	.956	.118	.117	.101	.074	.095
Q4	.244	.442	.076	.544	-.052	.066
Q5	.920	.083	.061	.038	.077	.071
Q6	.010	.098	.414	.645	-.013	.111
Q7	.148	.195	.781	.167	.070	.040
Q8	.176	-.067	.691	.237	.077	.048
Q9	.897	.099	.136	.063	.094	.142
Q10	.116	.898	.126	-.120	.059	.149
Q11	.117	.734	.112	.197	.080	-.025
Q12	.129	.907	.011	-.093	.083	.024
Q13	.083	.514	-.024	.315	-.009	.479
Q14	.145	.159	.147	.122	.103	.801
Q15	.131	-.017	.174	.041	.241	.673
Q16	.102	.096	.081	.120	.933	.144
Q17	.127	.051	.121	.634	.459	.091
Q18	.117	.084	.106	.065	.929	.153
Q19	.221	.171	.626	-.085	.135	.257
Q20	.146	-.013	.532	.309	-.011	.440
Q21	.675	-.019	.241	-.121	.061	.037
Q22	.954	.103	.138	.069	.076	.061
Q23	.825	.078	.018	.154	-.023	.093
Q24	.894	.134	.096	.130	.044	.080

资料来源：笔者整理。

最后，因子解释。

根据因子分析结果，本书提取六个公因子代表原有 24 个变量，利用表 5—7 旋转后的因子载荷矩阵，根据载荷系数的大小，将因子重新归类整理：Q2、Q3、Q5、Q9、Q21、Q22、Q23、Q24 归入第一公因子；Q10、Q11、Q12、Q13 归入第二公因子；Q7、Q8、Q19、Q20 归入第三公因子；Q1、Q4、Q6、Q17 归入第四公因子；Q16、Q18 归入第五公因子；Q14、Q15 归入第六公因子。具体见表5—8。

表 5—8 因子分析结果

变量	因子					
	1	2	3	4	5	6
Q2	.942					
Q3	.956					
Q5	.920					
Q9	.897					
Q21	.675					
Q22	.954					
Q23	.825					
Q24	.894					
Q10		.898				
Q11		.734				
Q12		.907				
Q13		.514				
Q7			.781			
Q8			.691			
Q19			.626			
Q20			.532			
Q1				.749		

续表

变量	因子					
	1	2	3	4	5	6
Q4				.544		
Q6				.645		
Q17				.634		
Q16					.933	
Q18					.929	
Q14						.801
Q15						.673

资料来源：笔者整理。

三　关键影响因素分析

根据表5—8的因子分析结果，可以清楚地看到：

表第二列，公因子1在Q2专业技能；Q3智力素质；Q5知识体系；Q9人员的协同与协调；Q21用户需求的理解能力；Q22对信息资源的合理利用；Q23克服思维定式，全面地分析；Q24跳出个人得失，客观对待分析结果上有较大的载荷。由于这些因素都是从情报分析主体的角度，具体地说是从情报分析主体的构成、素质、功能三个方面出发的，因此公因子1反映了情报分析主体综合指标。

表第三列，公因子2在Q10原始信息的成本限制，Q11原始信息的效用，Q12有序的信息特征与明确的信息流向，Q13协同共享的信息平台、开放统一的互操作系统上有较大的载荷。公因子2反映了信息结构综合指标。

表第四列，公因子3在Q7完善的信息基础设施配备、Q8安全与共享的信息基础设施结构、Q19系统的辅助性情报分析工具、Q20专门性的情报分析纠偏方法上有较大的载荷。公因子3反映了技术与工具综合指标。

表第五列，公因子4在Q1总体识别和把握分析目标、Q4客观的分析假设、Q6合理的信息采集和整合、Q17对信息和分析结果进行的有效评估和识别上有较大的载荷。公因子4解释反映了流程周期综合指标。

表第六列，公因子5在Q16清晰的分析目标，整体系统的组织文化；Q18充分交流的情报工作环境和制度上有较大的载荷。公因子5反映了组织文化综合指标。

表第七列，公因子6在Q14完善便捷的信息反馈渠道；Q15充分理解用户意图，与用户及时交流上有较大的载荷。这两个指标都与用户的交互有关，公因子6反映了用户交互综合指标。公因子1到6的解释如表5—9所示。

表5—9　　　　　　　　　　　公共因子的解释　　　　　　　单位：%

公因子	载荷变量	解释	解释度
1	Q2、Q3、Q5、Q9、Q21、Q22、Q23、Q24	情报分析主体	34.65
2	Q10、Q11、Q12、Q13	信息结构	12.96
3	Q7、Q8、Q19、Q20	技术与工具	9.50
4	Q1、Q4、Q6、Q17	流程周期	6.96
5	Q16、Q18	组织文化	5.27
6	Q14、Q15	用户交互	4.24

资料来源：笔者整理。

数据统计分析证明了24项因素均对情报分析的成功有重要影响，是情报分析的关键影响因素；而因子分析后得到的公共因子分类则显示这24项关键影响因素体现在情报分析主体、信息结构、技术与工具、流程周期、组织文化和用户交互这六个维度上。从上述公共因子最后的分布中不难看出，情报分析主体维度的载荷指标最多，信息结构、技术与工具、流程周期三个维度，以及组织文化和用户交互维度的指标分布较为平均。根据专家访谈的结论以及先前的研究，情报分析主体在情报分析中起着重要作用，相应权重也要高一些，因为从情报分析中，不管是与用户的交互，还是各种流程的实施或者技术的应用等首先要保证情报分析主体的效用性。良好的信息组织与结构是必须合理存在的，因为这些是影响分析主体获取信息的途径和过程的重要因素。系统的组织文化则为情报分析提供了有效的分析环境。这六个维度互相独立又互相依存，可以互相弥补不足，总体构成评价体系。因此，情报分析机构在进行情报分析时应从这六个层面出发进行思考，以制定出合理的策略。

第三节　认知心理学视角下情报分析模型解析

一　情报分析模型的总体设计

（一）概念界定

根据上两节的分析，清楚地理解了情报分析模型的概念和情报分析要素的内容。情报分析模型是指由用户需求驱动下，情报分析主体根据一定的情报分析环境，将情报分析纳入系统化过程，并能够将信息转化为情报产品的一种结构。通常来说，情报分析模型将人、信息与环境通过信息流动相互联系和作用起来，从而构成了一个有机整体。根据上节实证调查和数据分析：情报分析主体、信息结构、技术与工具、流程周期、组织文化和用户交互六大要素共同组成为情报分析系统。

1. 情报分析主体

无论在哪个社会系统，人都是最活跃的存在，在某种程度上，人可以说是社会系统的核心因素，起着主导作用，情报分析亦是如此。[①] 狭义上的情报分析主体是指情报分析人员，而广义上的情报分析主体还包括情报采集人员、情报管理和开发人员、信息组织、情报服务和情报产品传递人员，情报分析的进行需要大批具有一定情报意识和信息素质、具有合理知识结构的情报分析主体的支持。

---

① 黄玉丽：《基于图书情报组织的信息生态系统模型构建及其理论分析》，硕士学位论文，中南大学，2009 年。

　　情报分析主体在情报分析中的主要功能是：在一定的情报分析环境下，利用所提供的情报分析条件（如信息基础设施、情报分析软件和方法、互操作系统等）获取信息，充分地开发和管理信息，在此基础上得到新信息，从而输出情报分析产品，达到信息价值的最大化增值。其一般功能主要表现在：信息辨识和获取功能、信息处理与组织功能、信息加工和利用功能、信息再生功能、信息的传递功能、信息价值创新功能。

　　情报分析主体的素质是影响情报分析的重要因素，主要包括智力素质（如洞察力、逻辑思维能力、综合创新能力等）、智力结构和专业能力。所谓智力结构是指由记忆、观察、想象、思维、判断、推理等多种因素组合而成的综合体，其中思维能力是智力的核心。[①] 具体来说主要包括：情报分析主体的观察与体验能力、主体的分析与综合能力、主体的情报创造能力、主体的情报反思能力。

　　在网络环境下，情报分析往往要涉及各类领域的各种因素，所以一个好的情报工作人员需要具备系统的学科知识体系：除了信息专业知识之外，还应具有一定的相关领域如经济管理类、心理学类等的基本知识；而一个好的情报分析团队则需要情报工作人员相互间优势互补，拥有比较全面的不同专业学科背景。

　　2. 流程周期

　　"情报周期"的概念形成于 20 世纪 40 年代中后期，比较权威的周期模型是《联合国作战情报支援条令》中总结的"六阶段模型"：计划与指导（Planning & Direction）、采集（Collection）、处理与开发（Processing & Exploitation）、分析与生产（Analysis & Production）、传播与整合（Dissemination & Integration）、评估与反馈（Evaluation & Feedback）。如图 5—10 所示。[②]

---

　　① 陈小明：《公安情报预警工作影响因素及发展对策研究》，《武汉公安干部学院学报》2010 年第 1 期。

　　② Joint Intelligence，http：//www. dtic. mil/doctrine/new_ pubs/jp2_ 0. pdf.

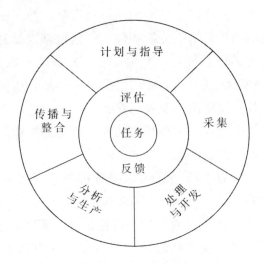

图5—10　情报周期模型

资料来源：Joint Intelligence，http：//www. dtic. mil/doctrine/new_ pubs/jp2 _ 0. pdf.

　　随着情报学理论的发展和情报学实践的积累，"情报流程"概念慢慢兴起，它的基本步骤和情报周期概念所提出的并无实质区别，但更注重网状拓扑结构的使用，也注重各个行动步骤间的相互作用与联系，体现出了现代环境下情报工作的复杂性和多样性。本书根据前期数据分析结果，最后确定的具体行动步骤为：对目标和信息基准的总体识别和把握、构建客观的分析假设、对信息进行合理的采集和整合、对不确定性信息和分析结果进行的有效评估和识别。一个好的流程或者说周期是情报分析成功的先决条件，无论是情报分析人员自己去确定一个问题还是用户或者决策者提出一项要求，都明确地表明一个分析流程的开始；而客户满意地接受分析结果和解决方案则表明一个分析流程的结束。一个好的情报分析流程不仅可以提高情报分析的效率，而且可以提高情报产品的质量。

　　3. 技术与工具

　　情报分析技术是指凡是涉及情报分析过程中以增强主体信息功能和信息效率为目的的应用技术的总称，是在信息科学的基本原理和方法的指导下扩展主体信息处理功能的技术，如数据仓库技术、知识挖掘技术、智能检索技术、知识组织技术、知识获取技术、网格技术、可视化技术等领域。[①] 信息技术和情报分析工具对情报分析的主要作用表现为加速情报工作流程、提高情报服务质量、转移组织决策权位置，以及改善组织内部各部门之间的相互协调关系等，从而提高组织的效率。其中最为突出的是信息技术实现了信息采集、加工和传递的可视化和高速运转，可以帮助组织有效地降低生产成本。

本书根据前期数据统计结果，将技术与工具分为具体的四个要素：系统的辅助性情报分析工具，全面、专门性的情报分析纠偏方法，完善的信息基础设施的配备，安全、共享的信息基础设施结构。通过充分利用信息技术和手段，可以进一步提高情报产生、加工、整理、传播、利用和再生、创新的效率。如美国著名的情报咨询机构"兰德公司"不仅拥有完善的信息基础设施，如RaDiUS 数据库的建设；同时拥有一套完整的分析方法体系和情报分析工具体系，如德尔菲法、统计分析法、大规模情境法、回溯法、成本效用分析法、逻辑模型、离散选择模型等。[②] 它为美国导弹防御部商业管理办公室专门研制的投资组合分析工具非常适合于以能力为基础的规划的执行，用于导弹防御局官员和分析人员为产生实际弹道导弹防御能力对研究、开发、测验、评价和部署计划进行评估。

4. 信息结构

情报分析工作的对象就是与情报有关的数据、信息与知识。在本书中得出的信息结构解释的具体要素为：情报分析工作中信息资源建设的成本限制、情报分析工作中信息效用的时效性、合理的整理和组织，能够揭示有序的信息特征和明确的信息流向、协同共享的信息平台，开放统一的互操作系统。信息不仅是情报分析工作的开发和加工对象，也是情报分析工作得以顺利进行的"物质"基

---

① 李宝燕：《现代信息技术对情报学研究的影响》，《内蒙古科技与经济》2010 年第 1 期。

② 赵凡：《国外咨询情报机构战略情报分析方法比较研究》，《情报杂志》2008 年第 27 卷第 3 期。

础，任何形式的信息配置和分析都是在一定信息结构基础上进行的。① 因此，信息资源的拥有量与利用率是决定情报工作效益与效率的关键因素。

5. 组织文化

在任何组织或者社会系统中，情报分析的结果都是一定的社会期望和组织文化、组织制度的影响，如充分理解和交流的组织文化能够促进情报分析的效果，而政府情报机构则更容易受到政治或者保密约束的影响。达尔波特将影响信息活动的政治、权利和经济的总和等称为"信息政治"（information politics），也有人称之为"信息支配权"或者"信息制度"。组织文化是指组织在长期经营实践中形成，并为本组织人员自觉遵守和奉行的共同价值观念、经营哲学、精神支柱、伦理道德、典礼仪式及智力因素和文娱生活的总和。② 一个组织的文化和制度能够影响情报分析的目标和指向，也对情报分析行为起着约束与规范作用。一个好的文化氛围不仅能够调动情报分析主体的积极性，加快情报分析运作流程，也能够使情报分析结果更加客观化。而不尽如人意的组织氛围则很可能导致情报分析的偏差，如"团体盲思"和"从众效应"等。

6. 用户交互

从情报分析主体的角度来说，从计划一个以用户为中心的可用性项目—明确用户的使用情景—明确用户目标与需求—明确情报分析的设计方案—对情报分析产品进行评估与反馈，一个优秀的情报分析人员会在整个分析流程中不断地与用户进行交流和讨论，并反复地斟酌最终的情报分析产品。情报分析人员与用户在整个分析流程的各个阶段的互动与交流非常重要。比如在流程的开始阶段与用户充分地进行沟通将有利于后面工作的开展。他们之间需要真挚的对话，实践证明，信息单向传递并不能收到预期的

---

① 程霞：《信息构建对网络信息生态系统的影响研究》，《情报杂志》2006 年第5 期。

② 陈红星：《信息构建及其在信息生态系统中的作用》，《情报探索》2008 年第3 期。

效果。① 在流程评估阶段，用户的参与也是必不可少的，只有设计出符合用户需求的产品才可以算是成功的情报分析产品，而用户的反馈则为更好的情报产品提供建议和方向。

从用户角度来说，交互是一种如何让情报分析产品更加便捷和实用、更符合实际需求的沟通艺术，它致力于了解目标用户或者决策者的预期目标，了解用户在同产品交互时彼此的行为，了解"人"本身的心理和行为特点，同时，还包括了解各种有效的交互方式，并对它们进行增强和扩充。② 交互行为不仅涉及分析人员和用户的交流，同时也涉及组织内不同学科背景、不同专业领域各成员间的沟通与交流。通过沟通与反馈，情报分析主体、情报分析产品和用户之间建立一种有机联系，可以有效达到用户和决策者的目标。如果不能做好和用户的交互工作，常常会造成情报分析主体和用户的互不理解，使最初的假设与实际效果偏离，造成情报分析的失败。

（二）设计原则与要求

1. 设计原则

（1）系统性。情报分析模型是将人、信息与环境通过信息流动相互联系和作用起来的一个有机的整体，通过输入信息等一些要素，经过分析处理，输出情报产品。其中，各个要素之间相互依赖，不可分割。任何情报产品的获得（不论情报产品的质量如何），都离不开情报分析主体、组织机构、技术工具、信息、用户等要素的相互作用，只有当用户与情报分析主体之间交互顺畅，组织文化、信息结构、技术工具利于情报分析主体从事分析活动，即各个要素之间能够协调一致时，才能够得到高质量的情报产品，即发挥出情报分析模型的功能。情报分析模型的系统性还在于其拥有 1+1>2 的特性，一般的信息，通过要素之间的合理的相互作用，能够获得高质量的情报产品。因此，整体情报分析模型的设计除了

---

① ［加］弗莱舍、［澳］本苏桑：《商业竞争分析：有效运用新方法与旧方法》，叶盛龙等译，机械工业出版社 2009 年版。

② ［美］普锐斯、罗杰、夏普：《交互设计：超越人机交互》，刘晓辉等译，电子工业出版社 2003 年版。

包含情报分析主体、组织文化、技术与工具、信息结构、流程周期、用户交互六大基本要素之外，还应包括描述基本要素的分要素，更重要的是各个要素之间的相互联系关系的表示。

（2）完整性。完整性是实现系统性的前提条件。任何系统的顺利运行，离不开要素之间的相互作用，若缺失某些要素或某些关系，系统就不能够正常运行。因此在设计整体模型时要考虑内部要素的完整性和要素之间关系的完整性。例如，在考虑组织文化对情报分析主体之间的联系时，不仅考虑组织文化对情报主体的认知、行为有影响，还要考虑情报分析主体的思维也会受组织文化的影响，正是组织文化对情报分析主体的认知、思维、行为都能产生影响，才导致组织文化的影响是深刻的。在考虑流程周期要素的成功分要素时，应当从各个阶段考虑：对目标总体识别和把握、构建客观分析假设、信息采集和整合合理化、最终有效评估和识别，缺一不可。

（3）全面性。本书设计的情报分析模型是基于认知视角，所以不同于情报分析通用模型，又不同于情报分析的工作流程模型，也不同于汤普森等人提出的基于认知过程的情报分析描述性模型[1]，而是具有一般模型的特性，并且在认知视角下包含了情报分析工作流程和情报分析环境、信息、人的综合模型，是工作流程模型、认知模型、反馈模型等的综合体，是从情报分析过程中所涉及的事项的全方位的考虑，因此本书设计的情报分析模型具有全面性的特点。

（4）认知视角下的通用性。本书设计的情报分析模型应当是基于认知视角下具有广泛适用性，不局限于认知视角下的情报分析工作流程或者认知视角下的情报分析主体的认知偏差、行为偏差的影响，这也是模型全面性所保证的。不论在何种情形下，如企业、组织、军事、科技等，均能够进行认知视角下的情报分析，不拘于分析的工作流程，不拘于情报分析主体的个人影响。本书将情报分析

---

[1] Thompson J. R., Hopf–Weichel R., Geiselman R. E., *The Cognitive Bases of Intelligence Analysis*, Alexandria, VA: U. S. Army Research Institute for the Behavioral and Social Sciences, 1984, p. 10.

模型归纳为六大基本关键成功要素，并对各要素进行详细设计，应当说本模型中的基本要素的确定是从宏观角度出发，因而能够解释现实社会很多对象。至于具体情形下的情报分析，就会根据具体对象的不同、具体环境的不同，具体处理分析。

2. 设计要求

（1）流程化。本书设计的情报分析模型虽是一个综合模型，但其运行机制也需流程化，这样才不会在实际分析中自乱阵脚。因此，情报分析主体应当知道分析的基本流程，如目标识别、信息采集处理、决策分析、有效评估，也应该了解如何与用户有效率地沟通，了解如何处理意外情报、熟悉先进技术工具的使用等。用户应当知道如何与情报分析主体建立联系，提出自身的需求和意图等。

（2）逻辑化。在如今信息大爆炸的时代，高密度的信息应该是以逻辑化的方式组织起来的，模型中基本要素之间的关系也应具有逻辑化。模型中的情报分析主体应该能够将情报活动、分析进展、计划的整体思想和过程置于相互关联的情境中，以致能够逻辑性处理。模型中的用户应该充分了解自身的需求，积极与情报分析主体进行交互，以致能够让情报分析主体将分析活动置于相应的情境中，进行逻辑化的分析活动。

（三）理论模型构建

本书在充分理解情报分析的本质特征和影响要素的基础上，以情报分析主体作为情报分析的中心点，通过基础的认知流程对情报分析目标做出反应，以用户需求为出发点，结合具体情报工作要求，通过对情报分析的影响要素的分析，提出了实现人、信息、工具、技术、流程和用户有机整合的情报分析总体设计的理论模型，如图5—11所示。

在情报分析目标的指导下，情报分析主体（人）在一定的情报分析环境或者组织文化下，以技术、工具为支持条件，对信息进行获取、加工和整理，实现对情报分析流程的运作和管理。外部信息和内部信息不断输入情报分析的过程中，组织计划等任务下达，情报分析团队运用各种情报运作流程，最后输出情报分析产品如战略决策以及问题解决方案，制订反应计划，实现组织学习，实现信息的

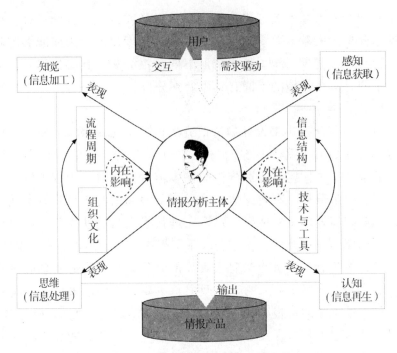

图5—11   认知心理学视角下的情报分析模型

资料来源：笔者整理。

再生和增值。该理论模型是一个通用的情报分析所应具备的基本结构。只有这些要素合理组合，实现有机的集成，才能最优化地发挥情报分析的功能，帮助情报机构最大限度地提高竞争情报工作效率，最终实现基于团队决策、知识创新和组织学习的竞争情报工作创新模式，输出符合组织目标和用户需求的情报分析产品，创造出具有价值的新信息、新情报。

二   情报分析模型的详细设计

（一）基于主体认知的情报分析子模型

情报分析主体在进行情报分析工作流程时，从最初的信息获取—信息加工—信息处理—信息的再生，都受到认知过程的影响。根据本书前期做的数据分析来看，情报分析主体在情报分析中起着核心作用，而主体的认知过程贯彻情报分析始终，起着关键作用。

认知心理学家把大量的认知过程看作是"知觉的",知觉过程是接纳信息感觉输入并将之转换为较抽象代码的过程。[①] 从认知过程来看,情报分析主体在一定的组织文化和环境下,参考组织目标和用户需求,根据自己的知识经验,在知觉环境中是以已有的关于环境中诸多已知的知识背景为依据,利用这些已知信息,产生相对应的知觉经验,从而获取新的信息。

　　认知心理学者研究认为,整体上来看知觉依赖于过去的知识和经验,知觉信息是现实刺激的信息和记忆信息相互作用的结果。[②] 认知心理学已强调过去的知识经验和现实刺激都是产生信息知觉所必需的,因此它认为知觉过程包含相互联系的两种信息加工:自下而上加工和自上而下加工。自下而上加工是指情报分析人员先对较小的知觉单元进行分析,然后再转向较大的知觉单元,经过一系列连续阶段的加工而达到对情报分析目标的解释;自上而下加工则是指情报分析人员由一般知识引导的知觉加工,较高水平的加工制约较低水平的加工。琳赛和诺曼(Lindsay & Norman)将前者称为数据驱动加工,称后者为概念驱动加工。[③] 情报分析主体对获得信息进行接收和加工后,对于信息进行一般属性和内在联系分析和处理,在认知领域,也称为思维过程,它所反映的是信息的本质特征和一般规律。最后,根据信息的规律和情报分析要求,进行信息再生和创新,完成信息的增值,具体表现为情报分析产品的输出。认知过程子模型见图5—12。

　1. 情报分析主体的有限理性

　　西蒙把有限理性人的假设表述为:人们无法选择到在任何意义上都是最优的行动方案,而只能寻求一个达到一定标准或超过的替代方案。所以在进行信息收集时,情报分析主体处在不完全信息场合下,可能会因为信息成本和渠道的限制,在考虑到计算成本(搜寻成本)太高的情况下,会寻找一个满意的而不是最优的选择,这

---

　　① [法]莫里斯·梅洛·庞蒂:《知觉现象学》,姜志辉译,商务印书馆2001年版。

　　② 王甦、汪安圣:《认知心理学》,北京大学出版社2001年版。

　　③ [美]贝斯特:《认知心理学》,黄希庭译,中国轻工业出版社2000年版。

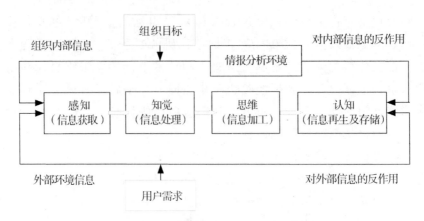

图 5—12   情报分析认知过程子模型

资料来源：笔者整理。

样就很可能在感知信息阶段造成部分难获取信息甚至情报分析关键
信息的遗漏。在进行信息加工和处理时，情报分析主体也会由于自
身的有限理性，回避情报分析错误，造成"结果偏见"等情报分析
偏差，影响情报分析产品效果。

2. 认知行为影响信息价值增值

情报分析主体的有限理性揭示，情报分析主体进行情报分析行
为的理性能力无疑受到环境、技术、制度等制约，同时他们的认知
行为也直接影响着情报分析过程，进而影响信息价值增值，降低情
报产品输出质量。促进或改变认知行为的途径有：第一，根据不同
的用户需求，确定不同的情报分析团队，制定合理的情报分析流
程，通过组织培训和教育方式促进情报分析人员采集和利用信息的
行为，从而提高情报分析主体的专业能力和整体素质，特别是增
强情报分析人员对于现代网络环境下的多样性信息的识别和处理
能力，保证在复杂性问题分析时能及时做出理性判断。第二，增
强组织内情报分析团队的交流与合作，培育情报分析主体间的紧密
关系，以及促进分析主体交流知识的行为，减少由个体认知局限性
造成的认知偏差。同时建立激励机制，以促进不同信息的充分流
动，减少信息的重复性接收和投入问题，从而最大限度节约获取成
本、信息应用和创新。

（二）基于环境的情报分析子模型

任何事物的发展都离不开所处的环境，最为简单的如人类生存所需的自然环境、社会环境，又比如企业发展所需的市场环境、政治环境等。自然，情报分析这一活动也有其特有的生存环境，如组织环境、技术环境。根据本书的研究，将组织文化和技术工具作为主要的环境要素，探讨二者对情报分析的影响。图5—13描述了基于环境的情报分析子模型。组织文化内在地影响情报分析主体认知、思维、行为，以此直接影响情报分析结果；技术工具则外在地影响情报分析主体的认知、思维、行为，进而直接影响情报分析结果，具体影响内容如图5—13。

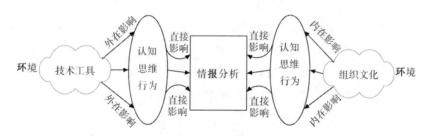

图5—13　基于环境的情报分析子模型

资料来源：笔者整理。

1. 组织文化对情报分析的影响

每个组织都有自己的文化，形成了自己的一套价值观、行为准则以及处事态度。当人们加入某一组织时，就会被组织中的组织文化影响。一个很好的例子就是美国海军陆战队，在新兵训练营地，教官教给新兵"海军的方式"。这个训练试图从心理上清除新兵的原有观念，重建他们的思维方式和价值观，他们被教导得像水兵那样思考和行动，任何曾经参加过海军的人或者认识海军的人都会承认陆战队总会达到它的目标。[1] 那么这些新兵在进行情报分析或者其他活动时，就会以海军的方式进行：海军的认知、海军的思维、

① ［美］弗雷德·鲁森斯：《组织行为学》（第11版），王垒等译，人民邮电出版社2003年版。

海军的行为。因而组织文化对人们的影响不是简单的外在影响，而是从内部影响一个人的认知、思维以及行为，甚至改变一个人原有的认知、思维以及行为。

就情报认知而言，不同的组织有不同的情报认知，根基就是其组织文化。例如，在对国有企业与私营企业组织进行比较中，情报分析主体在私企组织环境中更容易产生自我发挥和直觉判断的情况，影响情报分析结果；而在国企组织中，情报分析主体则很难保持自己的意志而不受群体的影响，从而很容易产生从众效应，同样影响情报分析结果。这些影响在很大程度上都是潜移默化地进行着。

罗宾斯在其著作《组织行为学精要》中提出了组织文化的七个特征：创新与冒险、注重细节、结果导向、人际导向、团队导向、进取心、稳定性。[①] 因此，由于团体导向的作用，情报分析主体很容易受主流意识的影响而陷入团体思维的陷阱，造成情报分析失察。例如，历史上有名的珍珠港事件的爆发，就是由于美国指挥官没有想到日本会偷袭珍珠港，从而麻痹大意，造成了巨大的损失。具有单一或强势的组织文化的情报分析团体，在情报分析与研判过程中易于产生团体思维现象。[②] 因此，需要充分交流的情报工作环境和制度，营造良好的组织氛围，从而促进情报分析主体的主观能动性的发挥，促进其思维的活跃运行，广泛征求意见，带来"百家争鸣"之态，利于情报分析主体做出客观准确的分析结果。

理查兹·霍耶尔曾做过研究，发现情报机构有其独特的立场和传统，当情报分析员的价值观、信仰、个性与组织发生冲突时，由于两者力量与地位的差距，情报分析主体往往会做出妥协。[③] 因而，

---

① ［美］斯蒂芬·P. 罗宾斯：《组织行为学精要》，郑晓明、葛春生译，电子工业出版社 2005 年版。

② 何方明、张史勇：《情报分析与研判中的团体思维》，《科技情报开发与经济》2008 年第 18 卷第 30 期。

③ Heuer R. J., *Psychology of intelligence analysis*, Washington, DC: CIA Center For the Study of Intelligence, 1999.

在组织文化的渲染下，情报分析主体遵从组织的规则，有时会做出违背自身意愿的行为，或许好的想法就被扼杀在摇篮里，影响情报分析产品的客观性、准确性。当组织文化潜移默化地影响着情报分析主体的认知时，由此产生的认知偏差则很大程度上作用到行为上，从而导致行为偏差的产生，这些在情报分析工作中是很常见的现象，也是不可否认的事实。

2. 信息技术工具

进入信息技术时代，传统的情报分析学必将受到严峻的挑战，正如李伟超在其文献中提到，现在信息技术对情报工作的意义在于：信息的记录方式不再是模拟式和线性的，而是数字化的、非线性的。[①] 计算机作为人们处理和分析信息不可或缺的助手之后，无形而实际地扩大了情报分析工作深度和广度。[②] 因此，在如今的信息化社会，信息技术工具对情报分析的影响是不可估量的。

计算机技术大大提高了人们储存信息和检索信息的能力，如热门的数据库技术、网络存储技术、数据挖掘技术等。互联网技术的发展，让社会中的信息出现爆炸式的增长，面对如此高密度的信息流，情报分析主体不得不改变传统信息观念，不能简单地认为信息数据的增多，会有助于情报分析结果的准确性。同时，重新理解信息的定义，从认知层面上把握住现在信息的特点，这些改变都是外在作用的结果。与此同时，情报工作者也相继开发出专门针对认知偏差纠偏的情报分析软件，如宾夕法尼亚州立大学的格雷戈里奥·孔韦尔蒂诺（Gregorio Convertino）教授介绍的一款用于协同情报分析的软件 Cache，该软件可用于纠正个体认知偏差并提高信息覆盖率；[③] A. 罗德里格斯等人开发了一款辅助性的团体情报分

---

① 李伟超：《信息技术对情报学的影响与推动》，《情报科学》2007 年第 25 卷第 2 期。

② 曾赤梅、胡北苑：《数字化时代对我国情报分析的发展影响》，《湖北成人教育学院学报》2004 年第 10 卷第 3 期。

③ Convertino G. et al. , "The Cache Study: Group Effect in Computer-supported Collaborative Analysis", *Computer Supported Cooperative Work*, Vol. 17, No. 4, 2008, pp. 353 – 393.

析软件——Angler[①]，该软件的工作窗口完整地表现了情报分析整个工作流程，替代了情报分析主体的部分作用，这也有助于避免人的认知偏差。

技术与工具的发展与应用，外在地改变着情报分析主体的工作思维及行为。以往的情报分析大多数基于"选择、加工、回应"模式，而在信息技术发展的时代，这个全过程在很大程度上变成了"鼠标与键盘"的快捷联动操作。[②] 情报资源的无处不在，一方面可以让情报分析主体广泛地收集信息，得到较多的情报资料，但情报分析主体不能因此而增强自信，因为这并不意味着有助于情报分析结果的准确性，信息量的多少与情报分析的准确性并无直接的因果关系，在情报分析中，面对浩瀚的信息流，分析者应学会区分不同的信息；[③] 相反，另一方面，高密度的信息流中往往会信息过剩或有信息垃圾或虚假信息，如何区分信息，并从中抽取有价值的信息，是一项非常艰巨的任务，考验着情报分析主体的思维能力，给情报分析主体带来了前所未有的挑战。对情报分析主体来说，要做的就是增强自身的各项素质，适应知识与信息并存时代下的要求，摒弃应对传统信息的思维方式和行为方式。对情报分析机构来说，需要完善的信息基础设施的配备，建立安全、共享的信息基础设施结构。如何解决当前社会信息充足与知识匮乏之间的矛盾，无论是对情报分析主体还是情报分析机构来说仍然任重而道远。

（三）基于信息的情报分析子模型

美国《国防部军事与相关术语字典》认为，情报分析是通过对全源数据进行综合、评估、分析和解读，将处理过的信息转化为情报形成有助于问题解决的新信息，以满足已知或预期用户需求的过程。它侧重于对信息进行精加工，既与研究对象有关，又与研究目

---

① Rodriguez A., Boyce T., Lowrance J., Yeh E., Angler: Collaboratively Expanding your Cognitive Horizon, http://130.107.64.109.

② 曾赤梅、胡北苑：《数字化时代对我国情报分析的发展影响》，《湖北成人教育学院学报》2004年第10卷第3期。

③ 鲁芳、戴雅玲：《信息量和信息类型对情报分析的影响及启示》，《新西部》2010年第6期。

标和任务相连。[①] 所以信息流动过程在情报分析中贯彻始终，既是输入，也是输出。从信息的角度来说，情报分析体现的是在需求的驱动下，决策任务目标下达，情报分析人员对大量信息进行处理、加工、整序，形成新的可用信息的过程，它是动态的，具有自己的生命周期。本书的信息子模型把情报分析看作一个信息操作系统，分为两个维度：分析流程与操作平台，分别对应情报分析的显性流程和隐性操作支持与管理。具体见图5—14所示。

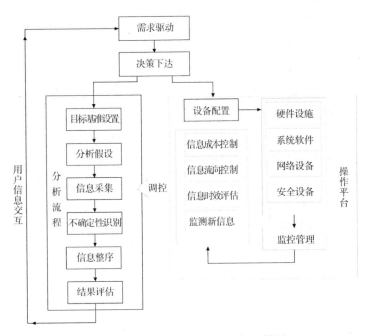

图 5—14　基于信息的情报分析子模型

资料来源：笔者整理。

1. 分析流程模块

从图5—14可以看到：分析流程模块包括六个主要步骤：目标基准设置—分析假设—信息采集—不确定性识别—信息整序—结果评估。在上述步骤中，目标基准设置与结果评估是为了与需求端互

---

① 朱庆华：《信息分析：基础方法与应用》，科学出版社2004年版。

动的步骤，其过程较偏向感性地表达与沟通，而信息采集及信息整序则属于理性整理与分析，分析假设和不确定性识别从某种程度上说则起着联系需求端和分析端的功能。

不同情报对象（如商业、互联网、技术、情报、文字、影像、多媒体、公开信息、内部信息等）有不同收集与分析方法学（Methodology）①，不论是上述六步骤，或是如美国陆军行为与社会科学研究中心提出的情报分析认知活动模型②中所提供的流程"识别目标—设置基准—构建假设—识别不确定性—采集信息—验证假设—评估结论—形成产品"，均可依不同需求，再进一步拟定和修正。本书所论乃是情报分析一般的分析架构与模式，在网络时代，用户需求出现多元化趋势，如市场营销部门所需的情报分析侧重于竞争产品的特性、策略、利润，以及产品的成本、性能、价格策略；高层决策者则是需要现有或潜在的商业同盟关系、新产品推介以及技术上的突破革新等方面的分析情报。因此，情报分析人员需要用更加灵活的工作方法来应对每一位客户的需求。如何利用信息技术以及各种交叉信息建立标准化、系统化与自动化的情报收集与分析体系也变得越来越重要。

2. 操作平台模块

操作平台主要包括两个方面：设备配置和监控管理。

设备配置：在情报分析模型中，由于信息和信息人分别作为一个单独的要素存在，因此设施的配置（包括软件、硬件设施，网络设备，安全设备配置）为信息人进行信息分析提供了基础条件，是信息增值的外在动力。情报分析所面对的问题各有不同，对情报分析的需求也不相同，不同的信息分析阶段对设备的需求也不同，所以在设备的配置中也各有所侧重。

监控管理：监控，顾名思义，即监测和控制。因为各类社会因

---

① 科技创业资讯室：《情报周期管理意涵与方法》（http：//cdnet. stpi. org. tw/tech-room /analysis/2008/pat_ 08_ A013. htm）。

② Thompson J. R., Hopf–Weichel R., Geiselman R. E., *The Cognitive Bases of Intelligence Analysis*, Alexandria, VA: U. S. Army Research Institute for the Behavioral and Social Sciences, 1984, p. 10.

素在作用与实施过程中由于人为、机械或者自然原因，发生异变，超出预期，如果不及时进行干预，会造成严重后果。由于信息和需求的不稳定性和模糊性，所以在情报分析中应该及时做好信息的监控和管理，主要包括四个方面：信息成本控制、信息流向控制、信息时效评估、监测新信息。

第四节　认知心理学视角下情报分析模型的运行与控制

一　情报分析模型的运行机制

运行机制，是指在人类社会有规律的运动中，影响这种运动的各因素的结构、功能及其相互关系，以及这些因素产生影响、发挥功能的作用过程和作用原理及其运行方式。① 其存在于组织的内部，维护、控制着组织的运行，使组织向既定目标前进，它对组织内部是自发地发挥作用，维持组织的运转，不需要借助其他的措施或力量。② 建立一套协调、灵活、高效的运行机制对于实现社会各项工作的目标和任务很有必要。

情报分析是人类社会有规律的活动，其运行有特有的规律，在运行过程中需要动力机制、执行机制、协作机制的配合。动力机制提供情报分析主体的组织保障和技术保障；执行机制提供情报分析主体的分析流程保障；协作机制提供情报分析主体与用户的交互保障。只有三个机制协调、灵活、高效地运行，才能输出较高质量的情报产品。

（一）动力机制

1. 外部动力

技术与工具是强大的外在动力，其对情报分析活动的影响是深远的。20 世纪的科学技术的发展将传统社会带进了信息社会、知识社会、技术社会，在此时代背景下深刻地改变着情报分析活动的运

---

① 百度百科：运行机制（http://baike.baidu.com/view/2068791.htm? from Taglist）。
② 金中仁、成建权、陈振宇：《图书馆信息共享与信息集群服务》，人民邮电出版社 2009 年版。

作模式，为情报分析带来了极大的便捷性与迅速性，同时改变着情报分析主体的思维方式及行为方式。传统意义的情报搜集主要来自于图书、期刊以及以印刷型为主的文献资料，而如今的情报搜集转向从网络上获取。① 在较短的时间里，情报分析主体能轻而易举地在全球范围内搜集所需的信息，信息资源的获取越来越无视时区、国界的差异，情报的搜集方式在发生着革命性的变化。同时，信息储存技术的变革，改变着信息的存储结构，为信息的迅猛增长提供了条件。在此形势下，情报分析主体应当快速适应，掌握现代信息技术和网络技术工具，从海量的信息中，提取有价值的信息，并让有价值的信息变为知识，研究出更加现代化、专业化的情报研究手段，特别是针对认知偏差的纠偏技术工具，帮助情报分析主体进行认知纠偏。情报分析主体的认知偏差减少，其他影响要素协调作用，才能为情报分析结果带来正向影响，输出高质量的情报产品。

2. 内部动力

组织文化是强大的内在动力，对情报分析活动的影响是全面且彻底的。任何员工在进入一个新的组织时都会经历一个社会化过程②，并逐渐接受、认同组织。组织文化中的价值观、道德规范、组织机制能够潜移默化地影响情报分析主体的认知、思维、行为，最终在很大程度上，逐渐统一于组织的情报分析风格，这就是社会化过程顺利进行的结果。当然，并非所有的社会化过程顺利进行都能带来好的结果，比如"团体思维"带来的危害，又如"从众效应"带来的危害。如果社会化过程发展得不顺利，情报分析主体就会对当前的组织文化失望，或是反抗当前的组织文化，抑或表面妥协，这些情况的发生都不利于情报分析主体进行情报分析活动，容易导致情报分析进入歧路，引起情报失察。若是极端的情况，则可能导致难以估量的损失。

----

① 张林治：《信息网络化对传统情报工作的影响》，《当代图书馆》2003 年第 3 期。
② 王知津、王秀香：《组织行为对竞争情报人员工作价值观的影响研究》，《图书情报工作》2009 年第 53 卷第 10 期。

（二）执行机制

任何一项情报分析活动都是以流程逐步展开的，流程的好坏会直接影响情报分析的效率和质量。传统的情报流程大都包括以下几个阶段：目标计划、收集信息、处理与加工、分析获得。这些单纯的流程步骤，已然不能够满足当代情报分析的流程发展，作为情报分析的执行机制，情报分析流程也在不断创新。吴素彬等对美国"以目标为中心"的情报分析流程的研究发现：以目标为中心的情报分析流程是近年来美国情报界在深刻反思情报失误的基础上所获得的重要理论研究成果，是对传统情报理论的一种改进与发展，具有协作互动，提升情报效率；集思广益，提高情报质量；确保采纳，增强情报实效等优势。① 刘春茂研究的"网络环境下的情报工作流程的再造与结构整合"② 以及周玲研究的"危机管理过程中情报组织工作流程新范式"③，均以某种环境为依托，对传统意义上的情报工作流程加以创新，从一定程度上提高了情报分析的效率与质量。还有不少学者从认知视角下探讨的情报分析工作流程，从更大、更广的角度研究了情报分析的执行机制。本书虽是在认知视角下研究，但不是专门研究情报分析流程周期，是从方法论的角度探讨了流程周期具有的要素，如情报分析工作中对目标和信息基准的总体识别和把握、情报分析工作中构建客观的分析假设、情报分析工作中对信息进行合理的采集和整合、情报分析工作中对不确定性信息和分析结果进行的有效评估和识别。

（三）协作机制

协作不完全等同于合作，协作是多方面的、广泛的。正是如此，本书建立的情报分析模型中的协作关系除了情报分析主体之间，还有情报分析主体与用户之间、情报分析主体与组织之间，甚

① 吴素彬、陈云、王科选、党战军：《美国"以目标为中心"的情报分析流程研究》，《情报杂志》2013 年第 32 卷第 4 期。

② 刘春茂：《网络环境下的情报工作流程的再造与结构整合》，《中国图书馆学报》2002 年第 2 期。

③ 周玲：《危机管理过程中情报组织工作流程新范式》，《情报杂志》2007 年第 26 卷第 6 期。

至情报分析主体与信息、技术工具之间。协作的目的就是完成共同的目标，为得到高质量的情报产品，情报分析主体需要与外界力量充分协作；与组织内部人员积极交流思想，变更思维，集思广益，虚心接受不同的意见，避免"团体思维"的危害；与用户及时交流，充分理解用户意图与需求，避免个人的认知偏见；与用户之间建立完善便捷的信息反馈渠道，不断更新分析思维；要合理利用信息资源，充分地开发信息，提取有价值的信息，并创造出新信息，从而达到信息价值的最大化增值；要与科研人员保持密切联系，提供想法、合作开发出专门的技术工具。总之，协作机制的运行可以集中力量在短时间内完成复杂的情报分析工作，并得到高效率、高质量的情报产品。

二　情报分析模型的控制与管理

情报分析模型具有运行和演化能力，它不仅涉及人、信息、环境的相互作用和影响，同时六大要素间的相互依赖、协同共生的关系维系着模型的整体功能和行为、整体结构和特性，也正是这六大要素间非线性的相互作用和影响共同促进了情报分析的过程，促使信息的不断序化和增值。所以它不但是一个复杂系统，也是一个人工系统，情报分析模型的运行与演化还需要人为的控制与管理，以在动态化的情报分析中保证资源的合理配置、信息流的合理输入输出，保证情报分析产品的效率和质量。也就是说，情报分析模型运行与演化结果的好坏，一方面与要素自我调节能力有关，另一方面与对模型的控制管理得好坏有关。因此，对情报分析模型的有效控制和管理进行探讨和研究具有重要的意义。

（一）模型控制与管理的原则

1. 需求驱动原则

情报分析要"以用户目标为导向，满足用户需求"，因为没有情报分析需求的产生，就不会有后续的情报分析行为的发展。从经济学上来说，需求是个中间过程，这样做的目的是让产品有用，只有在这个前提下，才可能刺激用户去购买。① 需求特点主要是：需求的模糊性即不确定性、需求的动态性、需求的多样性、需求的优先性，所以工作的关键点依赖于对情报分析需求的理解与获取，并对其实施管理。与"需求驱动"相对的是"产品驱动"和"技术驱动"，"产品驱动"和"技术驱动"都是从情报分析主体出发。组织决策层负责"战略布局"，将情报分析项目化，由情报分析团队对产品的设计和控制负责，主要思想集中在"商业"和"产品设计"上。由于情报分析更注重"分析"而非"设计"，所以对于用户需求的接收和理解对情报分析过程的信息选择、整序和输出起着重要作用。当然，需求的模糊性、动态变化性也可能导致最后得出的分析产品非用户所需，所以也应该及时做好和用户的交互工作。

2. 动态相关性原则

从系统论的角度来说，各个要素是运动和发展的，而且是相互关联的，它们之间相互联系又相互制约，这就是动态相关性原则。② 该原则是指任何系统或者模型的正常运转，不仅受到各种直接和间接要素的作用和制约，并随着时间、地点以及人员行为而发生变化。情报分析是一个动态发展的过程，同时由于各个要素（技术工具的发展、信息资源的变化、信息需求的变动等）的动态性，所以在信息资源优化配置中应该坚持动态相关性原则，不断根据反馈信息调整信息资源配置以及情报分析的过程与方法，掌握每个管理对象要素之间的动态相关特征，充分利用相关因素的作用，考虑各方面的协调，保证各要素的平衡稳定。这是情报分析资源配置的必要条件，也是优化配置的前提条件。应该考虑的要素协调包括：一是各类情报分析资源的协调，即信息本身及其载体、信息技术与信息工具之间的协调；二是资源与组织制度文化的协调；三是资源配置与个体认知的协调。由于个体认知的有限理性，在信息输入输出的过程中，会因为自身认知的局限性导致情报分析失误，所以应该保持对情报分析主体认知的监测与管理，在情报分析环节尽量引进偏

---

① 潘海燕：《需求驱动型营销管理研究》，《商场现代化》2010 年第 11 期。
② 百度百科：《动态相关性原则》（http://baike.baidu.com/link? url=jY7bNCUNPUG 29ilKOBPnc97IqSEfH4zXmqoAav-o-ilnEIVGBiKNiYJG3dC4_ T9YfOYEtweUjw_ nyMQ8k9JWgq）。

差干预策略与技术。

3. 效用最大化原则

情报分析从本质上来说是信息的增值过程，但是情报分析产品的效用价值是：建立在一定的情报分析环境下，要符合用户的需求，并且能够为决策提供支持。所以，要做到情报分析的效用最大化，不仅要考虑现在已有的技术工具下信息的成本和时效性，同时也要考虑组织目标、用户需求。也就是说，情报分析模型的效用最大化是要做好各种资源的有效配置。资源的配置在当前的网络环境下，具有一定的复杂性和动态性，要使情报分析的各项资源配置最为有效，就必然涉及调整各要素的分配关系，所以应该根据信息需求的特点，从主体出发，确定情报分析其他要素的数量、内容和质量；制定情报分析资源配置的规划、方案和标准，然后付诸实施，并在实施过程中不断对其进行调整。要实现效用最大化，不能仅从某一要素或某一流程出发，而要站在情报分析模型整体的角度，综合协调各个要素之间的关系，让信息资源最大限度地实现其价值，为用户创造出更多可用的新信息，从而解决用户的问题，满足用户的需求，为组织决策提供信息支撑。

（二）模型控制与管理的动因、保障与自我控制手段

1. 认知偏差——模型控制管理的内在动因

情报分析主体、流程周期、技术与工具、组织文化、信息结构、信息交互这六大关键因素对于情报分析模型都有重要影响，也是模型控制和管理的具体要素，但是归根结底，情报分析偏误的内在动因是由于情报分析主体的认知有限性，所以认知偏差也是模型控制管理的原始动力。情报分析中的认知偏差主要来自认知主体、认知客体和认知环境。[①] 认知主体的智力因素包括记忆力、观察力、思维能力、注意力、想象力、创造力等，非智力因素包括情感、意志、兴趣、性格、需要、动机、目标、抱负、信念、价值观等，这些方面都会导致认知偏差的产生从而引发情报分析偏误；认知客体

---

① 周菲：《决策认知偏差的认知心理学分析》，《北京行政学院学报》2008 年第 5 期。

的不确定性、风险性、复杂性和紧迫性则会导致情报分析主体难以对信息或者事件做出理性判断，导致"归因偏差"、"锚定偏差"等；认知偏差的产生不仅受个体自身因素的影响，情报分析主体所处的环境也会不同程度地左右人的认知，即心理学上常说的场依赖性，即认知者对物体的知觉倾向于依赖外界的参照，难以摆脱环境因素的影响。①

2. 情报分析资源合理配置——模型控制管理的"能量"保障

情报分析资源的有序流动是保证情报资源合理配置，进而输出情报产品的有效途径，但这种资源流动需要相适应的制度来保证。因此，应该制定完善的资源配置和操作制度，规定资源配置过程中情报分析主体的具体分工，制定合理的情报分析流程、情报分析过程中应该遵守的原则和标准，以及对情报分析产品的评估。全面、合理、有效地对情报分析的各要素进行分配和管理，同时做好监测和评估工作。从资源配置的角度来说，模型控制与管理近期目标是保证情报分析各要素的结构协调、功能和谐、信息输入输出平衡，即避免信息失调和认知主体偏差。远期目标是保证在情报分析环境下情报分析资源配置合理，即情报分析主体拥有与情报分析任务相匹配的技术、工具等信息资源，从而保证情报工作人员能够充分合理地利用与开发信息资源和信息技术，高效率地生产出质量高、价值大的信息产品以及新型的信息服务，以便更好地满足用户的信息需求，提高情报工作的效率和效益。

3. 信息反馈——模型的自我控制手段

认知行为的有限理性会造成情报分析中的各类偏差，如在信息采集阶段面对大量的信息资源会有意无意地忽略掉一些比较重要的信息，或者由于信息成本限制以及信息提取技术等选择性地提取信息。在信息处理阶段，重构性记忆、简捷化直觉等非理性行为，都会产生相应的认知偏差，造成分析偏误。信息反馈是指及时发现情报分析执行中的偏差，并且对相关要素进行有效的控制和调节，并

---

① 谢开勇、邹梅、裴飞云：《认知偏差及对战略决策的影响》，《科技管理研究》2009 年第 28 卷第 12 期。

将反馈信息直接或间接地反馈给情报分析决策者和执行者，促使他们适时地做出反应，提出应变措施或及时修改、及时调整不当的做法。如果缺少良好的信息反馈，就无法进行有效的控制；且对于情报分析进行中出现的偏差反应迟钝，通常只有在造成较大失误之后才发现，这样就会给情报分析工作带来损失。

反馈的作用主要体现在三个方面。

（1）有利于对情报分析中的信息传递进行检验。它能及时地将信息的传递和增值效果返回情报分析执行端，在收到反馈信息后，可以与情报分析的目标和基准进行比较，发现差距，找出造成偏差的原因，采取相应的调整措施，从而评估和提高情报分析效益。

（2）有利于决策的改善。反馈信息作为决策中所用到的重要信息，是决策进一步修正和改善的信息来源。

（3）有利于提高情报分析工作质量。由于用户需求具有模糊性和可变性，所以保持和用户的信息交互，可以避免模型的僵化效应，提高工作效率，提升情报分析工作质量。

完善信息反馈制度应该从以下几个方面着手：第一，建立情报分析效率的评估系统。及时做好信息加工处理过程中的效率和效度评估，根据反馈结果评价目前情报分析的策略与方法是否得当，并做出修正。第二，完善用户交互渠道。由于组织文化和技术工具等内外部情报分析环境的影响，情报分析人员和用户之间、情报分析主体之间可能会缺少反馈渠道，所以情报分析机构应该培养充分交流的组织氛围，同时建立良好的反馈平台和机制。第三，建立人为干预的监控系统。监控系统能够对情报分析的整个过程进行监控，以防情报分析往偏离原始目标和需求的方向发展，保证情报分析进展顺利。

第六章

情报分析中的个体认知偏差干预策略研究

本书通过探讨情报分析中的关键影响因素，明确 24 项对情报分析的成败具有重要影响的因素，进行因子分析得到的公共因子分类显示这 24 项关键影响因素集中体现在六个维度，分别为情报分析主体、信息结构、技术与工具、流程周期、组织文化和用户交互。情报分析主体维度的载荷指标最多，流程周期、技术与工具等要素均会对情报分析结果产生重要影响。第五章已重点介绍了流程周期，并提出规范化分析流程。本章着重探讨情报分析个体认知偏差干预意义、干预手段的特点，从主体心理层面、组织文化层面与方法工具层面提出有针对性的干预策略。

第一节　情报分析中个体认知偏差干预的意义

一　满足情报分析用户需求

随着网络信息的发展，以及移动互联网的兴起，大量无序信息产生，现代信息相较于传统信息，传播更加迅速，数量更加庞杂，交换和利用也更加便捷。在这样一个大数据环境下，情报需求更加多样化、个性化。以竞争情报需求为例，竞争情报的三大核心功能为：预警系统（监测、跟踪、预期、发现）、决策支持（竞争方式、生产决策、新市场、技术研发）、学习系统（借鉴、比较、管理方法和工具、避免僵化）①，竞争情报使管理者能够根

---

① 包昌火等：《略论竞争情报的发展走向》，《情报学报》2004 年第 23 卷第 3 期。

据情报信息及时做出市场判断，把握市场机会，理清市场政策，做出正确决策。在现代市场环境下，信息的更新速度更快，企业面对的市场用户和市场竞争者更加庞杂，情报分析人员在进行信息收集时更多考虑的是信息本身和信息渠道，而不是从决策的角度进行考虑，这就导致情报分析人员难以做到"需"与"求"的平衡。

满足情报分析用户需求，至少要包括两个方面的内涵。一方面是情报内容的呼应性，即从情报分析用户的决策需求出发，并在情报分析过程中及时沟通，将情报分析的需求内容与情报分析过程连接起来。另一方面，则是需求的满意度。美国学者福内尔（Fornell）认为：服务质量不等于满意度，满意度指数模型除了"感知质量"（即服务质量）外，"品牌形象"、"用户预期"、"价值感知"都是影响情报分析用户满意度的因素，并且在四个满意度影响因素之间存在路径和因果关系，形成一个结构方程。①

由于认知的多维性、整合性、关联性、时效性、空间性、形式性、有效性等特性②，导致情报分析人员在感知信息—处理信息—整合信息、形成解决方案—实施行为的整个情报处理链条中，出现各种各样的偏差。例如，在信息收集阶段，情报分析人员容易有意无意地忽略掉一些比较重要的信息，选择性地提取信息，产生启发式偏差。

个体认知偏差干预策略是指运用科学严谨的研究方法、精确的研究工具对情报分析过程中的个体认知偏差进行监控和管理，将各类偏差以及零散脱节信息进行关联和判定、纠正和继续实施的过程。推进情报分析效能，不仅需要增加情报供给，还要加强分析干预，拓宽信息渠道，满足大数据时代公众日益多样化、个性化的信息需求，才能有效减轻个体认知偏差导致的情报失察。

① 王艳：《国内外顾客满意度指数研究现状》，《辽宁经济统计》2006年第10期。
② 严贝妮、陈秀娟：《情报失察中的个体认知偏差成因分析》，《情报杂志》2012年第31卷第9期。

二　提升情报分析的技能

情报分析人员不仅要对信息资料进行收集、整理、分析，还要根据用户需求，在宏观上对整体环境做出判断分析，在微观上对具体问题进行专门调查、分析和挖掘，实现信息的增值。在现代环境下，情报分析人员不仅要求专业化，也要求综合化，能够及时对环境变化做出判断，对信息进行甄别和剔选，对需求做出及时沟通，同时也应该具有主动学习和快速学习意识。

杨克岩认为情报分析人员可分为两种类型：一种是对原始信息进行鉴别、剔除、整序、加工，使之条理化、便存储；另一种则是根据用户的需求进行宏观和微观的分析，实现信息增值，为最终的决策服务。① 情报分析人员需要掌握的主要技能包括：基本技能（情报学专业和相关知识、相关政策知识、情报信息获取和分析能力等）、专业技能（情报需求具体化能力、推理论证技能、敏锐的洞察力、科学研究方法技术的掌握等）、认知能力（自我认识能力、自我控制能力、情绪稳定性等）。

个体认知偏差干预策略是通过利用介入纠偏方法，帮助情报分析人员减少认知偏差因素在进行情报分析时的影响，从而让人们集中精力明确自己的认知局限。例如，埃文斯（1989）提出了四种纠偏的方法，包括以固定的程序取代人类的直觉、通过教育和培训提升推理能力、提高人文环境的质量、发展互动决策辅助。② 这些干预策略，一方面通过提升情报分析人员的基本技能和专业技能，提高情报分析的意识，减少对记忆的依赖，促进情报分析人员做出更加专业化、综合化的信息选择；另一方面通过提高情报分析人员的认知能力，增强在情报搜集过程中对不完全、不确定信息的推理和分析能力，修正逻辑推理的反馈信息，通过总结和吸取

① 杨克岩：《企业竞争情报人员素质要求及评价研究》，硕士学位论文，吉林大学，2008 年。

② Lau A. Y. S., Coiera E. W., "Can Cognitive Biases during Consumer Health Information Searches Be Reduced to Improve Decision Making", *Journal of the American Medical Informatics*, Vol. 16, No. 1, 2009, pp. 55-57.

情报失误的教训，减少逻辑推理失误，最终获得准确客观的情报分析产品。

三　全面提高情报产品的价值

情报分析工作最终成果体现在情报分析产品上，一个成功的情报分析产品能够充分满足用户需求，为决策提供支持服务，实现信息增值最大化。大多数情报产品是以研究报告的形式表现出来的。以竞争情报产品为例，竞争产品常见的类型和成果包括：情报通信、竞争对手文档、专题情报报告、综合情报报告、决策咨询型报告、情报数据库。

相较于传统的将信息推送出去的信息服务，情报产品更多地强调介入用户信息，及时做好用户沟通。情报产品最终要为决策服务，目的在于使企业成为信息的处理者和受益者。目前的情报产品主要面临三大问题：（1）用户需求的难以捕捉性。情报分析人员和用户难以做到及时的沟通，在很大程度上，由于情报分析人员缺乏沟通渠道，很可能选择凭借自身经验进行信息判断，从而导致"锚定偏差"、"定型效应偏差"等。（2）信息收集的片面性。情报分析人员受感知能力、记忆能力和信息加工能力等方面的影响，分析员倾向于凭借个人经验、个人直觉进行情报分析，这就导致在信息收集阶段，无法全面收集所需信息，造成信息偏误。（3）情报产品的准确性和时效性低下。在现代环境下，信息的更新速度加快，要想准确全面地收集和分析信息，就需要对整体环境及其发展态势做出判断，而情报分析人员缺乏知识和专业能力，很容易导致情报产品效用偏低，准确性不足。

因此，通过拓宽信息渠道和反馈渠道，能够更加快速地捕捉用户的需求，及时和用户做好沟通；通过规则训练、逆向思维等干预提高情报分析人员的专业能力和认知能力，减少个人经验和直觉产生的偏误；通过技术型软件对更新信息进行检测和反馈，增强情报产品的准确性和及时性。

第二节　情报分析中个体认知偏差干预的特性

一　时效性

时效性是指信息仅在一定时间段内对决策具有价值的属性。[①]情报的时效性也称及时性，是指情报反映客观实际情况及时和不失时机地提供使用。[②]社会的飞速发展，对情报的时效性要求愈来愈高，提升时效性变得尤为重要，特别是在军事作战中，各种高端的军事技术运用，使得情报的临界时间是以分、秒，甚至几分之一、几百分之一秒的时间计算，没有高度快速的情报搜集、分析、判断、处理，就只能处于被动挨打的境地。[③]在情报分析工作中，如果能够及时纠正情报分析主体存在的认知偏差，对于提高情报的时效性具有重要意义。

著名的美国圣诞节炸机未遂事件的发生，虽然结果是有惊无险，但也给了美国情报部门当头一棒。犯罪嫌疑人携带爆炸物一路顺利过关，没有任何阻碍，这本是不该发生的事，却由于情报分析主体在情报处理阶段存在"过度自信"偏差，忽视现有的线索，以自我为主，没有及时地纠正偏差，导致情报时效性的缺失；在情报评估阶段，又固守已有的信念，出现"确认偏差"，造成情报产品缺失。总之，整个事件的发生，究其缘由，在于情报分析主体忽视其自身存在的认知偏差，没有及时纠正偏差，错失发现犯罪嫌疑人不良意图的良机。试想，如果情报分析主体放低姿态，通过干预，及时纠正自身存在的认知偏差，保证情报的时效性，那么2009年就不会有美国圣诞节炸机未遂事件的发生。

又如2012年发生的柯达公司宣告破产事件。作为数字照相机的发明者和缔造者，柯达公司的破产确实让人震惊。柯达公司之所

---

① 百度百科：《时效性》（http：//baike. baidu. com/view/555710. ht m？fr=aladdin）。

② 张晓军：《军事情报学》，军事科学出版社2001年版。

③ 陈刚、吴德元《从近期几场局部战争看情报的时效性和准确性》，《情报杂志》2010年第29卷第S1期。

以陷入困境，并非缺乏技术创新，而是受到"首因效应偏差"的影响，迷恋技术主义，却忽略企业自身的核心竞争力。同时又由于之前所扩大的海外市场和国内市场，让柯达公司高层滋长了极度的自信，从而受到了"过度自信偏差"的影响，享受在所取得的成功和辉煌里，缺乏与时俱进的精神，最终被时代所淘汰。柯达的失败依然是没有及时地纠正存在的偏差，如果柯达认识到自身存在的"首因效应偏差"，及时干预，纠正，就不会步履维艰地走在从技术和专利竞争转为标准和制度竞争的路上，就会投消费者之所好，提升产品的个性化与人性化，满足消费者的需求。如果柯达认识到自身存在的"过度自信偏差"，及时纠正，就不会故步自封，不会缺失商业情报的时效性，从而能够抓住机遇，采取应急措施，解决危机。也许，柯达宣告破产事件也就不会出现了。

二　针对性

不同认知偏差虽然有其不同的产生原因，但对其实施干预策略大体可分为针对情报分析主体的心理干预和针对情报分析主体的行为干预。本书在其他学者研究认知偏差的基础上，从针对心理干预和针对行为干预两方面阐释情报分析中个体认知偏差干预策略。

针对心理干预，主要是从认知的角度干预情报分析主体。比如对于情报分析主体受"首因效应"影响而产生认知偏差时，可以进行心理干预，告诫情报分析主体"第一印象"的不可靠性、片面性、表面性，要树立辩证唯物主义观，摒弃不良的心理障碍，从认知上干预情报分析主体。又如"反向思考"[①]策略，通过反问产生偏差的个体，进行心理干预。研究表明，"反向思考"策略对减少过度自信偏差、锚定效应偏差、事后偏差等认知偏差有较好的效果。[②]"规则训练"策略就是通过学习某些领域推理判断规则作为一

---

① 郑雨明：《决策判断中认知偏差及其干预策略》，《统计与决策》2007 年第 10 期。

② Roses N. J., Olson J. M., "Counterfactuals, causal attributions, and the hindsight bias: a conceptual integration", *Journal of experimental social psychology*, Vol. 32, No. 3, 1996, pp. 197-227.

种文化补偿机制改进认知。① 像"专注于目标、分析情境、不要试图从随机事件中寻找和创造意义、理性分析和直觉的有机结合、不要以为一种决策风格对每项工作都合适"② 等纠偏策略，都是通过改变自我认知，加强自我认知，弥补自我认知的局限性，进行心理干预，纠正偏差。要用"正确的自我评价和自我归因"③ 的方法减少情报失察中个体认知偏差策略，干预情报分析主体的思维，弥补认知缺陷。目前广泛为英美使用的红队研判分析法，也是针对心理干预的一种方法。

针对行为干预，主要是在改变行为的基础上进行纠偏，实质上可以认为是实践反作用于理论。例如，"寻找违背决策者信念的信息"④，是从行为上进行干预的，通过主动寻找与自己信念和假定相矛盾的信息，以此对抗过度自信偏差、事后偏差。如此，经过反复实践，情报分析主体就会逐渐在认知上理解自身存在的认知偏差，也会慢慢减弱这些偏差发生的频率。情报分析主体通过进行持续的知识储备，加强元认知水平的训练⑤，提高自身对情报的理解和把握能力，有利于消除认知狭隘，纠正知识性的个体偏差。在情报分析过程中，还可通过鼓励情报分析主体，提高他们的行为表现，多去思考现有的形势，主动搜索详细的情报，选择更多的决策方案，减少一定的认知偏差。

通常，针对行为干预会得到更好的效果，因为实践会让人印象深刻，行为干预的最终效果会反作用于心理干预，所谓实践出真知。只有结合二者所长，才能从真正意义上，使得纠正认知偏差产生良好的效果。

---

① 杨克岩：《企业竞争情报人员素质要求及评价研究》，硕士学位论文，吉林大学，2008 年。

② 王军、王海燕：《认知偏差对管理决策影响研究》，《黑龙江对外经贸》2009 年第 2 期。

③ 严贝妮、陈秀娟：《情报失察中的个体认知偏差成因分析》，《情报杂志》2012 年第 31 卷第 9 期。

④ 张晓军：《军事情报学》，军事科学出版社 2001 年版。

⑤ 姚伟、严贝妮：《跨越个体认知偏差的情报分析策略》，《情报理论与实践》2012 年第 35 卷第 10 期。

三　可控性

在管理学中，控制是监督组织各方面的活动，保证组织实际运行状况与计划保持动态一致的过程①，其主要特点就是保持实际运行与计划动态一致。这个过程必然存在信息的传递，可以说一切信息传递都是为了控制。② 那么，信息自然是控制过程的关键性资源，获取信息的过程就是获取情报的过程，在情报分析工作中，如果没有控制过程，就谈不上情报分析。希基（Hickey）提出的"情报控制"问题，③ 认为情报控制包括对情报获取、情报理解、情报处理、情报利用等方面的控制。可见控制是存在于情报分析的整个过程。控制过程的存在，可以帮助情报分析主体分析在情报分析过程中产生认知偏差的原因，指导情报分析主体采取纠偏的措施，提高情报分析的效能。

虽然人的认知偏差是由于人的有限理性而产生的，很难避免，但是可以对其进行控制和干预。本书借鉴管理学中控制类型的划分方式，从情报获取的过程将情报分析中的控制过程划分为前馈控制、过程控制、反馈控制。

前馈控制是一种防患于未然的控制，它是在情报分析工作开始前对分析中可能产生的偏差进行预测和估计并采取防范措施，将可能产生的偏差消除于产生之前。比如在情报搜集阶段，情报分析主体可能会出现首因效应、近因效应或锚定偏差等，对情报的选择存在不完全性，从而导致搜集的情报不够完整，对后期分析带来影响，这时通过前馈控制，让情报工作主体进行正确的自我评价和自我归因，可以有效地减少甚至避免这些可能存在的个体认知偏差。

过程控制是指在情报分析过程中的控制，在情报分析活动之中进行随时控制，发现偏差，及时纠正偏差，可以防止重大情报失误

---

① 陈传明、周小虎：《管理学原理》，机械工业出版社 2007 年版。

② 王鹏、司有和、任静：《基于控制论的企业反竞争情报工作研究》，《图书馆学研究》2009 年第 6 期。

③ Hickey D. J., "Bibliographic control in theory", *IFLA Journal*, Vol. 6, No. 3, 1980, p. 234.

的发生。例如，在情报处理阶段，情报分析主体要时刻注意是否有过度自信偏差，以及损失规避偏差、类比性偏差等认知偏差的产生，可引入群体决策机制，减少个人思维的缺陷，当然也要注意团体思维的危害；可引入批判性思维，减少个人思维定式和个人认知的局限；可引入技术纠偏工具，客观上帮助情报分析主体减少偏差。总之，在情报分析中进行过程控制，随时发现，及时纠偏。

　　反馈控制是在情报分析过程后的控制，也是最常用的控制方式。反馈是决策的一个重要环节，也是纠正决策偏差的重要环节。[①]情报分析的反馈控制是指及时发现情报分析工作结束之后的偏差，对相关要素进行有效的控制和调节，并将反馈信息直接或间接地反馈给情报决策者或执行者，促使他们适时做出反应，提出应变措施或及时修改，调整不当做法。

第三节　情报分析中个体认知偏差干预的策略

　　在理解情报分析个体认知偏差干预的意义与特性的基础上，本小节对情报分析个体认知偏差具体的干预策略从主体心理层面、组织文化层面、方法工具层面提出可操作性的个体认知偏差干预八大策略，分别是：正确的自我评价与自我归因、培养批判性与逆向思维模式、关注与把握分析环境的变化、完善组织文化建设、引入群体决策的分析机制、出台切实的动机激励措施、采用针对个体认知偏差的分析框架并辅之以智能化的纠偏分析工具等，以期供情报分析相关组织与分析人员在实际工作中借鉴与参考。

一　主体心理层面干预策略

（一）正确的自我评价与自我归因

情报分析人员的各种心理行为会影响情报分析，造成情报失

---

　　① 周菲：《决策认知偏差的认知心理学分析》，《北京行政学院学报》2008 年第5 期。

察。例如，情报分析人员的习惯性思维及对自身知识的过度自信和依赖，知识域的狭窄、个体认知的迟钝性，会使情报分析人员造成思维定式等偏差，影响情报分析结果的准确性和全面性；情报分析人员过于关注现象忽略信息本质、忽略现象细节进而形成认知偏差，认知敏感度不足，导致不明确效应；在组织系统内，则容易产生从众效应，倾向于大多数人的决定。这些心理行为表现在情报分析的各个阶段，对情报分析产生重大的影响。情报分析员应该认识到自身的有限理性，首先思考在个体心理层面解除个体认知偏差，增强自己认知事物的客观性和理性，更加正确、合理地做出分析和决策。

同时，情报分析工作对分析员的知识、能力、心理素质有着较高的要求。一位优秀的情报分析员应具备的素质主要有：拥有渊博的知识，是不知疲倦的学者；有超强的积极性和无尽的好奇心；很好的团队合作者；能掌握自己和其他组织的诀窍（政策、流程和任务结构）；善于推理；能够组织自己的知识和概念模型；在有限的信息中更好地、更充分地利用信息；将其工作视为一种研究，设计并制定情报分析策略，依赖于信息的分析来评价和测量工艺和产品。[①] 因此，在从事情报分析时，分析员首先应该进行正确的自我评价和自我归因，明确想要什么，对自己的能力、兴趣、爱好、性格特征有充分的自我认知，在具体分析过程中跳出自己的思维框架，克服陈旧的思路，避免情报失察。[②]

（二）培养批判性与逆向思维模式

1. 逆向思维

逆向思维法是指从事物的反面去思考问题的思维方法。这种方法常常使问题得到创造性的解决，主要包括：反转型逆向思维法、转换型逆向思维法、缺点逆向思维法。在情报分析工作中，逆向思

---

① Woocher L., The effects of cognitive biases on early warning and response, http: // eeas. europa. eu/ifs/publications/articles/book3/book_ vol3_ chapter5_ the_ effects_ of_ cognitive_ biases_ on_ early_ warning_ and_ response_ lw_ en. pdf.

② 严贝妮、陈秀娟：《情报失察中的个体认知偏差成因分析》，《情报杂志》2012年第 31 卷第 9 期。

维法促使情报分析人员从新的假设前提出发,对信息进行再认知、再思考。逆向思考对减少过度自信、事后之明及锚定效应等认知偏差有较好的效果,同时也可以减少信息加工过程中认知偏差的影响。赫特(Hirt)发现当个体开始考虑一件事所有可能的后果时,积极对对立的后果进行分析和判断,偏差会明显减少。①

2. 规则训练策略

认知偏差是不可避免的,但是可以通过不断的训练和调整做出改善。美国情报高级研究项目曾发布天狼星计划,旨在通过开发出一系列游戏来训练参与者,让他们在分析情报做决策时能够认识到自身存在的认知偏差,并纠正这些偏差,以至于更好地做出决策。训练体系关注于六种特殊的、普遍影响决策的认知偏差类型:确认偏差、盲点偏差、基本归因偏差、锚定偏差、固执偏差、投影偏差。情报高级研究项目组通过与空中研究实验室签署合同,授予Ratheon BBN 公司 1050 万美元,开发出基于游戏的训练方法和训练体系,专注于减少偏差以提高决策。Ratheon BBN 的天狼星项目共同负责人爱丽丝·梁(Alice Leung)博士说:"这个项目对我们来说是一个完美的机会,能够运用我们的专业技能高效地创造、解决这样一种具有挑战性的问题。在很多重要领域,识别偏差并能减少偏差对情报分析的影响能力能够带来更好的决策。"② 目前,已经开发了一个叫"心灵的谎言"的游戏,该游戏运用了教育学的一些策略,如同行学习、实践中检索等,训练情报分析主体,以识别和减轻六种认知偏差。该游戏在全美国进行了测试,结果表明它起了作用——在现实情况中,玩的次数越多的参与者,越能更好地识别自

---

① Hirt E. R., Markman K. D., "Multiple explanation: A consider-an-alternative strategy for debiasing judgments", *Journal of Personality and Social Psychology*, No. 69, 1995, pp. 1069-1086.

② Raytheon BBN awarded $ 10.5 million to develop game-based training methods and systems to improve decision-making, http://www.prnewswire.com/news-releases/raytheon-bbn-awarded-105-million-to-develop-game-based-training-methods-and-systems-to-improve-decision-making-134028823.html#.

身存在的认知偏差。① 可见，规则训练起到的重要作用与价值。

　　规则训练的内容包括对关于认知偏差和决策判断已有研究成果的掌握和运用，如对事物出现频率与其实现可能概率的区分、对推理不一致性的纠正、对偏差的感知等，即情报分析人员可以通过训练改变思维方式的方法。克罗斯克里（Croskerry）指出可以通过改变思维方式消除个体认知偏差的影响，他从心理文献角度出发提出了 11 种克服人的气质影响的纠偏策略来应对利用启发式的检索方法导致的认知行为偏差。② 这些方法包括：提高信息意识，考虑选择性，减少对记忆的依赖，提供特殊训练，简化任务，减少时间压力，促进问责和反馈，促进元认知并且使用认知迫使策略。这些方法都是基于对问题解决中元认知方法的研究，其中包括"终止现有问题的思考而去检查和反思自己的思考过程"。

　　（三）关注与把握分析环境的变化

　　分析员必须时刻关注认知环境的变化，调整自己的分析策略。以前，分析员多用趋势预测法来帮助自己判断，该法经常用在市场的预测中，以时间为序列，以历史预测未来，默认环境因素没有太大的变化。显然在环境复杂性、不确定性日益增加的情况下，此法局限性凸显，而回归预测法则可弥补此缺陷。回归预测法根据预测的相关性原则，找出影响预测目标的各因素，并用数学方法找出这些因素与预测目标之间函数关系的近似表达，再利用样本数据对其模型估计参数及对模型进行误差检验，一旦模型确定，就可利用模型，根据因素的变化值进行预测。在情报分析中，分析员容易犯以趋势预测未来的错误，忽略环境的变化。为了减少乃至避免个体认知偏差导致的情报失察，可在趋势预测的基础上，进一步结合回归预测来分析判断，即把各种环境因素定量化，并且找出环境因素与情报分析目标之间的数量关系，使其模型化，根据模型做出详尽的回归图表，从图表中就可以很清晰地看出各种因素

---

　　① The mind's lie AKA "biases with friends", http：//sourcesandmethods. blogspot. ae/2014/03/the-minds-lie-aka-biases-with-friends. html.

　　② Croskerry P., "Achieving quality in clinical decision making：cognitive strategies and detection of bias", *Acad Emerg Med*, No. 9, 2002, pp. 1184-1204.

对情报分析的影响程度，权衡它们在分析中的权重，减少不必要的认知偏差。①

二　组织文化层面干预策略

（一）完善组织文化建设

组织文化决定了组织中情报分析的氛围，是以个人分析为主还是群体分析为主，是官僚型的组织还是追求独立创新的组织。完善组织文化的关键是对现有由于认知偏差而导致的情报失察的案例进行分析，全方位、多角度剖析，找出那些由于不健康的组织文化而导致的认知偏差，然后对这些不良的组织文化进行研究，同时最好与同类型的组织进行比较以便找出本组织文化的缺陷。具体的步骤有：首先，制度化组织文化且把组织文化的建设和情报分析的目标连接在一起。这样组织文化的建设就不会过于的盲目，情报分析人员即便很大程度上受组织文化的影响，也是一种正面影响，会减少分析员的各种认知偏差。其次，通过具体的方法来潜移默化地修正不适合情报分析的组织文化。若一个组织以群体分析为主，可使用"唱反调法"来减少分析时由于从众而产生的认知偏差，即找出一个成员扮演故意唱反调的人，对已提出的方案提出批评，以提醒分析员再三确认方案的选择。该方法及其如何实施将在其后方法工具层面策略中详细探讨。最后，增加群体分析中分析主体的多样性，保证更多的方案被考虑到。②

（二）引入群体决策的分析机制

情报分析的各阶段都需要决策，如果仅仅是情报分析人员单打独斗进行个体决策，则情报分析的结果势必会存在一些弊病。管理学大师斯蒂芬·P.罗宾斯认为，与个体决策相比，群体决策有如下优点③：（1）更完全的信息和知识，通过综合多个个体的资源，

---

① 严贝妮、陈秀娟：《情报失察中的个体认知偏差成因分析》，《情报杂志》2012年第31卷第9期。

② 同上。

③ ［美］斯蒂芬·P.罗宾斯：《组织行为学精要》，郑晓明、葛春生译，电子工业出版社2005年版。

可以在决策过程中投入更多的信息；（2）增加观点的多样性，除了更多地投入以外，群体能够给决策过程带来异质性，这就为多种方法和多种方案的讨论提供了机会；（3）提高了决策的可接受性，许多决策在做出之后，因为不为人们所接受而告夭折，如果那些会受到决策影响的人和将来要执行决策的人能够参与到决策过程中去，他们就更愿意接受决策，并鼓励别人也接受决策，这样决策就能够获得更多支持，执行决策的员工的满意度也会提高；（4）增加合法性，在西方国家，群体决策被认为比个人决策更合乎法律要求，如果个人决策者在进行决策之前没有征求他人的意见，决策者的权力可能会被看成是独断专行。[①]

（三）出台切实的动机激励措施

1. 建立积极的期望

期望理论必须解决动机的两个问题：实现任务的可能性、任务的价值性。弗曼（Vroom）用效价、期望和动力三者来解释人类的动机作用。他认为，个人想要进行某种行为的动力是一切结果的效价，及其行为由于达成这些结果而同时产生的期望强度的积的代数和的单调递增函数。适当的激励和积极的期望能够优化情报分析人员的行为表现，优化主体在信息收集、整合、分析过程中的具体工作。当团体建立起积极的期望后，一方面能够帮助情报分析人员对于个体的认知偏差进行积极的归因，增强情报分析人员的责任感和自信心，从而避免二次错误；另一方面，积极的期望能够使情报分析主体在符合自身能力的任务中，感受任务的价值，从而产生成功的替代性经验，增强自我效能感。[②] 让情报分析人员预先了解决策的期望值，能够促进情报分析行为的主动性和全面性，在勒纳（Lerner）的研究报告中表明，该策略在消除认知偏差方面具有广泛

[①]　严贝妮、汪传雷、周贺来等：《情报分析中的认知偏差表征及其克服》，《图书情报工作》2011 年第 55 卷第 16 期。

[②]　Vroom V. H., Jago A. G., *Leadership and Decision Making*, Pittsburgh：University of Pittsburgh Press，1973，pp. 29–41.

性，对很多认知偏差都具有效性。①

2. 设置合理的情报工作任务

情报分析工作的动机除了受个体内部心理影响外，还受整体环境的影响，如情报分析任务的难易程度、任务的可操作性、任务的价值、任务的反馈与评价等。

情报分析人员的专业背景、知识水平都存在差异，因此在分配情报工作任务时，应该根据任务的专业范围、难易程度进行团队的建设。在团队成立之初，应该让团队成员认识到情报分析任务的价值性，增强成员对于工作的认可度。要控制情报分析工作的可操作性，一般来说，情报工作越是明晰，越是具有可操作性，得到的情报产品也更成功；情报工作模糊程度越高，情报分析人员越难掌握完成该任务的程序和方法，可能导致情报失察。因此，要及时做好用户沟通工作，将情报分析任务具体化、清晰化、可控化。

3. 情报分析工作的及时反馈和评价

了解情报分析工作的进展情况和情报分析工作的结果，会对情报分析人员产生相当大的激励作用。及时反馈能让情报分析人员及时了解在情报分析过程中存在的问题，并及时调整情报分析工作的进度，纠正情报分析工作中存在的错误，这样能够激励情报分析人员自我修正。而对情报分析工作的评价则有利于情报分析人员有效认知情报分析效果，对于不符合评价标准的部分进行改进和再实施。同时也要注意评价的多元化问题，在评价中要把过程性评价与结果性评价结合起来，侧重于过程性评价；诊断性评价与发展性评价相结合，注重发展性评价。

三　方法工具层面干预策略

(一) 采用针对个体认知偏差的分析框架

目前，情报分析的工具和方法很多，但是针对克服个体认知偏差的却很少。经过研究归纳，在情报分析过程中针对个体认知偏差

---

① Lerner J. S., Tetlock P. E., "Accountability and Social Cognition", In *Encyclopedia of Human Behavior*, San Diego: Academic Press, 1999, pp. 1-10.

可以采取以下几种规范化的分析方法，主要有：红队研判分析法、竞争假设分析法、唱反调法、头脑风暴法、可替代预期分析法、条件分析法。

1. 红队研判分析框架

（1）提出

红队研判分析法（Red Teaming）起源于 19 世纪的一种战争游戏法（Wargame），初衷是通过模拟战争来制订计划，协助决策者运用替代性分析方法和批判性思维来挑战已有的假设，从而提高领导者的决策水平。[①] 之后，逐渐扩散到非军事领域，目前已广泛用于政府和企业当中，如商业领域的 IBM 公司，政府机构的中央情报局、桑迪亚国家实验室。特别是在"9·11"事件后，美国所有的情报机构都要求运用红队研判法来协助分析决策。随着红队实践的不断增多，其理论部分得到了极大的丰富。很多学者、机构通过总结其实践经验，从不同角度来论述其理论，这对了解、应用红队研判分析法有着很大的意义。

2003 年美国国防科学委员会在《美国国防部红队活动角色和地位》报告中提出：红队研判法是一种可以补充并且告知情报收集和分析情况的技术，它能在对手采取行动之前发现自身的弱点，且对已显现的行动设想进行挑战。同时红队研判法可以抑制成功之后的自满情绪。[②] 不同研究者给出的红队研判法的定义都不尽相同，但其本质核心都是相同的，即强调指导实践者进行换位思考，从不同角度审视自身的环境，挑战自身的计划，以此发现潜在的漏洞，完善对自身情况的全面了解，提高领导制定决策的水平，同时，有助于检测决策的准确性。在这一过程中，红队研判法的运用协助情报分析者脱离了固有的思维模式，克服了认知偏差，提高了情报分析者对问题空间的全面了解。

---

① Nettles A. B., *The Case For Broader Application of Red Teaming Within Homeland Security*, Monterey, California：Naval Postgraduate School, 2010, p. 17.

② Gold T., Hermann B., *Defense Science Board Task Force on the Role and Status of DoD Red Teaming Activities*, Washington DC：Office of the Under Secretary of Defense for Acquisition Technology and Logistics, 2003, p. 5.

（2）实施

根据美国红队指南的介绍，红队研判分析法的实施过程主要有三个步骤，分别为：诊断阶段、创新阶段和挑战阶段。[①] 该方法实施的整理过程如图 6—1 所示。该方法主要运用于情报分析过程中的情报分析、情报整合。需要明确的是，这三个阶段是一一承接的关系，必要时，可循环反复执行，以追求高质量的分析结果。

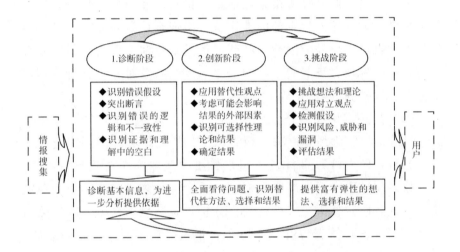

图 6—1　红队研判法的实施步骤

资料来源：笔者整理。

第一阶段，诊断阶段。此阶段中，情报分析者对已收集到的数据、信息进行分析检查，并对提出的计划、决策假设实施判断，识别错误假设，查出信息分析漏洞。情报分析过程中，分析人员往往受制于具体情境、认知思维、分析工具，遗漏对关键信息的分析，做出错误的假设，导致偏离了对问题空间全面了解的方向。因此，此阶段对信息进行充分分析，对假设进行严格审查是进行下一阶段的保证。

第二阶段，创新阶段。继承前一阶段的信息、假设，通过拓宽

[①] Joint Force Commander and Chiefs of Staff, *A Guide To Red Teaming*, Wiltshire: Ministry of Defence, 2013, p. 1-3.

思路，运用非限制性思维来分析信息，完成对问题空间的全面了解，从而找到更多的解决思路。基于各种假设，红队分析出来的结果是复杂的、不全面的，这需要红队成员具有非限制性。红队成员需来自不同文化背景，他们个性化的思维方式，使红队整体具有开放性，从而有助于提高挖掘各种潜在结果的可能性。

第三阶段，挑战阶段。这一阶段通过使用另类思维和独立思维挑战前一阶段的假设分析结果。情报分析人员在分析过程中，极易受到思维定式、先入为主等因素影响，出现个体认知偏差，导致对结果的理解过于狭隘。因此，红队成员需要扮演竞争者，对本系统进行攻击，发现自身漏洞，并加以弥补。此阶段对整个分析过程严格把关，以提高分析结果的准确性。

（3）应用案例及评介

目前，红队研判分析法在西方国家，特别是美国得到广泛的应用。自从"9·11"事件发生以后，美国运输安全管理局（TSA）对安检工作做出了更加严格的要求，采取了很多措施，其中一项就是运用红队研判分析法来进行情报分析，识别恐怖分子，以保障航空运输安全，具体表现在三个方面：识别基础信息、开拓新思路、挑战决策假设。①

首先，识别基础信息。在安检处，TSA 通过安检技术如航空乘客成像仪来获取乘客本身及其行李的信息，识别乘客的身份。情报分析人员根据收集到的数据进行深入分析，判断信息的真伪，并提出假设，弥补信息收集的漏洞。此阶段，需要进一步对假设进行判断。其次，开拓新思路，情报分析人员运用非限制性思维多角度揭示信息背后的意义。TSA 根据收集到的数据，将乘客划分为风险等级程度不同的类型，全面并有重点地对他们进行排查，尽可能地找出潜在威胁，使得分析结果更加全面。最后，挑战决策假设，这是保障分析结果准确性的重要步骤。TSA 通过收集、分析这些数据，得出相应的分析结果，但是并不能确定该分析结果的正确性和全面

---

① Nettles A. B., *The Case For Broader Application Of Red Teaming Within Homeland Security*, Monterey, California: Naval Postgraduate School, 2010, p. 17.

性。情报分析人员需运用批判性思维来挑战假设、结论，检验出错误假设，弥补遗漏问题，提高对航空安全威胁更全面的认识。

　　在信息化水平不断发展的今天，红队研判分析法在情报分析中，特别是在克服个体认知偏差方面扮演着重要角色。这一系列分析步骤，在情报分析中环环相扣，循环往复，分析与检验并行，极大地提高了情报分析效率。

　　2. 竞争假设分析框架

　　（1）提出

　　竞争假设分析法（Analysis of Competing Hypotheses，ACH）最早由霍耶尔于1978年至1986年在美国中央情报局（CIA）担任情报分析员时提出①，并在1999年中央情报局出版的专著（Psychology of Intelligent Analysis）中进行了系统详细的介绍。中央情报局是一个信息收集、分析、利用的专业机构，其中情报分析是信息得以利用的关键环节。情报分析过程中，人是主体，然而人的思维能力有限，存在固有的认知局限性，如镜像思维、先入为主思维等。经过多年的实践经验总结，科学的情报分析方法应运而生。竞争情报分析法是克服个体认知偏差，提高情报分析准确性的重要方法。自霍耶尔提出竞争假设分析法以来，得到了情报分析人员的广泛应用。

　　竞争假设分析法是一个提出假设并找到与之相关的证据，通过建立矩阵来分析其中关系，以此判断假设正确性的系统方法。当情报分析员面临一大串数据去分析时，竞争假设分析法显示出其高效性。② 竞争假设分析法结合了认知心理学、情报学等多种科学，对情报分析中产生的问题提出多种假设，并加以反复论证，进行情报分析，具有高效性，适合复杂的情报分析过程。

　　（2）实施

　　竞争假设分析法是一个程序性的方法，具有严密的逻辑性，具

---

① Wheaton K. J. et al., "Structured Analysis of competing hypothesis", *Competitive Intelligence Magazine*, Vol. 9, No. 6, 2006, pp. 12–15.

② The US Government, *A Tradecraft Primer: Structured Analytic Techniques for Improving Intelligence Analysis*, USA: CreateSpace Independent Publishing Platform, 2009, p. 14.

体包括八个步骤：提出假设、列举证据、创建矩阵、优化矩阵、得出初步结论、重新评估关键证据、报告结论、设定进一步观测的对象。[1] 这一系列步骤都会被记录下来，以便重新判断和检查。

第一步，提出假设。尽可能聚集有多种文化背景的分析人员，认真分析收集到的数据。从中发现问题，并依据问题，分析人员发散思维，集思广益，列举各种可能性，提出假设。同时排出重复、明显不合理的假设。需要注意判断具有可疑性的假设，如果没有确切证据表明它们的合理性，则不能轻易排除。

第二步，列举证据。针对假设，列举支持和反对的证据。这里的证据是一个宽泛的概念，包括所有对假设具有判断意义的影响因素，如逻辑推论、标准程序等。

第三步，创建矩阵。经过前两个环节，完成了提出假设和列举证据工作。在这一阶段，开始正式实施情报分析过程。举个简单的例子，上述过程后，我们得到了假设一、假设二、假设三，证据一、证据二、证据三等。下面通过建立矩阵加以说明（见表6—1）。

表6—1　　　　　　　　　　**竞争假设分析法矩阵**

	假设一	假设二	假设三
证据一	+	+	+
证据二	+	+	+
证据三	+	−	−

资料来源：笔者整理。

如表6—1，假设和证据构成一个矩阵，"+"表示证据支持假设，"−"表示证据不支持假设。通过这种逐个分析，证据与假设之间的相关性更加客观、清晰。但是，如果证据支持每种假设，那么它便没有意义，如证据一。

---

① Wheaton K. J. et al., "Structured Analysis of competing hypothesis", *Competitive Intelligence Magazine*, Vol. 9, No. 6, 2006, pp. 12–15.

第四步，优化矩阵。根据前一步骤中发现的问题，分析人员需要重新评估假设，适当调整假设和证据。部分假设需要与其他假设合并，部分需要一分为二。对没有价值的证据需要排除，但是不包括支持所有假设的证据。此步骤可以反复进行，以达到最优化的矩阵结构。

第五步，得出初步结论。坚持否定而非肯定的原则得出结论。依据矩阵中假设和证据之间的关系，判断假设存在的必要性。假设所对应的"-"越多，表示其可能性越小，假设对应的"+"越多，越不能肯定假设的正确性。

第六步，重新评估关键证据。重新评估促使信息分析达到现状的关键证据。目前阶段，依旧存留的证据对特定假设具有判断性，但是我们不确定它们对整个分析过程是否起到积极作用。关键证据的质量往往直接影响着最终的分析结果，重新评估关键证据是分析过程的进一步优化。

第七步，报告结论。在完成上述阶段工作之后，分析人员报告结论，同时报告之前被肯定及被排除的假设。

第八步，设定进一步观测的对象。上述结论是根据当前环境得出的，但是未来环境具有不确定性，这促使我们必须进一步观察。设立可能影响分析结论的对象，重点观察它们，为以后的信息分析提供保障。

（3）应用案例及评介

竞争假设分析法在协助分析人员克服先入为主思维等方面具有积极的意义。自霍耶尔提出 ACH 以后，该方法在情报分析界受到了广泛的应用。例如，应用于化学武器项目：1998 年一家在 al-Shifa 的制药厂设施被摧毁的案子；① 通过竞争假设分析法进行谎言测试的应用。下面将详细介绍 ACH 在侦查东京地铁恐怖活动中的应用。②

---

① John H., An Application of Heuer's Analysis of Competing Hypotheses for Chemical Weapon Programmes, http://www.isofms.org/cms_uploads/Hart_Abstract2012.pdf.

② The US Government, *A Tradecraft Primer: Structured Analytic Techniques for Improving Intelligence Analysis*, USA: CreateSpace Independent Publishing Platform, 2009, p. 15.

　　1995 年 3 月，一个未知团体使用一种被称为沙林的高度致命神经毒剂袭击了东京地铁站。对此，分析人员采用竞争假设分析法，仔细审查所有证据和假设，以此判断到底是谁该为这次恐怖活动负责。具体操作如下：首先提出所有可能的假设，判断哪些组织可能是这次恐怖活动的发动者，假设有：邪教组织、恐怖集团、政治运动、犯罪集团。同时找到证据：袭击记者、宗教信仰、已知团体、黑瞎子岛。然后建立矩阵，横轴为假设，纵轴为证据，将证据与假设间的关系分为三种：支持（C）、不支持（I）、中立（N）。同时优化矩阵，删除无用证据，重新考虑假设结果。最后，根据否定而非肯定的原则，判断假设的合理性。如表 6—2 中，设置了不相关分数，分数绝对值越高，其可能性越小，基于此，分析人员可以得出结论。

表 6—2　　　　　　　　　ACH 应用于侦查东京恐怖活动分析

	邪教组织	恐怖集团	政治运动	犯罪集团
不相关分数	−1.0	−1.0	−2.0	−3.0
袭击记者	I	N	I	I
宗教信仰	C	I	I	I
已知团体	N	N	C	I
黑瞎子岛	C	C	C	C

　　资料来源：The US Government，*A Tradecraft Primer*：*Structured Analytic Techniques for Improving Intelligence Analysis*，USA：CreateSpace Independent Publishing Platform，2009，p. 15.

　　分析人员在处理复杂、庞大的数据时，竞争假设分析法能够提供一套逻辑性非常强的程序来辅助分析，这有利于分析人员克服固有的认知偏差。但是竞争假设分析法也存在局限性，它要求假设提出全面而准确，同时对证据的依赖性强。因此，在采用竞争假设分析法时，应扬长避短。

　　3. 唱反调法分析框架
　　（1）提出
　　唱反调法的首次运用是在 17 世纪天主教的一次圣殿册封当中。

唱反调者被教会当局指定为教士律师，要求持怀疑的态度审视册封候选人的性格，找出证据漏洞，并指出任何关于候选人的神话奇迹都是伪造的等一系列质疑候选人的活动，以保证候选人的圣洁性，这对教会做出正确的选择起到至关重要的作用。[①] 在情报分析过程中，群体思维和先入为主思维往往导致分析人员忽视对立观点和细微线索，适当运用冲突思维有助于分析问题，提高决策者对决策环境更全面的了解。唱反调法就是一种运用逆向思维技术揭示并质疑可供选择的观点的方法，指导个体或者小组挑战主流观点，减轻分析人员的思维定式。它的易理解性和可操作性使得其广泛应用于商业领域和政府机构，如在"9·11"事件和美国大规模杀伤性情报能力委员会（WMD Commissions）中提高了情报分析的能力。[②]

唱反调法主要有三种存在形式：唱反调法（Devil's Advocate）、复合挑战法（Multiple Advocacy）、辩证质询法（Dialectical Inquiry）。[③] 后两种是第一种的变体，是经过不断发展形成的。在唱反调法中，需要从决策制定团队中指定一个人批判最佳方案和选择，指出计划假设中的脆弱性，指出其内在的不一致性。复合挑战法需要在组织内部或者外部挑选多个唱反调者。在此方法实施过程中，需要一个支持少数派观点的关键角色，由他们提出易被忽视的想法，去质疑主流论断。运用辩证质询法，挑选多个个体组成一个团队，由他们提出最相异的方法来解决战略问题。

（2）实施

唱反调法的实施过程，实质就是运用逆向思维不断批判主流观点，促进分析人员对问题空间更加全面地了解，提高分析水平，协助决策的过程。主要包括七个步骤：确定一个需要集体分析的问题；分组；小组准备材料；连接两个小组并批判观点；重新分开小

---

① Devil's Advocacy, Wikipedia, http://en.wikipedia.org/wiki/Devil's_advocate.

② Hobbs C., Cottee M., Methods for improving IAEA information analysis by reducing cognitive biases, http://www.iaea.org/safeguards/symposium/2010/Documents/PPTRepository/276P.pdf.

③ Schwenk C. R., *The Use of Devil's Advocates in Strategic Decision-Making*, Illinois: College of Commerce and Business Administration, University of Illinois at Urbana-Champaign, 1984, p. 3.

组，完善各自观点；循环前两个步骤；制定最终建议。① 具体步骤
如图 6—2 所示。

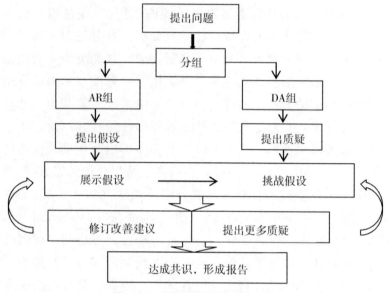

图 6—2　唱反调法的实施步骤

资料来源：7 Steps to Analyze a Problem-The Devil's Advocacy Technique. Dr. Ryan Hartwig, http：//www. ryanhartwig. com/7 - steps - to - analyze - a - problem - the - devils - advocacy - technique/.

第一步，确定一个需要集体分析和决策的问题。即提出在现实
中遇到的问题。

第二步，将这个团队划分为两个规模差不多的小组。指定一个
小组（Affirmative Recommendation，AR）支持建议，另一个小组
（Devil's Advocate，DA）否定建议。

第三步，安排 AR 组提出一系列所有假设、数据都支持的想法，
建立他们的观点，并记录下已罗列的假设、事实、数据。同时，指
导 DA 组讨论此案例，认真分析 AR 组提出的观点，并提出质疑，

---

① Hartwig R., 7 Steps to Analyze a Problem-The Devil's Advocacy Technique，http：//
www. ryanhartwig. com/7 - steps - to - analyze - a - problem - the - devils - advocacy - technique/.

查出他们遗漏的关键假设、数据，为批判建议做好准备。

第四步，连接两个小组，指导 AR 组向 DA 组展示所有的建议和假设。DA 组批判这些信息，试图发现一切错误的建议、假设和数据，指出 AR 组忽略的重要信息，并解释这些建议不能被采用的原因。

第五步，再次将两个小组分开。AR 组针对 DA 组的批判和质疑，填补信息漏洞，重新修订其建议。DA 组对 AR 组进行更深层次的分析，试图找到更多证据来挑战他们的观点。

第六步，重复第四步和第五步。不断质疑和修改这些建议，直到双方达成共识。

第七步，一旦双方都同意这些假设和建议，那么分析人员开始确定最终解决方案，形成报告，协助制定决策。

（3）应用案例及评介

在复杂的情报分析环境中，唱反调法有利于克服分析人员的思维定式和自我满足感，通过质疑关键假设，以增强方案的可行性。目前，该方法广泛用于商业企业、政府机构及军事领域的决策制定中。例如，肯尼迪总统运用唱反调法成功化解了古巴导弹危机。本书将介绍唱反调法在谎言测试中的应用。①

在朴次茅斯大学心理学系主持的谎言测试实验中，实验人需要调查测试对象关于一些争议问题的看法，然后向他们提出两个相关的问题，通过分析测试对象的回答情况判断他们是否撒谎。首先测试对象需要填写关于各种争议问题的调查问卷，表达自己对这些问题的看法。然后进入面试环节，面试官从问卷上任意抽出一个问题，让测试对象谈谈关于这个问题的看法，表达支持或者反对的态度，并询问支持他们观点的理论依据是什么。接着面试官让他们唱反调，站在原本观点的对立面谈谈他们的想法，比如原来对某一问题持支持态度，那么现在如果反对它需要什么理由，反之亦然。根据人们更倾向于寻求确认自己观点的信息来分析，说实话的人对自

---

① Leal S., Vrij A., Mann S. et al., "Detecting true and false opinions: The Devil's Advocate approach as a lie detection aid", *Acta Psychologica*, No. 134, 2010, pp. 323-329.

己所持观点的理由数量比唱反调理由多，但说谎的人则相反，因为他们在编造理由的时候会造成延时。基于此，这项实验可以测出谎言。

唱反调法是一种通过挑战关键假设、克服分析人员思维定式的方法，尽管它不能保证在分析过程中肯定能避免重大错误，但是如果分析人员能认真对待此次分析，对基础假设进行质疑，并提供科学的解决方案，那么它便能提高战略决策水平。在复杂的情报分析活动中，唱反调法为克服个体认知偏差提供了一个新的思路。

除了上述三种方法之外，头脑风暴分析框架、可替代预期分析框架、条件分析框架都是在情报分析中专门针对认知偏差，能有效克服与纠正认知偏差的较好的方法。情报分析中，充满了很多不确定的因素，需要将这些不确定性纳入分析过程。不同的分析框架在其实施过程中可以从不同方面构建模型与假设，预测结果，以此消除不确定性，协助决策。

（二）辅之以智能化的纠偏分析工具

1. 场景规划软件

Angler 是专门针对认知偏差的纠偏软件，是一种能够协助情报分析主体探索、理解、克服由于自身经验、背景和自我放大导致的认知偏差的工具。[①] 它是由 A. 罗德里格斯等人依据一些类似于 SBP（基于场景规划，通过抽取团体假设来处理认知偏见和不确定性）的方法开发出来的，它融合了多种技术，比如头脑风暴法、聚类法、排序法，支持多任务的输出并能使其成为其他任务的输入。Angler 是一种网络应用程序，允许跨区域的参与者异步工作，优于传统意义上的会议式头脑风暴。该软件的工作窗口完整地展现了情报分析整个工作流程：从界定情报分析主体，创建窗口；到加入分析任务，采用头脑风暴；再到排序，筛选出建议，综合达成共识；最后到存储记忆库，转化为情报产品。[②] 实验研究结果表明，记录

---

① Rodriguez A., Boyce T., Lowrance J., Yeh E., Angler: Collaboratively Expanding your Cognitive Horizon, http://130.107.64.109.

② 姚伟、严贝妮：《跨越个体认知偏差的情报分析策略》，《情报理论与实践》2012 年第 35 卷第 10 期。

在 Angler 记忆库中比人工过程的口头传播信息要优越，自动化的意见聚类技术能够让参与者直观地了解自己意见是否类似或不同于其他人的意见。整个过程替代了情报分析主体的部分作用，以技术化、客观化替代情报分析主体的主观化，有利于纠正情报分析主体依据自身经验的启发式偏差和过度自信偏差。

2. 团体协作分析工具

CACHE 也是专门针对认知偏差的纠偏软件，由宾夕法尼亚州立大学信息技术学院的孔韦尔蒂诺教授等人开发，是一种以网络环境为基础的协作竞争假设分析的软件系统，能够同时支持情报分析主体进行独立分析工作或者多种形式的协作分析工作。它集成了多种技术以支持情报分析，除了精确匹配搜索技术，还有语义驱动搜索技术和相关度排序技术。CACHE 软件通过解除分析特征的六个"痛点"以支持分析：（1）搜索处理大量情报的工具和搜索相关结果的可视化反馈；（2）表示不同类型信息的联系；（3）自动的集成情报分析主体在决策矩阵中提供的估计；（4）权衡不确定性；（5）源头上维护，需求上可用性检查；（6）支持不同形式协作的稳定工作环境。① CACHE 软件在减少情报分析的确认偏差中体现出非常大的优势，能够指导设计和评估新协作技术以提高团体决策质量，能够帮助情报分析主体高效完成当前活动和任务。

3. 可视化分析系统

在如今信息铺天盖地的时代，从图形图像中发现一些有价值的信息要比从大量原始信息中获取有价值的东西要容易得多，而且图形图像会比文字或者语言更直观，更有说服力。可视化分析较之传统的分析可以为情报分析主体提供更为直观、更为形象的分析结果，减少情报分析主体显见的认知偏差，提高情报分析效率。可视化分析自然而然地成为情报分析的需求和特点。Jigsaw 是由佐治亚理工学院信息接口实验室的研究者开发的一种可视化分析系统，帮助分析人员处理大量文件，很好地协助情报分析。Jigsaw 能够读取

---

① Convertino G. et al., "The cache study: Group effect in computer supported collaborative analysis", *Computer Supported Cooperative Work*, Vol. 17, No. 4, 2008, pp. 353–393.

多个文档的集合，并通过多样性的可视化方法展示实体和文件之间的联系，很直观地协助分析人员。Jigsaw 对情报分析的影响主要体现在四个方面：（1）支持不同的分析策略；（2）展示实体间的联系，比如人、组织、地方之间的联系；（3）帮助用户找到正确的线索；（4）帮助用户聚焦最本质的信息，忽视一些不相关的文件，提高效率。① 除了 Jigsaw 系统之外，其他类似的可视化分析系统也具有潜在的、普遍的、有用的影响作用。

总体来说，采用专门针对个体认知偏差的情报分析方法并辅之以智能化的软件与工具可以加速推进情报工作流程，实现情报采集、加工和传递的可视化，实现情报分析工作部分自动化，降低情报分析成本，减轻情报分析主体的工作量，有助于避免情报分析主体自身存在的某些认知偏差，提高情报分析工作的效率和情报产品质量。

---

① Kang Y. A., *Information design of visual analytics system for intelligence analysis: under-standing users, user tasks, and tool usage*, Georgia institute of technology, 2012, p. 68.

第七章

结论与展望

本书采用文献调查法、案例研究法、专家访谈法、问卷调查法、结构方程模型法、因子分析法等研究方法，以情报分析中的个体认知偏差为研究对象，研究了情报分析中的个体认知偏差表征及诱因，对情报分析与个体认知偏差二者的关系进行了实证研究，并在认知心理学视角下构建了情报分析模型，最终提出了情报分析中个体认知偏差的干预与纠偏策略。本书在取得以上研究成果与结果的同时，也不可避免地由于主客观因素，存在一定局限性与研究不足，有待于未来研究深入与进一步解决完善。本章主要介绍本书的主要结论、研究贡献与研究不足，并展望后续研究方向。

第一节　研究结论

一　主要结论

第一，情报分析中的个体认知偏差表征多样，诱因复杂。情报分析本身就是一项复杂的认知心理过程，它具有认知性与批判性等根本属性，不同领域的情报分析侧重不同，同时一些细化的步骤有所区别，但都会遵循一个通用的分析流程。在这个流程中就体现出多样化的个体认知偏差，本书按照情报采集、情报选择、情报整合与情报评估四个阶段对个体认知偏差的不同表现进行划分，并指出引起情报分析中个体认知偏差的原因所在。主要有认知主体的因素，表现在：主体的心理过程、主体的心理倾向、主体的心理特征、主体的移情现象；有认知客体因素，表现在：客体的不确定性和风险性、客体的复杂性、客体的紧迫性；有认知环境因素，表现在：组织环境与组织文化。

第二，情报分析与个体认知偏差二者之间具有可定量化测量的密切关系。通过对情报分析和个体认知偏差关系的研究，能够为情报分析人员的分析工作中相应的纠偏措施提供借鉴思路，也是有利于解决当前情报失察的一个重要的创新方法。本书以个体认知偏差为出发点，通过个体认知偏差、行为偏差以及情报交互情况，结合外部性约束来考量情报分析和个体认知偏差及相关变量的影响关系，验证并证实七条结论，分别是：个体认知偏差对行为偏差具有正相关关系，个体认知偏差对情报交互具有负相关关系，行为偏差对情报交互具有负相关关系，行为偏差对情报分析效能具有负相关关系，外部性约束对行为偏差具有正相关关系，外部性约束对情报分析效能具有负相关关系，情报交互对情报分析效能具有正相关关系。

第三，认知心理学视角下的情报分析关键影响要素体现于六大维度。本书通过数据统计分析证明了 24 项因素对情报分析的成功有重要影响，是情报分析的关键影响因素；因子分析后得到的公共因子分类则显示这 24 项关键影响因素体现在情报分析主体、信息结构、技术与工具、流程周期、组织文化和用户交互这六个维度上。其中，情报分析主体维度的载荷指标最多，信息结构、技术与工具、流程周期三个维度，以及组织文化和用户交互维度的指标分布较为平均。

二　主要贡献

本书得到的结论即为本书贡献所在。除此之外，本书的主要贡献还体现在以下几点。

第一，丰富了情报分析的案例素材。本书采用案例研究法中的多案例分析方法，对由个体认知偏差引发的情报失察案例进行搜集并归纳总结，从宏观层面与微观层面对其进行划分，目的之一是以案例为切入点，提炼情报分析的个体认知偏差表征并揭示原因。同时，案例充实而详尽，有政府层面到企业层面的情报失察，丰富并补充了情报失察的案例库，为后续研究提供了进一步深入的实例基础。

第二，定量化揭示情报分析与个体认知偏差的相互关系。以往研究多对情报分析与个体认知偏差相互关系进行定性阐述，本书创新性地引入个体认知偏差在行为金融学上的研究成果，选取个体认知偏差和行为偏差、外部性约束、情报交互、情报分析效能五个潜变量，把情报分析和个体认知偏差、行为偏差、情报交互、外部性约束结合起来，通过路径系数的揭示，得出个体认知偏差和情报分析的关系图，对情报分析中的个体认知偏差进行定量化分析与实证分析。

第三，提取情报分析的关键影响要素，以此构建认知心理学视角下情报分析规范化流程模型。本书利用专家访谈与问卷调查获取了情报分析的众多影响因素，利用因子分析方法提取了最为关键的影响因素。在涵盖关键影响因素的基础上，构建了认知心理学视角下的情报分析流程模型，解决了以往情报分析模型的片面与孤立等问题。在对模型整体设计与揭示之后，重点对基于主体认知、基于环境、基于信息的情报分析子模型进行深入阐释。

第四，提出了情报分析中个体认知偏差干预的有效措施体系。以往对情报分析的个体认知偏差如何纠偏多从某一侧面或以单一策略为主，本书提出了主体心理层面干预、组织文化层面干预、方法工具层面干预的有效措施体系，并对三大类干预策略进行深入与详细的探讨，总结并阐释八大具体的策略，旨在提示情报分析组织与情报分析员采用有效的纠偏措施来克服或规避个体认知偏差，从而提高情报分析的成功率，避免情报失察的发生。

第二节　研究展望

尽管本书采用了科学的研究方法，经过认真的文献分析、调查分析、实证分析等，对于目前的研究做出了一定的贡献，但受到研究者的能力、精力等主观因素与时间、条件等客观因素的限制，难以避免地具有一定的局限性。针对本书的不足，本节提出后续研究的方向。

一 研究局限

第一，国内外案例研究具有一定局限性。情报失察的主体从宏观上可以有政府，从中观上可以有企业，从微观上可以有个人，情况复杂多样。现有研究多对某一案例展开分析，罕见多案例研究。本书克服了现有研究不足，但由于经费与时间原因，本书选取的典型案例在数量上仍有一定局限性。

第二，研究采用的方法如专家访谈与问卷调查存在一定的局限性。本书在专家访谈与调查问卷部分，对访谈对象、问卷数量、调查范围等各方面都做了周密的设计，但由于两种方法本身都存在缺点，虽然本书将专家访谈与问卷调查两种方法结合使用，以求缺点最小化，但毫无疑问无法完全克服，因此也会在某种程度上影响结果，局限之处在所难免。

第三，研究所提出的模型尚需严格与全面地验证。本书采用专家访谈与问卷调查获取数据，利用统计方法分析数据，通过理论的推理构建了模型，但不可否认对于情报分析的实际流程以及不同组织情报分析的环境存在一定理想化的设置，因此，提出的模型尚需实践加以证实。

二 研究展望

针对本书的不足与局限之处，后续研究拟从以下方面加以弥补和完善。

首先，增强跨学科研究，加强对情报分析理论与实践工作的总结和分析。在当前大数据环境下，情报分析的处理对象更为复杂，面对的环境更为多变，而相对于实践的发展，情报分析的理论研究也需要加强。借鉴其他学科的研究视角、研究方法，跳出单学科的箱内思考方式、充实情报分析理论、推动情报分析的实践等方面亟待加强。本书从心理学角度结合情报分析进行了深入的研究，是一种有益的尝试，未来研究更可结合统计、数学、社会学等自然科学与社会科学的理论，以更有力地推动植根于社会各领域的情报分析理论与实践全面发展。

其次，改进研究方法，摸索和积累定性与定量研究方法的经验，寻访更多、更有价值的样本。本书综合采用了文献调查法、问卷调查法、专家访谈法、案例分析法、结构方程模型法、因子分析法等多种研究方法，力求定性阐述与定量计算相结合来获取研究结果，上述方法多属于管理类的研究方法，当然也有心理学的研究方法。未来研究可考虑采用更多心理学专门研究方法，诸如观察法与实验法。使用观察法在情报分析的过程中，对情报分析员的外部活动进行有系统、有计划的观察，从中发现其心理过程的产生与发展规律，这样适用范围较大，且简单可行，可获取真实的一手材料。使用实验法在某一特定情境下对分析员的心理现象进行研究，可揭示因果关系，重复可检验，明确数量化指标。在未来研究中，为了将研究持续、深入、完善，多学科研究方法交融使用是一个可见的方向。

最后，丰富后续研究内容，跟踪纠偏之后的情报产品质量与情报效率评估。本书提出了从方法干预、从主体心理干预、从技术工具干预三方面的干预手段与纠偏策略，在情报分析组织与个人实施、采纳之后，形成相关的情报产品，其质量是否有所提高，以及情报分析员的情报分析效率是否有所提高，跟踪情报分析产品与情报分析效率、效果的评估，建立相关的评估指标体系，可更好地对情报分析过程的设计和实施进行指导。

附录 A

情报分析与个体认知偏差
关系研究调查问卷

尊敬的情报分析工作者，您好：

　　本问卷是为了完成国家社科基金项目《情报分析中的个体认知偏差及其干预策略研究》（项目号：11CTQ013）而专门设计的，我们非常需要您的大力支持和帮助。本问卷需占用您 10—15 分钟的宝贵时间。

　　●填写方式：本问卷采用 likert 7 级量表形式，1—7 表示从非常不同意向非常同意过渡（1 表示完全不同意、2 表示不同意、3 表示有点不同意、4 表示一般同意、5 表示有点同意、6 表示同意、7 表示完全同意）。请您在对应的选项后打"√"或进行颜色标注。

　　●保密承诺：本调查问卷所收集到的所有信息将都被用于学术研究，您的回答将完全匿名，我们对您的问卷负有保密责任。

　　●时间安排：为了研究的顺利进行，请您在　年　月　日之前将问卷提交。

　　●提交方式：直接填写，或者将填写的完整问卷发送至×××××××@163.com。

　　您的意见对我们的研究工作极为重要，为此，请您在百忙中拨冗填写本调查问卷，恳请您据实填写，不胜感谢！如果您需要本次问卷的综合分析结果，请与我们联系。

一　个人基本情况

Q1. 您的性别为：

①男　　　　　　　②女

Q2. 您的年龄是：

①20 岁及以下　　②21—30 岁　　③31—40 岁

④41—50 岁　　　⑤51 岁以上

Q3. 您的教育程度：

①高中及以下　　②大专　　　　③大学本科

④硕士　　　　　⑤博士　　　　⑥其他

Q4. 您目前从事的职业：

①企业/公司职员　　②党政机关公务人员

③事业单位工作者　　④专业技术人员　　⑤其他

Q5. 您目前从事的行业：

①农、林、牧、渔业　　　　　　②采矿业

③制造业　　　　　　　　　　　④建筑业

⑤电力、燃气及水的生产和供应业　　⑥交通运输、仓储邮政业

⑦信息传输、计算机服务软件业　　⑧批发和零售业

⑨金融业　　　　　　　　　　　⑩住宿和餐饮业

⑪房地产业　　　　　　　　　　⑫居民服务和其他服务业

⑬租赁和商务服务业　　　　　　⑭教育业

⑮文化、体育和娱乐业

⑯水利、环境和公共设施管理业

⑰卫生、社会保障和社会福利业

⑱科学研究、技术服务和地质勘查业

⑲公共管理、社会保障和社会组织　　⑳国际组织

Q6. 您的专业背景是：

①文科　　　②理工科　　　③二者皆有

Q7. 您从事情报分析工作的年限为：

①1—3 年　②4—6 年　③7—9 年　　④10 年以上

二　情报分析过程中的个体认知偏差

以下是对情报分析过程中出现的一些认知偏差的描述，根据您的经验对各种偏差及表现加以评价（1 表示完全不同意、2 表示不同意、3 表示有点不同意、4 表示一般同意、5 表示有点同意、6 表示同意、7 表示完全同意）。

题目/指标	相应分值						
	1	2	3	4	5	6	7
1. 依赖于过去的经验							
2. 偏向积极的结果而忽略不利的判断							
3. 会受到情绪影响							
4. 会产生心理定式							
5. "先入为主"，进行锚定估值和概率预测							
6. 倾向于选择频率出现较高以及易于提取的信息							

三　情报分析过程中的行为偏差

以下是对情报分析过程中出现的一些行为偏差的描述，根据您的经验对各种偏差及表现加以评价（1 表示完全不同意、2 表示不同意、3 表示有点不同意、4 表示一般同意、5 表示有点同意、6 表示同意、7 表示完全同意）。

题目/指标	相应分值						
	1	2	3	4	5	6	7
1. 回避疑虑和不一致性							
2. 有意无意漏掉重要信息							
3. 容易受到自身利益驱使而做出非理性行为							
4. 走思维捷径，做出减轻自己工作负担和时间的行为							
5. 在分析风险时，会做出规避损失的行为							

四　情报分析过程中的情报交互

以下是在情报分析过程的情报交互中出现的一些现象，根据您的经验对各种交互及表现加以评价（1 表示完全不同意、2 表示不同意、3 表示有点不同意、4 表示一般同意、5 表示有点同意、6 表示同意、7 表示完全同意）。

题目/指标	相应分值						
	1	2	3	4	5	6	7
1. 信息载体过多，无法全面获取							
2. 不易理解情报制造者的意图							
3. 与信息用户的交流不畅							

五　情报分析过程中的外部性约束

以下是在情报分析过程中受到的社会环境、技术环境、组织环境等压力的描述，根据您的经验加以评价（1 表示完全不同意、2 表示不同意、3 表示有点不同意、4 表示一般同意、5 表示有点同意、6 表示同意、7 表示完全同意）。

题目/指标	相应分值						
	1	2	3	4	5	6	7
1. 信息过剩、信息污染、信息超载的问题无法避免							
2. 会受到群体意识影响							
3. 受到组织官僚制度和结构的影响							
4. 缺少辅助性的情报分析工具							

六　情报分析效能

以下是对情报分析结果、情报分析产品的效率和效果的表述，请根据您的经验对以下表述加以评价（1 表示完全不同意、2 表示不同意、3 表示有点不同意、4 表示一般同意、5 表示有点同意、

6 表示同意、7 表示完全同意)。

题目/指标	相应分值						
	1	2	3	4	5	6	7
1. 情报分析结果应客观							
2. 情报分析结果应准确							
3. 情报分析结果应全面							

　　您已完成本问卷,请您再次检查您的回答,以保证您所回答问卷的有效性。

　　再次感谢您的支持和帮助,谢谢!

附录 B

情报分析影响因素专家访谈提纲

尊敬的各位专家，您好：

本访谈是为了完成国家社科基金项目《情报分析中的个体认知偏差及其干预策略研究》（项目号：11CTQ013）而专门设计的，您作为图书情报领域的专家，我们非常需要您的大力支持和帮助。本访谈需占用您 10—15 分钟的宝贵时间。

●保密承诺：本访谈所收集到的所有信息将都被用于学术研究，您的回答将完全匿名，我们对您的谈话内容负有保密责任。

●时间安排：为了保证访谈的顺利进行，我们将提前与您联系，以便在您方便时进行。我们将在　年　月中旬开始访谈工作。

您的意见对我们的研究工作极为重要，为此，非常感谢您在百忙中拨冗参与本项目的访谈！如果您需要本次问卷的综合分析结果，请与我们联系。

访谈内容：

①请您谈一下，您对情报分析和情报分析工作是如何理解的？

②你认为情报分析的效果或者说质量与哪些维度有关？维度的重要程度如何？（如果您认为某些维度会影响情报分析质量，请您结合自己的研究或者实践经验具体阐述。）

③您认为情报分析相关维度下又可以包括哪些指标？指标的重

要程度如何？（如果您认为某些指标会影响情报分析质量，请您结合自己的研究或者实践经验具体阐述。）

④作为情报分析的主体，在情报分析过程中有哪些是需要注意的？

附录 C

情报分析影响因素调查问卷

尊敬的情报分析工作者：

您好！

非常感谢您在百忙之中抽空回答本问卷。我们非常需要您给予我们的研究以大力支持和帮助。我们将占用您 10—15 分钟宝贵的时间来回答本问卷，此次问卷是为了完成国家社科基金项目《情报分析中的个体认知偏差及其干预策略研究》（项目号：11CTQ013）中的相关研究内容而专门设计的。

请您根据自己的实际情况和真实感受回答所提的问题，您所填写的问卷的各项数据只供科学研究之用，我们将为问卷中涉及您隐私问题的内容保密。

为了研究的顺利进行，请您在　年　月　日之前将问卷提交，您可以直接在问卷星系统上填写，或将问卷发送至××××××××@163.com。

再次感谢您的支持与合作，顺祝学习/工作愉快！

☆ **情报分析的关键影响因素**

本问卷旨在对情报分析工作中情报分析的关键影响因素进行判断，请根据您多年的情报分析工作实践经验与潜心研究，对以下各项问题内容陈述的影响程度进行选择与判断。有 1—5 个层级供您选择。

其中：1＝没有影响，2＝影响很小，3＝影响一般，4＝影响较大，5＝影响很大。

序号	内容陈述	影响程度指标					您的选择
		没有影响	影响很小	一般	较大	影响很大	
Q1	情报工作人员能总体识别和把握分析目标	1	2	3	4	5	
Q2	情报工作人员的专业技能	1	2	3	4	5	
Q3	情报工作人员的智力素质	1	2	3	4	5	
Q4	情报工作人员能做出客观的分析假设	1	2	3	4	5	
Q5	情报工作人员的知识体系	1	2	3	4	5	
Q6	合理的信息采集和整合	1	2	3	4	5	
Q7	完善的信息基础设施配备	1	2	3	4	5	
Q8	安全与共享的信息基础设施结构	1	2	3	4	5	
Q9	人员的协同与协调	1	2	3	4	5	
Q10	原始信息的成本限制	1	2	3	4	5	
Q11	原始信息的效用	1	2	3	4	5	
Q12	有序的信息特征与明确的信息流向	1	2	3	4	5	
Q13	协同共享的信息平台、开放统一的互操作系统	1	2	3	4	5	
Q14	完善便捷的信息反馈渠道	1	2	3	4	5	
Q15	充分理解用户意图,与用户及时交流	1	2	3	4	5	
Q16	清晰的分析目标,整体系统的组织文化	1	2	3	4	5	
Q17	对信息和分析结果进行的有效评估和识别	1	2	3	4	5	
Q18	充分交流的情报工作环境和制度	1	2	3	4	5	
Q19	系统的辅助性情报分析工具	1	2	3	4	5	

续表

序号	内容陈述	影响程度指标					您的选择
		没有影响	影响很小	一般	较大	影响很大	
Q20	专门性的情报分析纠偏方法	1	2	3	4	5	
Q21	对用户需求的理解能力	1	2	3	4	5	
Q22	对信息资源的合理利用	1	2	3	4	5	
Q23	能克服思维定式，全面地分析问题	1	2	3	4	5	
Q24	能跳出个人得失，客观对待分析结果	1	2	3	4	5	

　　您已完成本问卷，请您再次检查您的回答，以保证您所回答问卷的有效性。

　　再次感谢您的支持和帮助，谢谢！

参考文献

一 中文文献

1. ［法］莫里斯·梅洛·庞蒂：《知觉现象学》，姜志辉译，商务印书馆 2001 年版。

2. ［加］弗莱舍、［澳］本苏桑：《商业竞争分析：有效运用新方法与旧方法》，叶盛龙等译，机械工业出版社 2009 年版。

3. ［美］艾尔·巴比：《社会研究方法》（第 11 版），邱泽奇译，华夏出版社 2009 年版。

4. ［美］贝斯特：《认知心理学》，黄希庭译，中国轻工业出版社 2000 年版。

5. ［美］弗雷德·鲁森斯：《组织行为学》（第 11 版），王垒等译，人民邮电出版社 2003 年版。

6. ［美］利亚姆·费伊：《竞争者：以才智、谋略和绩效制胜》，朱舟译，中国人民大学出版社 2005 年版。

7. ［美］普锐斯、罗杰、夏普：《交互设计：超越人机交互》，刘晓辉等译，电子工业出版社 2003 年版。

8. ［美］斯蒂芬·P. 罗宾斯：《组织行为学精要》，郑晓明、葛春生译，电子工业出版社 2005 年版。

9. ［英］麦克托·迈克·舍恩伯格、肯尼斯·库克耶：《大数据时代：生活、工作、思维的大变革》，盛杨燕、周涛译，浙江人民出版社 2013 年版。

10. 百度百科：《动态相关性原则》（http://baike.baidu.com/link? url = jY7b NCUNPUG29ilKOBPnc97IqSEfH4zXmqoAav－o－ilnEIVG-BiKNiYJG3dC4_ T9YfOYEtweUjw_ nyMQ8k9JWgq）。

11. 百度百科：《情报分析》（http：//baike. baidu. com/view/4221344. htm）。

12. 百度百科：《时效性》（http：//baike. baidu. com/view/555710. ht m？fr＝aladdin）。

13. 百度百科：《效度》（http：//baike. baidu. com/link？url＝8lfZWGfyyBQOo I_ 1m6I1ewG EWq4Erh l33B2is6GyKLFkEE－bqeFQuUeC-WgClqxoT#ref_ ［2］_ 141544）。

14. 百度百科：《运行机制》（http：//baike. baidu. com/view/2068791. htm？fromTaglist）。

15. 百度百科：《证实偏差》（http：//baike. baidu. com/link？url＝yYgUX9NP7 Ps6cNjqIlRRgVJzKs6qEfryRhSmwy3Vsu7wXT0HVzR4AE UAz1D6s12CrKjCEVCoDEtv－DL80fs89K）。

16. 百度文库：《柯达破产分析》（http：//wenku. baidu. com/link？url＝gzfTI4An9wWy wowa4ZYWSqREhg1bdPHuEc－tjAz42CBPtkPpOBl2_ x8HhLLDWIES25svPYHOblhcFsFGHDZdbndT1OJro－TIetouOmKIBmC）。

17. 百度文库：《三株集团兴衰的启示》（http：//wenku. baidu. com/link？url＝FYTXUJ gvQtUjjkJk8XrwKls－gwFtKf_ hRbjVot3crzDlvamX9m 2Dr7PhzTmTtNkcchnpEtCG6iyotUbLXSHb4GwYjbOaulewcOHf3 sodDy_ ）。

18. 百度文库：《珠海机场案例分析》（http：//wenku. baidu. com/view/ e418253083c4bb4cf7ecd1bf. html）。

19. 包昌火、王秀玲、李艳：《中国情报研究发展纪实》，《情报理论与实践》2010 年第 1 期。

20. 包昌火等：《略论竞争情报的发展走向》，《情报学报》2004 年第 23 卷第 3 期。

21. 包昌火等：《对我国情报研究工作的认识和对策研究》，《情报理论与实践》1997 年第 20 卷第 3 期。

22. 毕强、纪晓萍：《论情报接收的内在机制》，《情报杂志》1994 年第 13 卷第 1 期。

23. 蔡忠建：《对描述性统计量的偏度和峰度应用的研究》，《北京体育大学学报》2009 年第 32 卷第 3 期。

24. 曾赤梅、胡北苑：《数字化时代对我国情报分析的发展影响》，《湖北成人教育学院学报》2004 年第 10 卷第 3 期。

25. 查先进：《信息分析》，武汉大学出版社 2011 年版。

26. 陈传明、周小虎：《管理学原理》，机械工业出版社 2007 年版。

27. 陈刚、吴德元：《从近期几场局部战争看情报的时效性和准确性》，《情报杂志》2010 年第 29 卷第 S1 期。

28. 陈红星：《信息构建及其在信息生态系统中的作用》，《情报探索》2008 年第 3 期。

29. 陈维军：《企业竞争情报作战室设计研究》，博士学位论文，南开大学，2008 年。

30. 陈相光、李辉：《政治信息认知偏差分析》，《河南师范大学学报》2011 年第 38 卷第 1 期。

31. 陈小明：《公安情报预警工作影响因素及发展对策研究》，《武汉公安干部学院学报》2010 年第 1 期。

32. 程霞：《信息构建对网络信息生态系统的影响研究》，《情报杂志》2006 年第 5 期。

33. 郭文斌、姚树桥：《认知偏差与抑郁症》，《中国行为医学科学》2003 年第 12 卷第 1 期。

34. 韩志英、孙忠斌：《情报分析人员的元认知分析》，《现代情报》2008 年第 5 期。

35. 何方明、张史勇：《情报分析与研判中的团体思维》，《科技情报开发与经济》2008 年第 18 卷第 30 期。

36. 贺志刚：《情报分析人员的心理分析》，《大学图书情报学刊》2007 年第 25 卷第 5 期。

37. 胡旭微、林小专：《基于认知偏差的中小企业融资困境研究——来自浙江中小企业问卷数据的分析》，《浙江理工大学学报》2011 年第 28 卷第 2 期。

38. 黄玉丽：《基于图书情报组织的信息生态系统模型构建及其理论分析》，硕士学位论文，中南大学，2009 年。

39. 《佳能是如何打败施乐的》，2013 年 10 月 22 日，新浪新闻中心（http：//news. sina. com. cn/c/2007-11-29/1717 14415772. shtml）。

40．江洁、徐志峰：《国内外情报失察研究述评》，《图书情报工作》2011 年第 55 卷第 6 期。

41．金中仁、成建权、陈振宇：《图书馆信息共享与信息集群服务》，人民邮电出版社 2009 年版。

42．景俊琦：《航行情报原始资料的来源和提供》，《空中交通管理》1996 年第 1 期。

43．柯浚哲：《头脑风暴法》，《中国研究生》2003 年第 2 期。

44．科技创业资讯室：《情报周期管理意涵与方法》（http：//cdnet. stpi. org. tw/techroom /analysis/2008/pat_ 08_ A013. htm）。

45．李宝燕：《现代信息技术对情报学研究的影响》，《内蒙古科技与经济》2010 年第 1 期。

46．李荣喜、陈力：《跨功能知识整合与新产品开发绩效的关系实证研究》，第三届中国管理学年会论文，长沙，2008 年。

47．李淑华：《国外警务情报分析员的选拔和培训及其对我国公安情报工作的启示》，《公安情报》2011 年第 3 期。

48．李顺会、白新荣：《结构方程模型概述》，《沿海企业与科技》2009 年第 12 期。

49．李伟超：《信息技术对情报学的影响与推动》，《情报科学》2007 年第 25 卷第 2 期。

50．梁陶、王谦：《论假设方法在情报分析中的应用》，《情报探索》2008 年第 123 卷第 1 期。

51．林德钦：《基于结构方程模型的我国上市公司并购绩效实证研究》，《生产力研究》2011 年第 7 期。

52．林欧文：《股票投资者认知偏差与投资行为偏差的关系研究》，硕士学位论文，复旦大学，2009 年。

53．林嵩、姜彦福：《结构方程模型理论及其在管理研究中的应用》，《科技政策与管理》2006 年第 2 期。

54．刘春茂：《网络环境下的情报工作流程的再造与结构整合》，《中国图书馆学报》2002 年第 2 期。

55．刘全、刘汀：《关于调查问卷内部一致性信度的评价与研究》，《中国统计》2010 年第 9 期。

56. 刘尚亮、沈惠璋、李峰等：《管理决策中认知偏差的影响因素及对策研究》，《现代管理科学》2010 年第 1 期。

57. 鲁芳、戴雅玲：《信息量和信息类型对情报分析的影响及启示》，《新西部》2010 年第 6 期。

58. 鲁芳：《基于认知心理的情报分析方法》，《四川兵工学报》2010 年第 31 卷第 7 期。

59. MBA 智库：《结构方程模式的原理与特性》（http：//doc. mbalib. com/view/ 2cb6b9e8af5d93f5a5c75fba504e0182. html）。

60. 马国泉、张品兴、高聚成：《新时期新名词大辞典》，中国广播电视出版社 1992 年版。

61. 马庆国：《管理统计——数据获取、统计原理、SPSS 工具与应用研究》，科学出版社 2002 年版。

62. 毛鹏等：《公共信息平台的数据访问服务设计》，《电力自动化设备》2010 年第 10 期。

63. 缪其浩、徐刚：《论科技情报分析研究工作的方法体系》，《情报理论与实践》1988 年第 2 期。

64. 苗艳荣：《迪士尼欧洲开发为何失败》（http：//www. docin. com/p-486830943. html）。

65. 欧阳棉：《怎样开展数学科学情报分析》，《情报学刊》1981 年第 1 期。

66. 潘海燕：《需求驱动型营销管理研究》，《商场现代化》2010 年第 11 期。

67. 彭聃龄、张必隐：《认知心理学》，浙江教育出版社 2004 年版。

68. 彭靖里、张勇、可星：《我国企业技术创新过程中竞争情报失察的案例剖析》，《竞争情报》2010 年第 3 期。

69. 钱军：《论竞争情报分析中的认知能力》，《南京邮电大学学报》（社会科学版）2009 年第 11 卷第 2 期。

70. 乔文：《心理因素对情报分析的影响研究综述》，《法制博览》2014 年第 1 期。

71. 秦铁辉、王延飞：《信息分析与决策》，北京大学出版社

2001 年版。

72.《情报生产如何应对"大数据"挑战》,2013 年 5 月 1 日,《解放军报》(http://www.qstheory.cn/gf/jsll/201310/t20131015_ 278933.htm)。

73. 汝信主编:《社会科学新辞典》,重庆出版社 1988 年版。

74. 沈固朝:《情报失察——西方情报研究的重要课题及其对我们的启示》,《图书情报工作》2009 年第 53 卷第 2 期。

75. 沈固朝:《情报失察研究对竞争情报的启发》(http://www.scic.org.cn /huixun/200901/20090109.asp)。

76. 宋志刚、谢蕾蕾、何旭洪:《SPSS 16 使用教程》,人民邮电出版社 2010 年版。

77. 孙向荣:《结构方程模型在图书情报学中的应用研究》,《情报科学》2012 年第 30 卷第 8 期。

78. 田光明:《情景分析法》,《晋图学刊》2008 年第 3 期。

79. 田丽丽:《2000—2004 年我国情报分析研究述评》,《图书馆学研究》2005 年第 9 期。

80. 汪金莲、蒋祖华、梁军:《工程设计中的认知差异分析和设计能力提升方法》,《机械设计与研究》2007 年第 5 期。

81. 汪洋、孙林岩:《李克特式量表与模糊语言量表计分的差异比较——以梯形模糊数仿真为例》,《运筹与管理》2008 年第 17 卷第 1 期。

82. 王昌亚:《谈科技情报分析研究工作》,《情报科学》1980 年第 3 期。

83. 王殿海:《交通流理论》,人民交通出版社 2002 年版。

84. 王埂、汪安圣:《认知心理学》,北京大学出版社 2001 年版。

85. 王国平、阎力:《头脑风暴法研究的现状与展望》,《绥化学院学报》2006 年第 3 期。

86. 王冀宁、赵顺龙:《外部性约束、认知偏差、行为偏差与农户贷款困境》,《管理世界》2007 年第 9 期。

87. 王军、王海燕:《认知偏差对管理决策影响研究》,《黑龙江对外经贸》2009 年第 2 期。

88. 王军:《管理决策中认知偏差产生的心理机制》,《重庆工学院学报》(社会科学版) 2009 年第 23 卷第 8 期。

89. 王鹏、司有和、任静:《基于控制论的企业反竞争情报工作研究》,《图书馆学研究》2009 年第 6 期。

90. 王瑞丰:《我国碳铵品种改造的情报分析与建议》,《辽宁化工》1979 年第 2 期。

91. 王艳:《国内外顾客满意度指数研究现状》,《辽宁经济统计》2006 年第 10 期。

92. 王知津、张素芳、周鹏:《从肯定到质疑——情报分析过程中的思维转换》,《图书情报工作》2011 年第 55 卷第 16 期。

93. 王知津、王树义:《情报分析中的误判心理及其对情报失察的影响》,《图书情报工作》2011 年第 55 卷第 16 期。

94. 王知津、王秀香:《组织行为对竞争情报人员工作价值观的影响研究》,《图书情报工作》2009 年第 53 卷第 10 期。

95. 王知津、严贝妮、周贺来等:《竞争情报战争游戏系统分析与开发》,《情报理论与实践》2010 年第 33 卷第 12 期。

96. 王知津、周鹏、韩正彪:《情报学反馈理论及模型:认知观和情境观视角》,《情报理论与实践》2011 年第 34 卷第 10 期。

97. 王重鸣:《心理学研究方法》,人民教育出版社 1990 年版。

98. 韦楠华:《认知偏差对图书馆学科知识服务的影响及克服》,《图书情报工作》2012 年第 56 卷第 11 期。

99. 维基百科:《情报分析》(http: //zh. wikipedia. org/wiki/%E6%83%85% E6%8A%A5%E5% 88%86%E6%9E%90)。

100.《问责"决策失误"》,2013 年 10 月 18 日,法律教育网 (http: //www. chinalawedu. com/news/1000/4/2006/12/li291601831131216002860-0. htm)。

101. 吴建勋、冯新强、于海旭等:《以客户需求为导向的工作流程优化》,《企业管理》2012 年第 4 期。

102. 吴明隆:《结构方程模型——AMOS 的操作与应用》,重庆大学出版社 2009 年版。

103. 吴素彬、陈云、王科选、党战军：《美国"以目标为中心"的情报分析流程研究》，《情报杂志》2013 年第 32 卷第 4 期。

104. 吴婷、曹永沂、丁虎：《管理决策中"支持与反对"的认知偏差分析》，《当代经济》2013 年第 19 期。

105. 吴慰慈、董焱：《图书馆学概论》，国家图书馆出版社 2008 年版。

106. 吴雁：《访谈法在教育研究中的应用》，《上海师范大学学报》（基础教育版）2010 年第 6 期。

107. 夏国梁：《情报分析和经济评价》，《情报科学》1981 年第 3 期。

108. 谢开勇、邹梅、裴飞云：《认知偏差及对战略决策的影响》，《科技管理研究》2009 年第 28 卷第 12 期。

109. 邢树源：《情报分析与科学研究》，《图书情报工作》1981 年第 25 卷第 5 期。

110. 邢维慧、袁建敏：《用户信息服务的认知心理分析》，《情报科学》2004 年第 22 卷第 11 期。

111. 徐芳、金小璞：《认知心理学视角的情报分析过程模型构建》，《图书情报工作》2011 年第 55 卷第 16 期。

112. 徐芳、严贝妮：《认知心理学视角的情报分析过程质量差距模型构建》，《情报资料工作》2012 年第 3 期。

113. 徐芳：《情报分析方法研究进展》，《情报理论与实践》2009 年第 32 卷第 8 期。

114. 徐云杰：《社会调查设计与数据分析——从立题到发表》，重庆大学出版社 2011 年版。

115. 许树坪：《认知偏差在学校教育中的危害及其纠正》，《教育理论与实践》1989 年第 9 卷第 1 期。

116. 薛云珍：《认知偏差与抑郁症关系研究》，博士学位论文，天津师范大学，2009 年。

117. 严贝妮、陈希萍：《国外情报分析中的个体认知偏差研究述评》，《图书情报工作》2013 年第 57 卷第 5 期。

118．严贝妮、陈秀娟：《情报失察中的个体认知偏差成因分析》，《情报杂志》2012 年第 31 卷第 9 期。

119．严贝妮、陈秀娟：《情报学与认知科学的碰撞和交融》，《情报理论与实践》2013 年第 36 卷第 12 期。

120．严贝妮、胡雪环：《基于文献计量的国内情报分析研究综述（1978—2012）》，《现代情报》2013 年第 33 卷第 10 期。

121．严贝妮、刘书曼、汪聪：《基于结构方程模型的情报分析与认知偏差关系的实证研究》，《情报理论与实践》2014 年第 37 卷第 1 期。

122．严贝妮、汪传雷、周贺来等：《情报分析中的认知偏差表征及其克服》，《图书情报工作》2011 年第 55 卷第 16 期。

123．杨克岩：《企业竞争情报人员素质要求及评价研究》，硕士学位论文，吉林大学，2008 年。

124．姚伟、严贝妮、佟泽华：《竞争情报协同的理论探讨》，《情报资料工作》2012 年第 1 期。

125．姚伟、严贝妮：《跨越个体认知偏差的情报分析策略》，《情报理论与实践》2012 年第 35 卷第 10 期。

126．叶鹰：《试论情报学的三大重点研究领域》，《图书情报知识》2003 年第 6 期。

127．张俊、姜扬、王国良：《情报分析人员的批判性思维研究》，《情报杂志》2010 年第 29 卷第 1 期。

128．张林治：《信息网络化对传统情报工作的影响》，《当代图书馆》2003 年第 3 期。

129．张文彤：《SPSS 统计分析高级教程》，高等教育出版社 2004 年版。

130．张晓军：《军事情报学》，军事科学出版社 2001 年版。

131．赵凡：《国外咨询情报机构战略情报分析方法比较研究》，《情报杂志》2008 年第 27 卷第 3 期。

132．赵小康、董悦：《情报失察的理论基础研究》，《情报科学》2009 年第 27 卷第 8 期。

133．甄桂英：《"领域分析"的方法与情报学研究》，《情报杂志》2004 年第 23 卷第 10 期。

134. 郑静：《破坏性创造：医疗服务业的大数据革命》，北京译言协力传媒科技有限公司 2013 年版。

135. 郑雨明：《决策判断中认知偏差及其干预策略》，《统计与决策》2007 年第 10 期。

136. 智库百科：《假设分析》（http：//wiki. mbalib. com/wiki/假设分析）。

137. 智库百科：《脚本法》（http：//wiki. mbalib. com/wiki/脚本法）。

138. 仲崇光：《几种处理原始情报的资料的方法》，《情报学刊》1981 年第 3 期。

139. 周爱保、赵鑫：《任务类型与信息清晰度对社会比较中认知偏差的影响》，《心理科学》2009 年第 32 卷第 4 期。

140. 周爱保、赵鑫：《社会比较中的认知偏差探析："优于常人"效应和"差于常人"效应》，《心理学探新》2008 年第 28 卷第 1 期。

141. 周菲：《决策认知偏差的认知心理学分析》，《北京行政学院学报》2008 年第 5 期。

142. 周玲：《危机管理过程中情报组织工作流程新范式》，《情报杂志》2007 年第 26 卷第 6 期。

143. 周鹏、韩正彪：《非智力心理因素对情报分析过程的影响机理》，《图书情报工作》2011 年第 55 卷第 16 期。

144. 周西平：《公安情报失误的认知心理分析》，《图书馆学研究》2012 年第 21 期。

145. 周相吉：《认知偏向与决策理性》，硕士学位论文，四川大学，2005 年。

146. 朱庆华：《信息分析：基础方法与应用》，科学出版社 2004 年版。

二　英文文献

1. A Guide to Red Teaming, http：//www. mod. uk/NR/rdonlyres /

B0558FA0－6AA7－4226－A24C－2B7F3CCA9A7B/0/RedTeamingGuidere-vised12Feb10Webversion. pdf.

2. A Look Back Sherman Kent: The Father of Intelligence, https://www. cia. gov/news－information/featured－story－archive/2010－featured－story－archive/sherman－kent-the-father-of-intelligence. html.

3. A Tradecraft Primer: Structured Analytic Techniques for Improving Intelligence Analysis, https://www. cia. gov/library/center－for－the－study-of-intelligence/csi－publications/books－and－monographs/Tradecraft%20Primer-apr09. pdf.

4. Akerlof G. A., "The Market for 'Lemons': Quality Uncertainty and the Market Mechanism", *Quarterly Journal of Economics*, Vol. 84, No. 3, 1970.

5. Alter A. L., Oppenheimer D. M., Epley N., Eyre R. N., "Overcoming Intuition: Metacognitive difficulty activates analytic reasoning", *Journal of Experimental Psychology*, Vol. 41, No. 4, 2007.

6. Andrew R. J., Aldrich, Wark W. K., *Secret Intelligence: A Reader*, Oxford: Routledge, 2009.

7. Angelini M., Ferro N., Santucci G. et al., "VIRTUE: A visual tool for information retrieval performance evaluation and failure analysis", *Journal of Visual Languages & Computing*, Vol. 25, No. 4, 2014.

8. Baddeley A. D., Hitch G., "Working Memory", *The Psychology of Learning and Motivation*, No. 3, 1974.

9. Balakrishnan A. D., Kiesler S., Kittur A., Fussell S. R., "Pitfalls of Information Access with Visualizations in Romote Collaborative Analysis", in John Tang. *CSCW '10 Proceedings of the 2010 ACM Conference on Computer Supported Cooperative Work*, NY: ACM, 2010.

10. Barnard C. I., *The Functions of The Executive: 30th Anniversary Edition*, Cambridge: Harvard University Press, 1968.

11. Beadel J. R., Smyth F. L., Teachman B. A., "Change Processes During Cognitive Bias Modification for Obsessive Compulsive Beliefs", *Cognitive Therapy and Research*, Vol. 38, No. 2, 2014.

12. Berry S. Crime and Intelligence Analysis, http: //intelligenceanalysis training. com/catalog/product_ reviews_ info. php? products_ id = 29&reviews_ id = 2&osCsid = imu6gibv0aeutll4cv8n7t3526.

13. Billman D. Collaborative intelligence analysis with cache and its effects on information gathering and cognitive bias, http: //citeseerx. ist. psu. edu/ viewdoc/summary? doi = 10. 1. 1. 71. 5575.

14. Bishop M. A., Trout J. D., *Epistemology and the Psychology of Human Judgment*, New York: Oxford University Press, 2005.

15. Bless H., Fiedler K., Strack F., *Social cognition: How individuals construct social reality*, Hove and New York: Psychology Pres, 2004.

16. Bradfield R., Wright G., Burt G. et al., "The origins and evolution of scenario techniques in long range business planning", *Futures*, No. 37, 2005.

17. Brainstorming. Wikipedia, http: //en. wikipedia. org/wiki/Brainstorming.

18. Brink A., *The marketing perception of grocery store retailers belonging to black business association in Gauteng*, Pretoria: University of South Africa, 1997.

19. Buss D. M., *The handbook of evolutionary psychology*, Hoboken, New Jersey: John Wiley & Sons Inc, 2005.

20. Cheikes B. A., Taylor M. F., *Eastwing structured argumentation pilot*, Bedford: MITRE Corporation, 2003.

21. Cheong H., Shu L. H., "Reducing cognitive bias in biomimetic design by abstracting nouns", *CIRP Annals – Manufacturing Technology*, Vol. 62, No. 1, 2013.

22. Clark H. H., Chase W. G., "On the process of comparing sentences against pictures", *Cognitive Psychology*, Vol. 13, No. 3, 1972.

23. Clark R. M., *Intelligence Analysis: A Target – centric Approach*, Washington, DC: CQ Press, 2006.

24. Convertino G. et al., "The Cache Study: Group Effect in Computer-supported Collaborative Analysis", *Computer Supported Cooperative Work*,

Vol. 17, No. 4, 2008.

25. Cook M. B., Smallman H. S., "Human factors of the confirmation bias in intelligence analysis: decision support from graphical evidence land-scapes", *The Journal of the Human Factors and Ergonomics Society*, Vol. 50, No. 5, 2008.

26. Corredor P., Ferrer E., Santamaria R., "Is cognitive bias really present in analyst forecasts? The role of investor sentiment", *International Business Review*, Vol. 23, No. 4, 2014.

27. Cox E. P., "The optimal number of response alternatives for a scale: A review", *Journal of Markting Research*, No. 17, 1980.

28. Coyne J. C., Gotlib I. H., "The role of cognition in depression: A critical appraisal", *Psychological Bulletin*, Vol. 94, No. 3, 1983.

29. Crombez G., Ryckeghem D. V., Eccleston C. et al., "Attentional bias to pain-related information: A meta-analysis", *Pain*, Vol. 154, No. 4, 2013.

30. Croskerry P., "Achieving quality in clinical decision making: cognitive strategies and detection of bias", *Acad Emerg Med*, No. 9, 2002.

31. Dalton D., Ortegren M., "Gender differences in ethics research: The importance of controlling for the social desirability response bias", *Journal of Business Ethics*, Vol. 103, No. 1, 2011.

32. Davis J., *Sherman Kent and the Profession of Intelligence Analysis*, Virginia: Sherman Kent School for Intelligence Analysis, 2002.

33. Dervin B., "Users as research inventions: How research categories perpetuate inequities", *Journal of communication*, Vol. 39, No. 3, 1989.

34. Devil's Advocacy. Wikipedia, http://en. wikipedia. org/wiki/Devil's_ advocate.

35. Dunbar N. E., Miller C. H., Adame B. J. et al., "Implicit and explicit training in the mitigation of cognitive bias through the use of a serious game", *Computers in Human Behavior*, No. 37, 2014.

36. Duvenage M. A., *Intelligence Analysis in the Knowledge Age*, Stellenbosch : University of Stellenbosch, 2010.

37. Dyson F., "A failure of intelligence", *Technology Review*, Vol. 109, No. 5, 2006.

38. Edwards W., "Conservatism in human information processing", In Kleinmutz B. Ed., *Formal Representation of Human Judgment*, New York: John Wiley and Sons, 1968.

39. Evans J. B. T., Newstead S. E., Byrne R. M. J., *Human reasoning: the Psychology of deduction*, Hove: Lawrence Erlbaum, 1993.

40. Evrim V., McLeod D., "Context-based information analysis for the Web environment", *Knowledge and Information Systems*, Vol. 38, No. 1, 2014.

41. FBI, Intelligence Cycle, http://www. fbi. gov/about-us/intelligence/ intelligence-cycle. htm.

42. Fichhoff B., "Human Perceptions and Performance", *Journal of Experimental Psychology*, Vol. 22, No. 3, 1977.

43. Flexser A. J., "Retrieval Independence in Recognition and Recall", *Psychological Review*, No. 5, 1978.

44. Fontenot C. G., Seeing Red: Creating a Red-Team Capability for the Blue Force, Http://www. au. af. mil/au/awc/awcgate/milreview/ fontenot. pdf.

45. Fox E., Mackintosh B., Holmes E. A., "Travellers' Tales in Cognitive Bias Modification Research: A Commentary on the Special Issue", *Cognitive Therapy and Research*, Vol. 38, No. 2, 2014.

46. Gill M. J., Swann, Swann W. B., Silvera D. H., "On the genesis of confidence", *Journal of Personality and Social Psychology*, Vol. 75, No. 5, 2003.

47. Gold T., Hermann B., *Defense Science Board Task Force on the Role and Status of DoD Red Teaming Activities*, Washington DC: Office of the Under Secretary of Defense for Acquisition Technology and Logistics, 2003.

48. Gorg C., Kang Y. A., Liu Z. C. et al., "Visual Analytics Support for Intelligence Analysis", *Computer*, Vol. 46, No. 7, 2013.

49. Grinold R. C., Kahn R. N., "Information Analysis", *The Jour-

nal of Portfolio Management, Vol. 18, No. 3, 1992.

50. Grisham J. R., Becker L., Williams A. D. et al., "Using Cognitive Bias Modification to Deflate Responsibility in Compulsive Checkers", *Cognitive Therapy and Research*, Vol. 38, No. 5, 2014.

51. Gross G., Nagi R., Sambhoos K., "A fuzzy graph matching approach in intelligence analysis and maintenance of continuous situational awareness", *Information Fusion*, No. 18, 2014.

52. Gudmundsson S. V., Lechner C., "Cognitive biases, organization, and entrepreneurial firm survival", *European Management Journal*, Vol. 31, No. 3, 2013.

53. Hartwig R., 7 Steps to Analyze a Problem－The Devil's Advocacy Technique, http: //www. ryanhartwig. com/7－steps－to－analyze－a－problem－the－devils－advocacy－technique/.

54. Haselton M. G., Nettle D., Andrews P. W., "The evolution of cognitive bias", In Buss D. M. Ed., *Handbook of Evolutionary Psychology*, New Jersey: John Wiley & Sons Inc, 2005.

55. Herring J. P., "Key Intelligence Topics: A Process to Identify and Define Intelligence Needs", *Competitive Intelligence Review*, Vol. 10, No. 2, 1999.

56. Hershberger P. J., Markert R. J., Part H. M. et al., "Understanding and addressing cognitive bias in medical education", *Advances in Health Sciences Education*, Vol. 1, No. 3, 1997.

57. Heuer R. J., *Psychology of intelligence analysis*, Washington, DC: CIA Center For the Study of Intelligence, 1999.

58. Hickey D. J., "Bibliographic control in theory", *IFLA Journal*, Vol. 6, No. 3, 1980.

59. Hirt E. R., Markman K. D., "Multiple explanation: A consideran－alternative strategy for debiasing judgments", *Journal of Personality and Social Psychology*, No. 69, 1995.

60. Hobbs C., Cottee M. Methods for improving IAEA information analysis by reducing cognitive biases, http: //www. iaea. org/safeguards/sym-

posium/2010/ Documents/PPTRepository/276P. pdf.

61. Hoffman R. et al., "Reasoning difficulty in analytical activity", *Litman Theoretical Issues in Ergonomics Science*, Vol. 12, No. 5, 2011.

62. Hoppitt L., Illingworth J. L., MacLeod C. et al., "Modifying social anxiety related to a real-life stressor using online Cognitive Bias Modification for interpretation", *Behaviour Research and Therapy*, No. 52, 2014.

63. Humphrey C. M., Adams J. A., "Cognitive information flow analysis", *Cognition, Technology & Work*, Vol. 15, No. 2, 2013.

64. Intelligence Analysis. Wikipedia, http: //en. wikipedia. org/wiki/ Intelligence_ analysis.

65. Intelligence Cycle, http: //www. fbi. gov/about-us/intelligence/intelligence-cycle.

66. John H., An Application of Heuer's Analysis of Competing Hypotheses for Chemical Weapon Programmes, http: //www. isofms. org/cms_uploads/Hart_ Abstract2012. pdf.

67. Johnston R., *Analytic culture in theUS intelligence community*: *an ethnographic study*, Washington, DC: Center for the Study of Intelligence, 2005.

68. Joint Force Commander and Chiefs of Staff, *A Guide To Red Teaming*, Wiltshire: Ministry of Defence, 2013.

69. Joint Intelligence, http: //www. dtic. mil/doctrine/new_ pubs/jp2_ 0. pdf.

70. Kahneman D., Tversky A., "Subjective probability: A judgment of representativeness", *Cognitive Psychology*, Vol. 3, No. 3, 1972.

71. Kang Y. A., *Information design of visual analytics system for intelligence analysis*: *understanding users, user tasks, and tool usage*, Georgia institute of technology, 2012.

72. Karvetski C. W., Olson K. C., Gantz D. T. et al., "Structuring and analyzing competing hypotheses with Bayesian networks for intelligence analysis", *EURO Journal on Decision Processes*, Vol. 1, No. 4, 2013.

73. Keisler J. M., Collier Z. A., Chu E. et al., "Value of informa-

tion analysis: the state of application", *Environment Systems and Decisions*, Vol. 34, No. 1, 2014.

74. Kent S., *Strategic Intelligence for American World Policy*, Princeton: Princeton University Press, 1949.

75. Kjærulff U. B., Madsen A. L., *Bayesian Networks and Influence Diagrams: A Guide to Construction and Analysis*, NewYork: Springer New York, 2013.

76. Krantz S., Hammen C. L., "Assessment of cognitive bias in depression", *Journal of Abnormal Psychology*, Vol. 88, No. 6, 1979.

77. Kubler S., Derigent W., Thomas A. et al., "Embedding data on 'communicating materials' from context‑sensitive information analysis", *Journal of Intelligent Manufacturing*, Vol. 25, No. 5, 2013.

78. Laqueur W., *A World of Secrets: The uses and Limits of Intelligence*, New York: Basic Books, 1985.

79. Lau A. Y. S., Coiera E. W., "Can Cognitive Biases during Consumer Health Information Searches Be Reduced to Improve Decision Making", *Journal of the American Medical Informatics*, Vol. 16, No. 1, 2009.

80. Leal S., Vrij A., Mann S. et al., "Detecting true and false opinions: The Devil's Advocate approach as a lie detection aid", *Acta Psychologica*, No. 134, 2010.

81. Lee C. S., Therriault D. J., "The cognitive underpinnings of creative thought: A latent variable analysis exploring the roles of intelligence and working memory in three creative thinking processes", *Intelligence*, Vol. 41, No. 5, 2013.

82. Lefebvre S. J., "A look at intelligence analysis", *International Journal of Intelligence and Counterintelligence*, Vol. 17, No. 2, 2004.

83. Lehmann D. R., Hulbert J., "Are three‑point scales always good enough", *Journal of Marketing Research*, No. 9, 1972.

84. Leitner S. A., "Simulation analysis of interactions among intended biases in costing systems and their effects on the accuracy of decision‑influencing information", *Central European Journal of Operations Research*,

Vol. 22, No. 1, 2014.

85. Lerner J. S., Tetlock P. E., *Accountability and social cognition. In Encyclopedia of Human Behavior*, San Diego: Academic Press, 1999.

86. Likert R., "A technique for the measurement of attitudes", *Archives of Psychology*, No. 22, 1932.

87. Mandel D. R., Barnes A., Hannigan J., *A calibration study of an intelligence assessment division*, Defence Research and Development Report, Canada, Toronto, 2009.

88. Maron M. E., Kuhns J. L., "On relevance, probabilistic indexing and information retrieval", *Journal of ACM*, Vol. 7, No. 3, 1960.

89. Marrin S., *Improving CIA analysis by overcoming institutional obstacles*, Washington, DC: Center for Strategic Intelligence Research, Joint Military Intelligence College, 2003.

90. Mather M., Shafir E., Johnson M. K., "Misrememberance of options past: Source monitoring and choice", *Psychological Science*, Vol. 11, No. 2, 2000.

91. Mathews A., Mogg K., Kentish J., Eysenck M., "Effect of psychological treatment on cognitive bias in generalized anxiety disorder", *Behaviour Research and Therapy*, Vol. 33, No. 3, 1995.

92. McGroddy J. C., Lin H. S., *A review of the FBI's trilogy information technology modernization program*, Washington, DC: National Academies Press, 2004.

93. Mihelic F. M. Generalist function in intelligence analysis, https: // analysis. mitre. org/proceedings/.

94. Moore D. T., Krizan L., *Core competencies for intelligence analysis at the National*, Washington, DC: National Defense Intelligence College, 2005.

95. Naglier J. A., "A cognitive processing theory for the measurement of intelligence", *Educational psychologist*, Vol. 24, No. 2, 1989.

96. Nettles A. B., *The Case For Broader Application Of Red Teaming Within Homeland Security*, Monterey, California: Naval Postgraduate School,

2010.

97. Newstead S. E., Bradon P., Simon J. et al., "Predicting the difficulty of complex logical reasoning problems", *THINKING & REASONING*, Vol. 12, No. 1, 2006.

98. Norman G., "The Bias in researching cognitive bias", *Advances in Health Sciences Education*, Vol. 19, No. 3, 2014.

99. Nossal K. R., "Cognitive process and intelligence failure", *International Journal*, Vol. 32, No. 3, 1977.

100. Ogiela L., "Semantic analysis and biological modelling in selected classes of cognitive information systems", *Mathematical and Computer Modelling*, Vol. 58, No. 6, 2013.

101. Peritz A. J., Rosenbach E. IntelligenceReform, http://belfercenter. ksg. harvard. edu/publication/19154/intelligence_ reform. html.

102. Phillips J., Liebowitz J., Kisiel K., "Modeling the intelligence analysis process for intelligent user agent development", *Research and Practice in Human Resource Management*, Vol. 9, No. 1, 2001.

103. Pirolli P., *Assisting People to become Independent Learners in the Analysis of Intelligence*, California: Palo alto research center, 2006.

104. Pohl R. F., *Cognitive Illusions: A Handbook on Fallacies and Biases in Thinking, Judgement and Memory*, New York: Psychology Press, 2004.

105. Potts G. R., "Storing and retrieving information about order relationships", *Journal of Experimental Psychology*, Vol. 103, No. 3, 1974.

106. Pulcini G., "A Model-Driven Approach for the Failure Data Analysis of Multiple Repairable Systems Without Information on Individual Sequences", *IEEE Transaction on Reliability*, Vol. 62, No. 3, 2013.

107. Pusic M. V., "The influence of cognitive biases on feedback seeking", *Medical Education*, Vol. 47, No. 9, 2013.

108. Ramanna S., Jain L. C., Howlett R. J., *Emerging Paradigms in Machine Learning*, BerlinHeidelberg: Springer Berlin Heidelberg, 2013.

109. Raytheon BBN awarded $10. 5 million to develop game-based

training methods and systems to improve decision - making, http: //www. prnewswire. com/news-releases/raytheon-bbn-awarded-105-million-to-develop-game-based-training-methods-and-systems-to-improve-decision-making-134028823. html#.

110. Rizzi S., What-If Analysis, http: //www-db. deis. unibo. it/~ srizzi/PDF/ eds-WIA. pdf.

111. Rodriguez A., Boyce T., Lowrance J., Yeh E., Angler: Collaboratively Expanding yourcognitive horizon, http: //130. 107. 64. 109.

112. Roses N. J., Olson J. M., "Counterfactuals, causal attributions, and the hindsight bias : a conceptual integration", *Journal of experimental social psychology*, Vol. 32, No. 3, 1996.

113. Rossy Q., Ribaux O., "A collaborative approach for incorporating forensic case data into crime investigation using criminal intelligence analysis and visualisation", *Science & Justice*, Vol. 54, No. 2, 2014.

114. Salton G., *The SMART retrieval system - experiments in automatic document processing*, NY: Prentice-Hall, 1971.

115. Sanna L. J., Schwarz N., Stocker S. L., "When debiasing backfires: Accessible content and accessibility experiences in debiasing hindsight", *Journal of Experimental Psychology: Learning, Memory, and Cognition*, Vol. 28, No. 3, 2002.

116. Schacter D. L., "The Seven sins of memory: Insights from psychology and cognitive neuro", *American Psychologist*, Vol. 54, No. 3, 1999.

117. Schwenk C. R., *The Use of Devil's Advocates in Strategic Decision-Makinq*, Illinois: College of Commerce and Business Administration, University of Illinois at Urbana-Champaign, 1984.

118. Shanteau J., "Competence in experts: the role of task characteristics", *Organizational Behavior and Human Decision Processes*, Vol. 53, No. 2, 1992.

119. Sharon R. K., *Relationship marketing by estate agents in the residential property market ofSouth Africa*, Pretoria: University of South Africa,

2002.

120. Simon H. A., *Administrative Behavior*, New York: Macmillan, 1947.

121. Slovic P., Fischhoff B., Lichtenstein S., "Cognitive Processes and Societal Risk Taking", *Decision Making and Change in Human Affairs Theory and Decision Library*, No. 16, 1997.

122. Smith A. F., "Incorporating philosophy into every psychology course and why it matters", *Perspectives on Psychological Science*, No. 23, 2010.

123. Stocking S. H., Gross P. H., *How do journalists think? A proposal for the study of cognitive bias in newsmaking*, Bloomington IN: Eric Clearinghouse onReading and Communication Skills, 1989.

124. Swenson R. G., *Bringing intelligence about: practitioners reflect on best practice*, Washington, DC: Center for Strategic Intelligence Research, 2003.

125. The mind's lie AKA "biases with friends", http: // sourcesandmethods. blogspot. ae/2014/03/the－minds－lie－aka－biases－with－friends. html.

126. The US Government, *A Tradecraft Primer: Structured Analytic Techniques for Improving Intelligence Analysis*, USA: CreateSpace Independent Publishing Platform, 2009.

127. Thompson J. R., Hopf－Weichel R., Geiselman R. E., *The Cognitive Bases of Intelligence Analysis*, Alexandria, VA: U. S. Army Research Institute for the Behavioral and Social Sciences, 1984.

128. Torkan H., Blackwell S. E., Holmes E. A. et al., "Positive Imagery Cognitive Bias Modification in Treatment－Seeking Patients with Major Depression in Iran: A Pilot Study", *Cognitive Therapy and Research*, Vol. 38, No. 2, 2014.

129. Treverton G. F., Jones S. G., Boraz B. Lipscy P., *Toward a Theory of Intelligence: Workshop Report*, Santa Monica: Rand National Security research division, 2006.

130. Tulving E., *Episodic and semantic memory*, NewYork: Academic Press, 1972.

131. Tversky A., Kahneman D., "Judgment under uncertainty: Heuristics and biases", *Science*, Vol. 185, No. 9, 1974.

132. Tversky A., Kahneman D., "Availability: a heuristic for judging frequency and probability", *Cognitive Psychology*, Vol. 34, No. 5, 1973.

133. Tversky A., Kahneman D., "Belief in the law of small number", *Psychological Bulletin*, Vol. 76, No. 2, 1971.

134. Urbieta J. A. U., Lorza M. et al., "Heuristics and cognitive Biases: A Meta-Analysis", *Revista Venezolana de Gerencia*, Vol. 16, No. 55, 2011.

135. Van D. N., Didden R., Voogd H. et al., "Cognitive biases in individuals with mild to borderline intellectual disability and alcohol use-related problems", *Research in Developmental Disabilities*, Vol. 33, No. 6, 2012.

136. Vroom V. H., Jago A. G., *Leadership and Decision Making*, Pittsburgh : University of Pittsburgh Press, 1973.

137. Waller D., "Failures of intelligence", *TimeCanada*, Vol. 160, No. 14, 2002.

138. Wang B., Liu S. B., Ding K. et al., "Identifying technological topics and institution-topic distribution probability for patent competitive intelligence analysis: a case study in LTE technology", *Scientometrics*, Vol. 101, No. 1, 2014.

139. Warner M. Wanted: a definition of "intelligence": understanding our craft, https: //www. cia. gov/library/center-for-the-study-of-intelligence/ kent-csi/vol46no3/pdf/v46i3a02p. pdf.

140. Wheaton K. J. et al., "Structured Analysis of competing hypothesis", *Competitive Intelligence Magazine*, Vol. 9, No. 6, 2006.

141. Wickens C. D., Ketel S. L., Buck-Gengler C. J., Bourne L. E., *The Anchoring Heuristic in Intelligence Integration: A Bias in Need of De-Biasing*, California: Human Facotors and Ergonomics Society 54th Annual Meeting, 2010.

142. Willard A. K., Norenzayan A., "Cognitive biases explain religious belief, paranormal belief, and belief in life's purpose", *Cognition*, Vol. 129, No. 2, 2013.

143. Woocher L., The effects of cognitive biases on early warning and response, http：//eeas. europa. eu/ifs/publications/articles/book3/book_vol3_ chapter5_ the_ effects_ of_ cognitive_ biases_ on_ early_ warning_ and_ response_ lw_ en. pdf.

144. Wu Q. W., Wang H. Q., Dong S. L. et al., "Information Analysis on Depression in Patients with Parkinson's Disease", in Zhong Z. C., *Proceedings of the International Conference on Information Engineering and Applications (IEA) 2012*, London：Springer London, 2013.

145. Zajonc R. B., Burnstein E., "Structural balance, reciprocity, and positivity as sources of cognitive bias", *Journal of Personality*, Vol. 33, No. 4, 1965.

146. Zelik D., Patterson E. S., Woods D. D., "Understanding rigor in information analysis", In *Proceedings of the Eighth Annual Naturalistic Decision Making Conference*, 2007.

147. Zhang P., Song D. W., Wang J. et al., "Bias-variance analysis in estimating true query model for information retrieval", *Information Processing & Management*, Vol. 50, No. 1, 2014.